# 中国式
## 家庭教育的误区

ZHONGGUOSHI
JIATINGJIAOYU
DE WUQU

鸿儒文轩 ◎ 编著

内蒙古出版集团
内蒙古文化出版社

图书在版编目（CIP）数据

中国式家庭教育的误区 / 鸿儒文轩编著. — 呼伦贝尔：内蒙古文化出版社，2011.5
ISBN 978-7-80675-895-3

Ⅰ.①中… Ⅱ.①鸿… Ⅲ.①家庭教育—中国 Ⅳ.① G78

中国版本图书馆 CIP 数据核字（2011）第 088381 号

## 中国式家庭教育的误区
ZHONGGUOSHI JIATINGJIAOYU DE WUQU

鸿儒文轩　编著

| | |
|---|---|
| 责任编辑 | 姜继飞 |
| 封面设计 | 大象设计 |

| | |
|---|---|
| 出版发行 | 内蒙古文化出版社 |
| 地　　址 | 呼伦贝尔市海拉尔区河东新春街4-3号 |
| 直销热线 | 0470-8241422　　邮编　021008 |

| | |
|---|---|
| 排版制作 | 鸿儒文轩 |
| 印刷装订 | 三河市华东印刷有限公司 |
| 开　　本 | 710×1000毫米　1/16 |
| 字　　数 | 269千 |
| 印　　张 | 17 |
| 版　　次 | 2011年5月第1版 |
| 印　　次 | 2024年1月第2次印刷 |
| 书　　号 | ISBN 978-7-80675-895-3 |
| 定　　价 | 56.00元 |

版权所有　侵权必究
如出现印装质量问题，请与我社联系。联系电话：0470-8241422

## 前言

家庭教育是一切教育的基础，家庭教育的好坏，直接影响着孩子能否健康成长，人格能否完善。社会上的竞争，本质上就是人才的竞争，人才的竞争实际上也是家长的竞争。无数事实证明，教育孩子首先不要输在家庭教育上，家长在教育孩子时所犯的错误少了，孩子就变好了。要解决孩子的问题，必须先解决家长的问题。因此，如何科学有效地开展好家庭教育，如何使孩子成材，已经成为每一位家长必须学习的课程。

教导是每个家长都尤其热衷的一件事情，当家长把"比较"的枷锁套给孩子时，孩子就会无法得到幸福。

家长最乐意数落孩子、教导孩子，有人从教导中感受到自己的威严，有人从中体会征服的快感，全不管孩子是在嘴上服气，还是心里服气！然而，最好的教是"不言之教"。数落孩子的不是，不是让孩子失去自信就是让孩子丧失自尊。

孩子会一点一点从家长那里学会"比较"，并且用"比较"扼杀掉自己的自信，让自己永远被"比较"来的"痛苦结果"所折磨。

家长对孩子的培养就是想要孩子将来能过上幸福的生活，由于家长在"幸福"概念认识上的偏差，也导致了家长在家庭教育行为上的巨大差异，有的家长宽松，有的家长严厉，有的家长只关注孩子的应试成绩，有的家长是对孩子进行全面的素质教育，这其中千差万别，家长教育出来的孩子也就迥然不同。

很多家长担心孩子"输在起跑线上",纷纷为孩子报课外班进行补习,但是大多数家长是在盲目模仿、攀比。家长总以为自己的出发点是好的,就不顾孩子的自身感受,最终导致孩子成为父母虚荣心的牺牲品。

家长在教育孩子方法上的失误,其后果是严重摧残了孩子幼小的心灵,使很多孩子对学习产生了逆反、抵触的情绪,为孩子未来的学习埋下了隐患。可悲的是家长自己往往并未意识到这点,觉得自己的出发点是为孩子好,就想方设法甚至逼迫孩子按自己的意志去做,结果"好心"反而铸成大错。

家长就是对孩子负责的人。由于每一个人都是社会中的一员,对孩子的培养不仅关系着每一个家庭的未来,也将影响未来的社会。所以,一对有责任心的父母,应更多地考虑如何使自己成为"合格的家长",怎么样去做才是真正的"爱"自己的孩子。

反观今天的家庭教育,很多家长走进了重智轻德、重知轻能的家庭教育误区,在教育培养孩子的过程中,造成孩子孤僻冷漠、心理脆弱……本书意在帮助家长更新家庭教育观念,帮助家长了解孩子的心理需要,掌握科学的家庭教育方法和技巧,和孩子建立良好的亲子关系,实现自身从本能阶段对孩子的教育,向科学系统家庭教育的转化,成为真正合格的父母,把孩子培养成为心智全面发展、健康有为的合格人才。

希望家长能够走出家庭教育的误区,愿天下的孩子都有一个幸福的家庭,都能享受到第一份爱的教育。

## 目 录

**第一章　谁在走进家庭教育的误区 / 1**

　　家庭教育紧扼孩子命运的咽喉 / 2
　　家庭教育为什么老漏风 / 6
　　别让愚蠢成为家长的符号 / 9
　　你的孩子为什么还不能独立 / 12
　　中国家庭教育中的诸多陋习 / 14

**第二章　错误的教育比不教育更糟糕 / 19**

　　中国父母教育子女面面观 / 20
　　家庭教育中的易错之处 / 26
　　教育的无知会犯致命的错误 / 30
　　不良家庭教育结出不良果实 / 33
　　不要惯出孩子的"动物"性 / 35
　　让你的孩子成为他自己 / 41

**第三章　家教的误区污染了孩子的心灵 / 45**

　　误区教育直接污染孩子的心灵 / 46

冷漠与忽视封杀了孩子的心灵 / 49

破坏性批评给孩子带来的伤害 / 51

别用"名次"击毁孩子的进取心 / 53

孩子的心灵需要呵护 / 55

孩子的自尊需要尊重 / 57

孩子的好奇心需要精心维护 / 61

## 第四章　身陷误区中的孩子越学越"笨" / 65

有一种笨是学来的 / 66

赞美能使孩子聪明 / 69

宽容使孩子机灵而冷静 / 71

如何引导孩子正确面对失败 / 74

请你别再喋喋不休 / 77

别把教育的弦绷得太紧 / 79

## 第五章　家庭教育里有个适当的"度" / 83

把握好家庭教育的"度" / 84

给孩子自由发展的空间 / 86

孩子不爱学习，家长怎么办 / 90

家长应如何看待孩子的粗心大意 / 92

面对孩子的浮躁你的耐心有多少 / 95

别把孩子的人生填得太满 / 98

## 第六章　蹲下来平等对待孩子 / 101

家长，蹲下你"高昂"的身姿 / 102

蹲下来看孩子的世界 / 106

看看孩子从你身上学到了什么 / 108

孩子会输在起跑线上吗 / 111

要知道孩子犯错误是他的权利 / 113

别以爱的名义控制孩子 / 116

## 目录

**第七章　家庭教育是孩子成长的基础 / 119**

核心是为人处世 / 120

你应给予孩子本有的尊严 / 122

要给孩子树立信念 / 125

给孩子播种阳光 / 127

细心陪伴是送给孩子的最好礼物 / 129

**第八章　孩子的培养重在潜能的激发 / 133**

培养孩子的良好习惯 / 134

孩子有两种习惯养不得 / 137

家长应培养孩子的健康人格 / 139

你的孩子有良好的行为举止吗 / 148

考试后家长做做总结 / 150

挖掘孩子天赋的方法 / 152

孩子的天赋需要持久力的支持 / 156

**第九章　如何诱发孩子的求知欲 / 161**

如何挖掘孩子的兴趣 / 162

质疑是抓住了求知的真谛 / 165

让孩子放飞自己的梦想 / 168

让孩子体验到成就感 / 170

让孩子常保持一颗感恩的心 / 174

让孩子在挫折中激发求知欲 / 177

给孩子一个榜样去模仿 / 180

**第十章　帮助孩子养成一套适合自己的学习方法 / 183**

你的孩子爱学会学吗 / 184

鼓励孩子追求完美的境界 / 187

教孩子细心与静心 / 190

让孩子做个有心人 / 194
写作能提高孩子的修养 / 196
孩子的无私帮助会提升自己 / 200
认清网络，帮助孩子回归真实 / 202

## 第十一章　丰满孩子精神的羽翼 / 205

家庭教育中的"罗森塔尔效应" / 206
家长的魔鬼语言何时休 / 208
家长的陪学会抑制孩子的学习能力 / 212
别剥夺了孩子的自主权利 / 216
让孩子学会在逆境中成长 / 218
你会丰满孩子精神的翅膀吗 / 221
正确的教育中充满爱的智慧 / 224
你会在接纳欣赏中施教吗 / 228

## 第十二章　称职的家长是怎样炼成的 / 233

做榜样并不容易 / 234
从内心去听听孩子的声音 / 238
做一个好家长的必备条件 / 242
对于孩子永远敞开自己的心扉 / 247
不要对你的孩子失望 / 249
孩子是自己情绪的一面镜子 / 253
尊重孩子不去侵犯他的隐私 / 256
将欢乐的种子播种在孩子的心田 / 259

# 第一章

## 谁在走进家庭教育的误区

家庭是孩子的第一教室,父母是孩子的第一任老师。每个生理正常的孩子都是在家庭中学会走路,学会说话,学会行为规范,学会生活自立的;在家庭中获得身体的发育,心理的发展,个性的形成,社会生活基本技能的掌握。

游戏、学习、劳动是人的社会活动的三种主要形式。孩子的日常一般主要从事游戏和学习,随着年龄的增长,才逐步过渡到独立参加以劳动为主的社会实践活动。家庭不仅为孩子提供了人生最初的游戏和学习场所,还引导他们从游戏过渡到学习,再从学习过渡到劳动。这种引导,就是家庭教育。

没有家庭教育就像没有父母的孩子一样,在其成长的过程中容易犯错,碰壁。而家长在对孩子进行教育的时候往往存在很多偏差和误区,这样的教育方式往往会对孩子的成长造成难以弥补的伤害。

希望家长能够走出家庭教育的误区,愿天下的孩子都有一个幸福的家庭,都能享受到第一份爱的教育。

## 家庭教育紧扼孩子命运的咽喉

有人曾说："成功的家教造就成功的孩子，失败的家教造就失败的孩子。"由于家庭是孩子的第一个生活环境，家庭教育是孩子成才的基础，其家庭成员的好坏直接影响着孩子能否健康成长，人格能否完善发展。这个教育的发展过程其实是家长和孩子的一场智慧的较量。

由于家庭教育是孩子的起点，是孩子成长的关键，所以有很多国家规定：在孩子上幼儿园之前，家长必须先入园接受教育，否则，幼儿园就不接收孩子入园。

在一些国家，当政府认定孩子的父母或者监护人没有监护能力或者品行恶劣的时候，政府就会把这个孩子领走，然后把孩子交给一个有教育能力的社会工作者去管理，去教育。

教育家叶圣陶说："教育就是培养习惯。"

心理学家也提出：习惯决定性格；性格决定命运。而0～12岁是养成良好习惯最重要的时期，是好习惯最容易养成的关键性时期。在这个时期有多少家长是真正重视孩子的教育？有多少家长是有意识地培养孩子早期的习惯和性格行为？6岁以后孩子进入学校，更多的家长则是放弃了手中教育的职责，只给孩子提供最基本的衣食住行，错误地认为只要让孩子吃饱穿好就尽到了自己的责任。

更多的家长在日常的生活中忘记了自己就是孩子的一面镜子，自己就是孩子心中模仿的对象。每一个家长好的和坏的行为习惯都在潜移默化中影响着孩子，家长的生活经验和社会技能，以及社会信仰、价值观念等问题也会经过家长的言传身教，默默地灌输给自己的孩子。

# 第一章　谁在走进家庭教育的误区

家庭教育是孩子人生的奠基石，对孩子发展的影响是长远而深刻的。要想孩子得到全面健康的发展，家长必须走出家庭教育的误区，从转变自身传统教育观念着手。

《一位父亲的忏悔》是一封广为流传的信。这封信感人至深，值得每位家长去借鉴，去学习。信的全文如下：

孩子：

在你睡着的时候，我要和你说一些话。我刚才悄悄地走进你的房间。几分钟前，我在书房看报纸时，一阵懊悔的浪潮淹没了我，使我喘不过气来。带着愧疚的心，我来到你的身旁。

我想到的事太多了。

孩子，我对你太粗暴了。在你穿衣服上学的时候我责骂你，因为你洗脸时只在脸上抹了一把；你没有擦干净你的鞋子时，我对你大发脾气；你把东西不小心掉在地上时，我又对你大声怒吼。

吃早饭的时候，我又找到了你的错处：你把东西泼在地上，你吃东西狼吞虎咽，你把手肘放在桌子上，你在面包上涂的奶油太厚……

在你上学我去赶汽车上班时，你深情地向我高呼："爸爸再见！"我却蹙着眉头对你嚷道："怎么又驼背了，把胸挺起来！"

晚上，一切又重新开始。我在下班路上看到你跪在地上玩弹子，袜子破了好几个洞，禁不住又大发雷霆："袜子是花钱买的，你怎么一点儿也不知道心疼……"并在你朋友面前押着你回家，使你当众受辱。

孩子，你还记得吗？晚饭后，我在书房看报，你怯怯地走了过来，眼睛里闪着委屈的目光。我对你的打扰，极不耐烦。你在房门口犹豫着，我终于忍不住地吼了起来："你又来干什么？"

这时你没有说话，却突然跑了过来，抱着我的脖子吻我，眼里含着泪，简直不敢相信我如此粗暴也萎缩不了你对父亲的爱。接着，你用你的小手臂又紧抱了我一下，就走开了，脚步轻轻地走开了。

孩子，你知道吗？你刚离开书房，报纸就从我手中滑落到地上，一阵强烈的内疚和恐惧涌上心头。习惯真是害我不浅。吹毛求疵和训斥的习惯几乎成了我父爱的象征。孩子，爸爸不是不爱你，而是对你的期望值太高。我是用成人的尺度衡量你，而且用很多成年人也难以做到的标准来要求你。细想起来，多么可笑。

而你本性中却有那么多的真善美，你小小的心犹如照亮群山的晨曦——你跑进来吻我的自发性冲动显示了这一切。今晚，一切都显得不重要了。孩子，我在黑暗中来到你床边，跪在这儿，心里充满着愧疚。

这也许是个没有多大效用的赎罪。等你醒来后告诉你这一切，你也不会明白，但是从明天起，我要做一个真正的爸爸——做你最要好的朋友，你受苦难的时候我也受苦难，你欢笑的时候我也欢笑。我会把不耐烦的话忍住。我会像在一个典礼中不停地庄严地说："你只是一个孩子，一个小孩子。"

我以前总是把你当做大人来看，但是孩子，我现在看你，蜷缩着熟睡在小床上，仍然是一名婴儿。你在你母亲的怀里，头靠在她的肩上，仿佛只是昨天的事。我以前对你要求的太多了，太多了。

再也不愿训斥、指责和抱怨你的父亲

读了这封信，作为家长的你会有什么感想？是不是也在对照上面的内容进行自我反思？是不是想到了只有先提高自己，然后才能去充满耐心和爱心地去教育自己的孩子？

作为现在的家长，从小到大，不论是在学校还是在社会，很少有人对我们说怎么去做家长。实际情况倒是有很多的家长是在"棒打出孝子"、"不打不成长才"等等高压专制的教育方式下成长的。难道我们在做了家长后，还要让孩子重复自己的人生吗？这些"棒打出孝子"、"不打不成长才"的教育方式对我们的心灵伤害还少吗？难道还要去再接着危害我们孩子的心灵吗？在当今这个时代，真的需要做家长的去好好地反思。

作为孩子的家长，日常的语言、行为、教育习惯都会在孩子心上烙下不同的印记，尤其家长在教育孩子的问题上，由于根本就没有经过专门训练，出错也就难免了。

据调查发现，由于家长的过度关心，过度照顾，他们剥夺了孩子成长的空间，致使孩子不知道怎么来安排生活。让孩子从小到大不去考虑任何事情，那么孩子还怎么会成长？家长过多限制、过多干涉的结果只能是阻碍孩子潜能的释放。

在日常的生活当中，家长往往以"家长"自居，在心理上霸占着孩子，"你是我生的，我让你听，你不听，找揍！"在这样的家庭中，孩子缺失了人格。没有人格平等的家庭，只有奴役，孩子又怎么能健康成长？

日常的家庭教育是家长的职责，往往很多家长却忽略了自己的职责。家长只考虑孩子在学校学的文化知识，忽视了他们自己才是真正的教育基础，才是决定孩子命运的关键。

俗话说：三岁看老。孩子在家庭里所受的教育直接影响着他的一生，孩子对世界的最初认识源于父母，家庭教育的影响在孩子的心中是刻骨铭心的。

家长们莫要在思想里还保留"家长制"的教育思维习惯，这对孩子来说意味着不平等，会造成孩子一生中难以弥补的心灵伤害和人格上的缺陷。要从内心去尊重孩子，要孩子完成一件事前必须让孩子有真正的理解、接受，才能做好。不要再漠视自身的教育职责，这样在教育理念上要纠正自己的错误理念，走出家庭教育的误区，这样在对孩子的教育上才不会犯致命的错误。

## 家庭教育为什么老漏风

青少年犯罪率以飞快的速度不断增长，例如：高科技犯罪、高学历犯罪、冲动型犯罪，有的只为几百元乃至几十元就敢铤而走险，杀人越货。一个青少年罪犯的家长竟然说："抢钱可以，但不能撕票。"家庭教育的成败可见一斑。

有一篇这样的报道：

高中生嫌母亲管得太多持刀将其杀死。

礼泉县一高中生张博（男，20岁）嫌母亲（杜润果）管得太多遂产生反感情绪，竟持刀将母亲杀害，后潜逃到广东。迫于各种压力，在走投无路的情况下向当地警方投案自首。

案发当日，张博家的门紧闭，邻居听见其家中有喊"救命"的声音，便进入院内，发现杜润果的头部、颈部流血，后杜被送入医院，抢救无效后死亡。救人当中，张博趁机逃走。张博是一名高二的学生，父亲常年在外跑运输。据张博交代，他与母亲一直相处得不好，一直恨他的母亲。当日事情发生的导火索是，他要钱去学校报名，母亲骂他懒，让他先到地里给果树上肥料。他回到家后准备了两把刀子，见母亲回来后，用匕首朝她捅了一刀，母亲逃跑时摔倒，他又用菜刀在她身上砍了数刀。

据村民们讲，杜润果生前舍不得花钱，干活勤快肯吃苦，常常晚上一个人带着矿灯在果园里采果，第二天早上再往回转运，常是一个人干，是个"好人"。儿子张博性格内向，爱看书、爱学习，是个"好娃"。谁也没有想到会出这样的事情。张博的一位长辈讲，发生这种事情事关家庭教育问题，父亲、母亲和儿子都有责任。

张博为什么如此讨厌他的母亲，以至于残忍地将自己的母亲杀害？原因很简单，就是在心中对家长充满了怨恨。如今，孩子在心中讨厌自己的父母已经成为家长最为关注的话题，有关教研单位在西安的一群孩子中进行了心理测试，其中一项你心中"最讨厌的人"是谁，得票最高的竟是孩子自己的父母。据调查，有近四成的孩子讨厌父母反复唠叨，六成多的孩子认为自己的心里话只能和同学说而不能与家长说，更多的孩子最讨厌父母窥视隐私，诸如偷拆信件、偷听孩子与异性同学打电话等。

孩子为什么如此讨厌自己的父母呢？这个问题值得做家长的反思。下面看看孩子们在网上的自述和寻求帮助的心态吧。

我是个独生子女，我的父亲急躁而且很凶，又爱喝酒，是个脾气暴躁的人，我从小就怕他，那是因为他经常会打我，还会骂我，骂得很难听。原来我还是很爱母亲的，可是等我结婚并有了小孩以后，我发现我是越发地讨厌她了，都说养了儿之后才知道报答父母的养育之恩，可是我却越来越讨厌并痛恨他们了，甚至不希望和他们住在一起……

我自小就很讨厌父亲，他的废话很多，我一和他说话，他的话就更多了，而且说的最多的是大道理。他不是个有文化的人，一句话要反复说上好几遍，啰唆极了。

他跟我说话，我就一定要回他，不回，他就说我没礼貌了，回了他话了，他也不高兴，对我又开始骂。本来话多了就容易起矛盾的，小时候不敢跟他吵，长大之后，只要他一说话我就特别烦，三句话保准我们就吵架。其实我也不愿意这个样子，一家人和和睦睦地过日子不是很好吗？但是一听到父亲说什么，我就又忍不住了，反正我跟父亲的关系从小就不好……

由于我从小就不喜欢父亲，所以我和母亲比较亲近，她比较喜欢打牌，我觉得她非常懒。以前她在家里不收拾，屋里总是乱七八

糟的。因为乱，我有时也会跟她吵，她很惯我，吵完之后就买东西给我吃，或是给我钱花，小时候觉得那是对我好，现在想想那是把我惯坏了的主要原因。现在我结婚了，有了自己的孩子，母亲却经常还在家里打牌。你说了她，她也不说话，也没用。

有时在吃饭的时候，我就跟父亲说，让他劝劝母亲改改。没想到他不但不劝，还帮母亲说话，说什么她也累了也要让她休息休息，我就火了，休息？打牌叫休息？你要休息，看看电视，睡睡觉不叫休息啊？真是气死我了……

我不知道自己上辈子造了什么孽，会生在这样的家庭里，我从小到大一直觉得自己在心理上有问题，首先就是对谁都不信任，自己做什么事情也都不自信，感到自己心胸狭窄，非常自私，有时非常讨厌自己。我不知道该怎么办？希望有人来帮帮我，疏导疏导我，让我能从这样的心理阴影中走出来……

这种场面恐怕是很多家庭再熟悉不过的了。父亲不知道如何教育孩子，母亲不知道什么样的爱才是孩子真正需要的，家庭教育的失误在孩子身上不断上演和延续。很多家庭里两代人之间的代沟严重到了不可逾越的地步。

许多家长总是抱怨现在"父母越来越难做"。在电脑普及的时代，如今的家长已经被孩子称为"菜鸟"，是"菜鸟"需要向"老鸟"学习的时代，是"老鸟"教育"菜鸟"的时代。因为"菜鸟"已经不能成为"老鸟"的榜样。其根结就是家长的教育方法跟不上时代，直接造成亲子关系高度紧张。家长在教育孩子上碰到了极大的困难，作为家长应该在自己的家庭教育方式上反思一下，我们的孩子到底是出了什么问题？我们做家长的自身是不是也有什么过失？

## 别让愚蠢成为家长的符号

如今的孩子是学得苦闷！为什么这么说呢？因为很多孩子在周六晚上近11点的时候还在写作业。面对孩子的学习境况，你有没有想过孩子在吸收文化知识的时候，是用什么代价来换取的？

孩子的普遍生活现状是学习超时，睡眠严重不足。孩子只是一个学习的机器，其自身却没有得到全面健康的发展。

更令人担忧的是，孩子们普遍表示学习不快乐，面对家长感到的不是温馨和快乐而是压力。当家长的要知道：孩子成长的关键不是明天，而是今天他成长得快乐吗？！

家长们普遍认为："不吃苦中苦，怎为人上人？""今天的痛苦就是为了换取明天的幸福。""自己的孩子要想在众人面前高人一等，只能在分数线上比高了，不管怎么样让孩子先弄个好学校读读，将来机会也就会多一点儿。"在这样的心理驱使下，成千上万的孩子只好为那点希望，挑灯夜读，奋战不已。在这样的心态下学习的结果，就是连所谓的学习上的优等孩子都一个又一个地说："考完我就把这所有的考试资料一把火烧光。"痛恨之情溢于言表呀！

在学习就是孩子的任务观念指导下，那颗灵动的心被压抑得静止不动了，在那厚厚的、总也翻不完的、晦涩难懂的纸片里静止了。家长忘了学习离不开循序渐进的积累，也忘了孩子的天性——玩。

孩子在玩的世界里是没有苦痛的。在玩耍中，一切的实践都可以成为孩子的知识和技能。孩子的天性就是在游戏中学会知识。

逼迫孩子一个劲儿地伏案学习，其实是将书本与孩子的生活割裂了，同时也割断了书本的生命血脉。孩子在生活实践中由于体验不到书本知识带来

的快乐，以后在书本中想多学一个字都是非常困难的。

学习本身就是一种有趣的游戏，如果失去了生活的基础，就会变成可望而不可及的空中楼阁。那样，孩子永远也不可能进入它的殿堂，更别说去感受它的乐趣。

如今孩子的"苦"是家长以孩子的未来为理由，把孩子推入"苦"的深渊。难道考大学是家长教育孩子的目的吗？家长还普遍认为孩子考个好点的大学就会有机会找个好工作，找了好工作，孩子就能过幸福安逸的生活，却往往忘了由于孩子的片面发展，他能不能胜任还是个问题。

家长的眼光总是集中在工作上，却忽视了做工作的人的本质。干好一份工作固然需要学识，但更重要的是一个人的心理品质。经验从来就是借鉴，不能照搬。孩子所学的不过都是些前人积累下的经验而已，能否灵活运用靠的是一个人是否有敏锐的洞察力、精确的判断力、果敢的执行力、顽强的意志力、容人悦己的协调力。

在家庭教育中，孩子的成长和家庭的教育熏陶有关。眼下很多家长还没有认识到家庭熏陶的重要性，尤其是做生意的家长，他们自己整天忙于生意，生意做得很好，但是孩子却被教育得很糟糕。

星期天逛市场的时候，经常可以看到市场里摊主大声地怒骂自己的孩子。孩子在旁边帮忙，稍不留意就被严厉斥骂："笨死了"、"蠢透了"、"没用的东西"、"这个孩子就是没有用"、"蠢得十个指头不透亮"、"我怎么就生下了你这个无用的东西"……这些魔鬼般的言辞就像匕首毒药在伤害和毒化孩子的心灵，危害孩子的成长。

在学校门口随便问一些孩子："孩子，你学习快乐吗？"很多孩子会回答："不快乐，学习枯燥乏味，没有意思，整天就是这样呆在教室里，都是翻来覆去的题目，分数……"

孩子没有心灵的舒展，就会没有信心，没有自尊心，孩子没有体验到成功的喜悦，又如何进步？又有多少家长能深明其中的道理，有多少家长走进了孩子的心灵？

对于孩子来说，如果成绩是花儿，那心灵的东西才是花的根、花的枝叶、花生命的源泉。花儿之所以鲜艳，那是因为花草的根系好。很多家长眼里只知道死盯住花儿，却不知花儿的肢体需要点点滴滴的培养灌溉。莫要用自己不良的教育方式使那些含苞待放的孩子枯萎！

家长对孩子用正确的方法教育是会很省劲的，其效果往往是显著的；家长对孩子用错误的方式去教育，往往是很费劲的，最终的结果是失败的。

做家长想到没有：教育是在培养什么样的人？教育的本质是把孩子培养成为学习的机器还是造就更加健全人格的人？培养健全的人格是不是应当成为家庭教育的核心要点呢？

什么叫蠢人？就是能够出色地完成根本不需要做的事情，而且不惜代价地完成。常言道："没有笨蛋的孩子，只有笨蛋的家长。"家长请记住，错误的教育方式是会屠杀孩子心灵的。

## 你的孩子为什么还不能独立

小李是某高校 2010 年本科毕业生,现在一年了也未能找到工作,求职无数次,花钱花精力赔时间,都没有结果。小李认为自己对工作要求也不高:月薪三千元左右,不出差,一份不跟外面打交道的办公室工作,用小李的话来说就是找一份不辛苦的工作。小李从小除了学习,什么都不用干,小学到高中成绩优秀,是家长和老师的骄傲。为了让孩子上各种课外辅导班,父母代劳了他除了学习以外的其他一切事务。事实上小李自己对找工作"完全没数"。

类似小李这样走进社会后四顾茫然,不愿做辛苦的工作、不能独立的大学毕业生,近年来数量暴增。

可怜天下父母心,自己辛辛苦苦培养出来的孩子,竟然落到还不能自立的地步,看到这样的情景,家长不要只是感叹"孩子们怎么长不大",而是应该反问自己:"我们怎么把孩子教成这样了?"

那么"长不大的孩子"是怎么教育出来的呢?

在孩子幼小的时候,家长在心中把孩子看成是一个弱者,需要被人保护和照顾,但往往无形中从语言和行动上不断挫败孩子的自信心。当孩子长大表现出更多的弱点时,家长不是去发现孩子的优点,而是对孩子的缺点不断去放大,在否定孩子的情况下,更加强化了孩子的自卑感,让孩子丧失了进取心和信心。当孩子开始自我放弃时,心急的家长只好一边埋怨一边"代劳"孩子的一切,家长此时因为心中瞧不起孩子,也就不会去欣赏和接纳孩子,无形中漠视孩子的情感,不再去对孩子心灵成长进行呵护和鼓励,家长只是一味地对孩子强调自己的要求："学习、学习、再学习……"

中国的家长都认为孩子的主要任务是学习，觉得孩子在学习的过程中始终是个空桶，给什么，装什么；孩子是张白纸，画什么显什么。但是许多家长忽视了孩子的个性、思考能力以及追求未知世界的欲望和能力。中国传统教育的一个重大误区是混淆了孩子的自然人成长过程与社会人成长过程。

孩子是父母的镜子，孩子身上出现问题，其实"病根"在父母身上。天下的父母都爱孩子，却未必都知道怎么爱孩子。有的家长以为自己爱孩子就是无条件地满足孩子的物质需求，为孩子包办所有的事情，实际上这剥夺了孩子独立生活的权利，不利于孩子独立生活能力的养成。爱孩子就要给孩子独立生活的机会，让孩子真正成为独立的个体。

歌德说过："谁不能主宰自己，谁将永远是个奴隶。"

作为家长，从小就要让孩子认识到独立意识的重要性，避免让孩子养成依赖思想。孩子的独立行为是靠自己独立的思想来支撑的，当家长的要在生活中有意识地培养孩子的独立性。当孩子有自己的想法时，家长不要急着否定，而是要给孩子表达见解的机会，并问孩子为什么会有这样的想法。

篮球明星乔丹的妈妈曾深有体会地说："在对孩子放手的过程中，最棘手的问题是让孩子去追求自己的梦想，自己作出事关终身的决定，选择与我为他们设计的不同的发展道路。"

家长想让孩子真正独立，就要放开紧握孩子的双手。因为孩子已经开始有自己的尊严和独立人格。作为家长，只要不涉及原则性的问题，就要尊重孩子的意愿，给孩子充足的自由，让孩子自己作决定，给孩子独立生活的机会，这样，孩子才会成长为独立、有主见的人。

## 中国家庭教育中的诸多陋习

俗话说："宠儿多不幸，娇儿难成才。"这是告诫家长怎么样去教育自己的孩子，怎么样去给孩子一个良好的道德教育。教会孩子如何做人是每个家长义不容辞的职责。孩子良好习惯的养成需要家长首先走出爱的误区。

家长的过分呵护，直接剥夺了孩子独立战胜困难与挫折的机会，而战胜挫折是孩子形成良好意志品质与行为准则的必由之路。从孩子一出生，就面临着各种巨大的挑战，孩子是在战胜困难中不断积累自信的，在孩子成长的过程中，所遇到的事情每天都在变，新的东西不断出现在孩子的面前。

当孩子长到7岁的时候，他的脑部发育已完成90%，这个时候，家长可以适当放手，可以减少一些对孩子呵护的行为，孩子会在战胜困难的习惯中进步，这是孩子成长的自然法则。

教育家马卡连柯说："一切都给孩子，牺牲一切，甚至牺牲自己的幸福，这是父母给孩子的最可怕的礼物。"

中国的家长常常把这个可怕的礼物完完整整地送给自己的孩子，这个礼物对孩子造成的负面影响就是"重智轻德"。其表现是中国父母对孩子溺爱成性，片面注重智力的培养。

中国家长对孩子的溺爱是一种畸形心理，在这种溺爱里，父母的温柔变成一副枷锁套牢孩子的心灵，父母的疼爱化作一个圈套拘束孩子的成长。

孩子上幼儿园时还不会穿衣、穿袜子，不会整理散落一地的玩具，连鞋带儿开了绊个跟头也要哭着去告"鞋带儿"的状。到孩子读小学的时候，上学放学都要有家长接送，在日常生活上孩子被家长照顾得无微不至，更有甚者仅仅因为学校没有坐便设施，就憋着忍着回家再解手。孩子长到了十几岁进入了中学，但在生活上依然没有学会自理，孩子前脚走出家门，后脚就会有家长追出来喊："你忘记这个了，你忘记那个了……"转身就是一副无奈的表情，叹息着："这孩子，什么时候才能长大呀？什么时候才能不让大人操心哦？"孩子20来岁了，终于考上了大学，一家人高兴坏了，全家总动员，在送孩子的路上背着的、扛着的，那情景简直是举家搬迁。孩子大学毕业了，就业的烦恼又堵心头，送礼求人托关系，好职业不容易找，不好的职业又觉得太丢人，不好不赖的孩子又不满意。这种无私奉献式的呵护，其实从小就抹杀了孩子的独立性，抹杀了孩子自我发展的途径。

中国家长除了溺爱和关注孩子的智力发展外，最大的过失是习惯性地忽视孩子的非智力因素。在这方面，很多家长按照传统惯性的思维方式，严重扼杀孩子的心理、情感、意志和兴趣等非智力因素。

孩子从小就被家长们命令着学汉字、念唐诗、背宋词、练算术，而家长们从来不去顾及孩子爱玩的天性，只知道强制孩子一味地学死知识，家长只习惯一味地命令式教育，将孩子的自尊心、自信心、坚持性和创新能力等非智力因素抛之脑后。孩子是弱小无助的，即使在他们幼小的心灵里有无数个理由，又岂敢找出一个借口，去挑战和反对瞪着大眼、攥着拳头、携带着中国"家长制"暴力的家长！

家长的过多限制和干预是对孩子心灵的施暴，同时也扼杀了孩子的独立人格。

出于对孩子的安全，家长总是担心会出什么意外，就紧紧地死死地拽着孩子不放手，孩子一旦离开自己的视野就会感到十分紧张，就想冲上去保护，家长的这些行为其实是对孩子成长的干扰和破坏。孩子的行为由于受到家长过多限制，所以他们始终不能独立，建立不起真正的人格。

在孩子学走路的时候，家长怕有危险就不让孩子碰这个、拿那个，长此以往，不仅扼制了孩子的好奇心和喜欢游戏的天性，还容易培养出一个遇事只会伸手的懒孩子。

孩子在家庭小环境里一旦形成以自我为中心、有求必应的心理习惯，而以后进幼儿园或学校之后，不会再有人给予他父母般的疼爱，那么面对人际交往中的挫折，孩子就会产生对抗及逃避心理，人际交往就会出现障碍，甚至对将来融入社会都会产生影响。

在中国家庭中很多家长过多地满足孩子的要求，这使孩子认为所有物质得来都是理所应当的。孩子的内心一旦没有需求的渴望，就会发展成为一个没有上进心的人。

"家长是孩子的第一任老师"，指的就是家长的言传身教。言传身教是家教中最重要、最主要的方法与途径。家长的一言一行、一举一动，对孩子的影响都是巨大的。良好的言行，使孩子终身受益；不良的言行，使孩子终身受损，甚至会断送孩子的一生。

例如：年轻的爸爸妈妈带孩子过马路，由于孩子缺乏自立、自理、自护的习惯和意识，往往莽撞的往前跑，结果一辆正常行驶的汽车紧急刹车，在孩子的身旁停下。父母对待这种事情的态度会是什么样呢？

教育方式错误的父母肯定会劈头盖脸地把司机大骂一顿，以此来表示父母是如何的呵护孩子，孩子看在眼里，就会记在心上，他就会想：哦！爸爸妈妈在保护我，是司机叔叔错了。

教育方式正确的父母首先会批评孩子，并当面要求孩子向司机叔叔道歉，这时候，孩子的认知就变成了：这样做太危险，我不该如此莽撞，我应该懂得保护自己。

两种不同的教育方式和理念跃然纸上，作为家长对孩子的教育应该是严爱结合，相辅相成。严格不是简单粗暴的限制、命令，更不是实行家长专制，用暴力打骂、体罚孩子，严格中包含着说理、引导和启发，严格要求应与尊重、信任、关心、热爱孩子相结合，做到严中有爱，爱中有严，严爱结合，刚柔相济。

作为家长，一般都有比较强烈的改造欲，在教育孩子的过程中往往不自觉地表现出相当强烈的改造和占有欲望，力图把孩子改造成言听计从、毫无私人空间的附属品。

从古至今中国人从来不缺乏智慧，但缺乏创新能力、应变能力和竞争能力。其根源就在于家庭教育上，父母是孩子的第一任老师，如果父母自己从小就遭受着一种心灵施暴式的教育方式，而陈旧的理念并没有随着社会的发展而更新，等到教育的重大责任落到他们身上时，他们受自己父母教育方式的影响，也会不自觉地将父辈们的这种教育方法用在自己孩子身上，这种轮回将是多么可怕呀！

可以不客气地说，我们的孩子，在家长的培养下，完全没有树立起独立的人格。这不是父母的错误，这是中国家庭传统教育误区造成的恶果。

对孩子的学习惯用物质来刺激，其本质是家长在变相诱导孩子成为拜金主义者。

父母是孩子的启蒙老师，家庭对孩子的道德教育有着天然的优势。幼儿阶段是人的品德、个性形成的重要时期，此时的孩子有很强的可塑性，孩子的自身能力在迅猛发展，这个时期要是一味在物欲上满足孩子的要求，甚至放纵其行为，只会平添孩子的娇气、自私和霸道，是培养不出孩子的优良品格的。

家长在对孩子的平时教育中，要让"理"制约"情"，寓理于情，情理结合。家长对孩子的护短、溺爱、娇纵、不管、不教，或滥用亲子骨肉之情和家长的权威，要求过高，责之过严，甚至打骂孩子，都会扭曲孩子的人格，不利于孩子全面健康的发展。

对于孩子来说他有自己的独立人格，作为家长你可以给他爱，却不能去复制你的思想，因为孩子有他自己的思想。作为家长在求好心切心理作用下，往往会作出不适合孩子的要求，有时因怀疑孩子的能力而事事代劳，家长的这些做法都不利于孩子的成长。

家长对待孩子请不要用"金钱"去打理一切，再多的金钱也买不来真情，也买不到孩子在社会上生存的能力，更买不到孩子的健全人格。在孩子幼小的时候，培养孩子勤俭节约的生活习惯，千万不要刺激孩子的"花钱欲"，一旦养成见什么买什么，买了又不珍惜的恶习，改起来就很难了。被金钱左右头脑的人，行为往往是可怕的。

孩子考得不好，家长也不要去体罚，因为体罚会抹杀孩子的全面成长的机会。关于体罚，中国的家长们有成千上万个理由，"不打不成才"、"棍棒之下出孝子"等等，于是一个崭新的轮回继续着：被棍棒打出来的父母们依然棍棒教育着自己的孩子。

每个家长都知道应试教育是填鸭式教学，是不对的。但对于想让孩子考出好成绩的父母们来说，他们顾不了别的，一心只抓孩子的学习。

孩子放学回家刚放下书包，家长的第一句话就是："你们老师布置的作业完成了吗？就知道玩！你们老师不是让你写五十遍新字词吗？你写了几遍了?"这是每个人都经历过的,也是每个人都服从过的。现在回头看看是不是很搞笑,很滑稽?

在家长中还流行着盲目攀比的行为,在教育孩子的过程中甚至还出现了两个极端:一端是家长完全奴役孩子,即家长的话一言九鼎,让你上东你不能去西;另一端是家长对孩子完全放任,不管不问,他们从来不对孩子说向东或向西,任凭孩子打狗或撵鸡。无论如何,家长对家庭教育的过分重视或完全漠视,教育出来的结果都是不尽如人意的。

一是家长和孩子的亲密关系日益疏远,在精神层面孩子是家长最熟悉的陌生人。随着孩子年龄的增长,一方面是孩子的迅速成长,新环境和新朋友等人际关系的不断确立和稳定;而另一方面是家长对孩子的陌生,由于经常不见面,见面后又只是几句客套话而已。最终,孩子成为家长们最熟悉的陌生人。家长熟悉的是孩子的过去,家长陌生的是孩子的精神和未来。

二是孩子被家长培养成没有主见的人,到最后沦为家长为实现自己理想的工具。绝大多数家长都会对孩子说:"我们那时候条件差,都没机会念大学,所以你要好好学习,争取上大学深造!"类似这些的话至少在孩子耳边萦绕了十几年。而"好好学习,以高分考个好大学",则成了中国家长们对孩子们唯一的期待。

孩子考上大学以后又能怎么样呢?"你看我念了大学,有了学历,结果还是没当个像样的官,所以你念完大学,一定要当大官!"这是另外一部分高学历家长的说法。于是,他们从帮孩子选上小学开始,甚至不惜跑路子,拖关系,再进重点中学,然后孩子考上大学了,回家问父母,我应该填报什么志愿啊?

这就是中国的孩子,再过几天就要踏进大学校门了,还得回家问问父母要选择什么专业!此种后果,完全是中国式家庭教育的恶果:由孩子被动地听家长吩咐,逐渐深化,趋向同化,最后到向家长询问,终于沦为家长实现他们未泯理想的工具。

# 第二章

## 错误的教育比不教育更糟糕

家庭教育是一切教育的基础,家庭教育的好坏,直接影响着孩子能否健康成长,人格能否完善。社会上的竞争,本质上就是人才的竞争,人才的竞争实际上也是家长的竞争。无数事实证明,教育孩子首先不要输在家庭教育上,家长在教育孩子时所犯的错误少了,孩子就变好了。要解决孩子的问题,必须先解决家长的问题。因此,如何科学有效地开展好家庭教育,如何使孩子成才,已经成为每一位家长必须学习的课程。

# 中国父母教育子女面面观

古语说得好：少成若天性，习惯成自然。养成良好的习惯，终生受益；形成不良的习惯，终生受累。这句话告诉家长教育孩子就是要从小培养孩子的好习惯。因为成功的教育是从培养习惯开始的。

家庭教育的核心不只是传授孩子知识，更主要的是要教会孩子怎么样去做人。好的习惯是一个人立足社会的资本，健康成才的基础。一个人养成好习惯，一辈子都受益无穷。如果家长对孩子在日常生活中暴露的哪怕很大的不良习惯容忍迁就，不去加以指正，孩子就可能因非智力因素残缺而限制将来人生的发展。

中国父母在家庭教育中常常忽视良好习惯的培养，在教育观念上近视，致使很多家长目光短浅，错误的教育方式误了孩子的终生幸福。

很多家长由于各种原因不能亲自去照顾自己的孩子，使孩子从小就缺乏爱的温暖，致使他们终身没有安全感。

在中国，有很多父母肤浅地认为：孩子身边只要有人看管，没有生命危险就可以了。其实孩子从出生开始就需要和别人交流，虽不会说话，但可以通过肌肤的接触、拥抱、关注的眼光、他人的言语等方式交流。

家长只有不断地与孩子交流，才会使孩子变得越来越聪明，其心里才会充满爱的安全感。现实中很多孩子是在没有关注的环境下长大，由于和父母的交流少，他们的脑子会变得怪异呆滞。因为小时候缺乏父母充分的关爱，内心缺乏安全感，始终处于一种莫名的紧张不安中，终生追求那童年、婴儿时期失去却永远追不回的爱。

家长明显的错误行为是爱拿孩子当炫耀比较的对象。

中国家长的虚伪就是非常爱面子，为了自己的面子他们鼓励孩子上进争光，而不是让孩子在学习中得到快乐，孩子学习的目的和动机完全以父母的指令为转移。日常生活中家长们都常常说："你看人家孩子多用功，成绩多好。人家又得了什么奖……"家长的这种比较最要不得，况且常常是当着众人的面说。并不是孩子不愿意做好，家长每一次把孩子和别人比，带给孩子的是多一份不满和痛苦，对于孩子的成长往往起到的是负作用。

在这种比较和竞争的心态下成长的孩子，长大后无法和别人合作做事。扭曲的心灵喜欢争斗。对于能力强的人不是佩服，而是嫉妒，要拉他下来；对于不如自己的人心存轻蔑。

家长错误的教育行为还有就是不尊重孩子的隐私和权利。

孩子其实从出生就是一个独立的个体，有自己的人格。在中国的家庭中，有很多的家长还沿袭着"家长制"的传统观念，父母习惯把自己摆在家庭权威的角色里，认为孩子是自己生的，就应该是属于父母的。

这种强权思想，错误地不把孩子当一个拥有完整权利的个体来看，剥夺了孩子的自由空间，导致个人和社会的很多不良的后果。

作为父母也应该从内心去尊重自己的孩子，在进入孩子房间的时候应该先敲门。在移动或用孩子的东西的时候应该得到孩子的允许。任何牵涉到孩子的决定都应该事先和孩子商谈，听取孩子的意见。

作为家长不要去随意地翻看孩子的日记或窥探孩子的隐私。要尊重孩子的所有权利，把他当一个成人一样尊重。孩子只有在自己的私密空间才能充分发展自己的潜能。

家长对孩子的这种尊重，其实应该从孩子出生换尿布的时候就可以开始了。在给孩子换尿布的时候，哪一位家长不是满怀喜悦地为自己的孩子换尿布，打心眼里敬重眼前这个新鲜的生命的？只是后来家长将那颗尊重孩子的心给遗落了。

这种尊重生命的精神在我们的日常生活里日渐缺乏。在没有被尊重的环境下成长起来的孩子，很容易产生社会缺乏服务和尊重的观念。不被尊重的人以后也不知道尊重别人。

家长忘记了孩子有其自身的发展规律，错误地想把孩子塑造成自己想要的人。很多家长由于自己在生命中留有遗憾，就把希望寄托在孩子身上。家长一直逼孩子往自己以为正确的路上走,根本不考虑和顾及孩子是不是适合,或者有没有兴趣。譬如让孩子去学书法、唱歌、跳舞等等。在家长蛮横无理的压力下,孩子不快乐,家长也不快乐,整个家庭变得都不快乐,变成了压制和反抗的较力。以牺牲亲子的和谐为代价,让孩子去追求一些莫明其妙、也不见得正确的所谓父母的理想,其结果是扼杀了孩子发展自我的能力。当孩子长大回想起童年,只有恨意,那些不快乐的回忆会痛苦地伴随孩子终生。

聪明的家长,你要是真的爱你的孩子,就别再重复这些愚蠢的行为。

家长错误地认为孩子越用功越好,所有的努力都是面向高考,面向出国。现实中总有一些家长简单地以为孩子在学校的成绩就是孩子的一切,孩子人生的目标好像就只有两个:一是高考,二是留学。

这样的目标一旦确定,家长剩下的工作就是竭尽全力,利用一切手段,对孩子或威逼、或利诱、或在孩子面前苦苦哀求等等,来达到这个目的。这种千军万马过独木桥的过时观念,仍旧深深扎根在众多家长的心中。

如今现实的社会情况是怎么样呢?很多人出国回来仍然找不到工作。很多大学生现在也只能混口饭吃,有的甚至连工作都找不到,更有甚者在家当起了啃老族。并不是说考大学和出国学习不好,这里所要指出的是孩子在学校的成绩并不代表一切,因为一个人的学习是一个终身行为,重要的是孩子的能力能够得到全面的发展。诸如孩子的活力、毅力、性格、意志等,这些才是决定和影响一生的重要因素。

家长认为孩子不应该做家事,应该把时间用来学习,这种观念是错误的。

据社会学家调查的结果显示,在家常做家事的孩子将来生活比较幸福,因为他们在做家务的时候,无形中提高了自己处理事情的能力,所以长大以后面对挫折也就比较从容了。

中国的父母为了让孩子有更多的时间去学习,就剥夺了孩子一切做家务的机会,剥夺了孩子学习体验生活的机会,剥夺了孩子学习分担责任的机会,剥夺了孩子学习面对问题的机会。家长只是教养出一个个只会解几道数学题的"机器"。

家长在孩子面前严肃,缺乏幽默感,不能给家庭营造轻松活泼快乐的氛围。面对生存的各种压力,家庭的基本气氛就是逼孩子学习。什么是家庭生活,什么是亲子活动,孩子完全不知道,更没有去亲身体验的机会。而父母因为生活压力太大,在忙碌的日常生活中失去了幽默感,失去了轻松快乐的心情,觉得一切都是被逼的,都是被赶的,一个目标就是为孩子的高考。家长实在不知道人活着是为了什么。孩子在这种紧张的家庭关系中,在这种缺乏轻松和幽默感的气氛下,一个小挫折就会引起家庭的冲突。

父母的爱,不是对孩子提出任何不合理要求的借口。

爱,不是家长为所欲为的借口。但是,有很多家长却以爱为借口,向孩子提出不合理的要求。很多家长常对孩子说的一句话就是:"我们这样做,也是因为爱你,为你好啊。"家长就是想用这句话堵住孩子的反驳。这些理由看起来冠冕堂皇,其实是荒谬的,家长对孩子的要求不合理就是不合理。千万别把对孩子的爱用做挡箭牌,那会抹杀孩子明辨是非的心。家长的要求要是合理,孩子自然会心服口服地去按照家长的要求做。

由于家长的"望子成龙"、"望女成凤"片面性,致使家庭教育脱离了孩子自身实际发展的需要,而家长的期望只能使孩子的发展更加偏离自身的发展方向。学校的填鸭式教育已使孩子肩上的书包超负荷了,而家长呢,还要无休止地强制孩子上各种补习班,去做各种没完没了的模拟试卷,完全剥夺了孩子自由支配时间的权利,让孩子失去了自由飞翔的天地,使孩子在知识的殿堂里胆怯退缩,丧失信心。在这里孩子感到的是阴森可怕,每一次考试完毕,孩子手捧成绩单接受父母的"审判",孩子考得不好,父亲轻者呵斥,重者就是挥拳对孩子打骂,母亲对着孩子唠叨不停。面对这种肉体和精神的过度折磨,有多少孩子的学习兴趣就这样被家长给扼杀掉了,更多的孩子是思维陷入凝滞,心灵遭到扭曲。家长对孩子的过高期望造成孩子离家出走者有之,造成夏斐那样被母亲用棍子打死者有之。

青海省果洛藏族自治州大武镇,年仅9岁的小学四年级学生夏斐因期末考试两门课成绩低于90分并隐瞒了家长,竟被亲生母亲活活打死。

期末考试后,夏斐数学得82分,名列全班第二;语文得79分,列第五。当他的母亲问及考试情况时,他怕挨打,就谎称都在90分以上。在夏斐被母亲拉着一起到学校向老师询问考试情况时,班主任将考试情况如实相告。尽管夏斐当场哭着向母亲承认了说谎的错误，但回家后，还是被母亲扒光衣服用铁制的三角形木锉一顿殴打，从中午12点一直打到下午4点，直到夏斐被打得奄奄一息，躺在沙发上一动不动，他的母亲才停住手，洗衣服去了。下午5时许，夏斐母亲见儿子不出声气，才去叫大夫。大夫来后见夏斐情况危急，赶忙吩咐送医院抢救，但等送到医院时，他已死去。

夏斐的母亲吴玉霞，高中文化程度，是职工家属。她望子成龙心切，苛求夏斐门门功课考分必须在90分以上。夏斐平时在家里没有娱乐玩耍的时间，母亲稍不如意，便对他拳打脚踢。小小年纪的夏斐，精神常处于恐惧状态。夏斐惨死后，医院在对他的尸体进行检查时发现，他浑身发青的尸体上伤痕斑斑。

夏斐在学校学习认真，成绩优良，是少先队中队长。他死后，班主任杨桂梅泣不成声地说："夏斐是个好学生，昨天上午他还活生生地站在我面前的呀！"

家长对孩子的过度关心、过度照顾，严重制约了孩子的成长。"饭来张口，衣来伸手"、"含在口里怕烫着，吐出来怕冻着"，这是很多家长对待子女的形象写照。

生活富裕了，父母对孩子过多的照顾，使得孩子四肢不勤，体质虚弱。家长对孩子生活的过度关心和照顾，其实是在剥夺孩子独立学习、独立做人、独立解决问题和锻炼意志的机会和体验。如果孩子一直处在家长保护下生活，那么孩子的主体意识就会萎缩，逐渐变成一个缺乏自理能力的孩子，犹如雏鹰禁止飞行，而只能成为一只小鸡。这样的孩子长大成人，又如何去面临复杂而严峻的现实生活呢？又怎么能期望一个事事都要别人照顾的人成为国家之栋梁呢？

而家长对孩子的过多限制、过多干涉，又阻碍了孩子潜能的释放。1989年南京市曾发生过这样一件事：一名铁路职工，胆小怕事，为了避免自己的三个孩子出门惹事生非，遭人欺侮，竟将他们从小就锁在家里，最长的竟达十几年，使孩子和外界彻底隔离起来，原本正常的三个孩子因此几乎成为白痴。

家长对孩子的过多限制造成的结果可见一斑。家长由于过度地担心孩子，就会不自觉地对孩子过多干涉、约束和限制。诸如父母要求孩子不要玩水、不要爬树、不要上街、不要夜晚出门、不准看电视、不准同异性交往、不准看小说、不准下棋、不准跳舞、不准踢球等等，可以说在孩子生活的方方面面都有来自父母不同程度的约束、干涉，甚至连日记、书信、交朋结友都要受到父母盘查、监督。显然，如此这般，孩子潜能自然得不到应有的释放，也不可能有健康的成长。

家长对孩子也不要一味地去欣赏、表扬，过了头反而会影响孩子的心理健康。有的家长听说了对孩子的"愉快教育"、"激励教育"，在没有领会这种教育真谛的情况下，对孩子的行为进行盲目的表扬和欣赏，其实也是偏离了家庭教育宗旨。

生活本身就是对孩子的最好教育，其中的酸甜苦辣，能使孩子的成长得到全面的营养。

家长过多欣赏孩子成长，过多表扬孩子，对孩子成长中的负面问题就会视而不见，一味迁就，就会丧失对孩子的许多"挫折"教育的良机。现在的很多孩子身体健康结实，聪明伶俐，但却承受不了批评，缺乏感恩的心，更缺乏对家庭、对他人、对社会的责任心。孩子缺乏一颗温暖而丰富、纯洁而清新的心灵，是因为他们的心里有太多的负面东西。

家长对孩子的过多同情、过多体谅，会影响孩子良好习惯的养成，最辛苦的是孩子，这已经是无可争辩的事实。同情孩子是父母的天性，体谅孩子是父母的本能，但是家长对孩子过多同情、过多体谅则会使孩子良好的习惯失去连续的滋养。

"习惯不是造就你，就是毁掉你。"在众多的中国家庭中，恰恰轻视了孩子良好习惯的培养。好父母都是学出来的；好孩子都是教出来的；好习惯都是养出来的；好成绩都是帮出来的；好沟通都是听出来的。确实，没有天生的成功父母，也没有不需要学习的父母，成功的父母都是不断学习提高塑造出来的。只有不断学习和掌握现代家庭教育科学的知识和方法，才能扮演好家长这个角色，孩子的健康成长才有基本的保障。

## 家庭教育中的易错之处

家庭是孩子成长的摇篮,父母是孩子的第一任启蒙老师,孩子学习的目的只是为了充实他自己,而不是为实现父母的期望。我们的孩子并不是谁的生命在延续,也不是生命的简单重复,他是另一个生命的开始。在最初给予他生命之后,他就已经作为一个独立的个体而存在了,家长不再有控制或设计他未来的权利。

孩子有他自己的特质,因为每个生命的遗传密码都是独特的。唯有尊重个体的差异、发扬生命的个性才会有真正的成功,世界才会因此而丰富多彩。每个人都会有自己的人生梦想,孩子也一样。孩子不是家长人生道路的升级版本。有些家长出于一种补偿心态,期待孩子能实现自己年轻时的梦想。在这种思想的支配下,很多家长把孩子当成了弥补自己人生遗憾的工具,强迫孩子做他们不愿意做的事情。持这种心态的家长应该反问一下自己:我想做的事情,我的孩子也一定想做吗?

那些事业成功的家长更会以自己的尺度来规划孩子的前程,他们认为孩子如果不如他们便是失败。这种思想同样也是家庭教育里的一个误区。

一个个体的成功是许多因素共同作用的结果,世界上没有完全相同的两片树叶,即使双胞胎也存在性格、智力的差异。家长为什么要把自己的成功视为一种当然,要让自己的孩子全盘继承下来?

很多家长都很重视对孩子的家庭教育,良好的家庭教育可以为孩子未来的成长与发展奠定坚实的基础。但在我国的家庭教育中,家长由于在教育理念上的理解偏差,在教育孩子的实际当中往往会走进几个误区。

家庭教育的误区之一:家长重视孩子的智力因素提高,轻视了孩子的非智力因素培养。

　　家长为了能让孩子将来考上大学，从小就通过各种手段对孩子进行智力开发，促进孩子学习成绩的提高。这种心情完全可以理解，但一些家长却不顾孩子的学习基础、性格特点，硬性灌输各种知识，把自己一相情愿的期望建立在对孩子欢乐童年的扼杀和自由的剥夺上。

　　孩子入学的关键在于孩子考的分数，孩子的分数高低直接影响着家长的情绪变化。有些家长只好让孩子"自加压力"，让孩子在节假日再去各种补习班；有些家长只要一看到有新的复习资料，就全部买下，回家后要求孩子"淹没在题海"中。家长所做的这些，都是以牺牲孩子快乐为代价的。同时也造成许多孩子因难以承受繁重的学习压力而厌学，甚至导致了孩子屡屡出走。

　　在孩子学习成绩提高的背后，家长却没有看到其中隐藏着的种种人格塑造的危机，如情感淡漠、意志薄弱、行为不端、性格孤僻等。

　　人要想获得成功不仅要依靠智商，更要依赖于人的情商。智商只是更多地反映一个人掌握知识的程度，而情商则被认为是用于预测一个人能否取得事业成功或生活成功的更有效的因素。

　　凡是取得成功的人，都离不开他们自身的勤奋精神、坚强毅力、良好的适应性。所以，家长在教育孩子的时候，在重视孩子学习成绩提高的同时，还要关注孩子非智力因素的发展，关注孩子包括人格在内的各种心理因素的全面发展。

　　家庭教育的误区之二：家长只注重孩子的身体健康，忽视了对孩子的心理关爱。

　　由于基本上都是独生子女的缘故，家长更加重视孩子的身体健康。生活水平的提高，为家长改善孩子的生活条件提供了物质基础。许多家长给孩子盲目地吃各种补品，结果使孩子生理早熟。与此同时，孩子的心理问题却越来越严重。许多孩子的学业成绩下降，行为和心理产生问题，有的甚至走上犯罪道路，这些都与孩子的心理问题有密切关系。孩子的心理是否健康直接影响着孩子品德的形成，影响着孩子人格的发展，也直接制约着孩子潜能的开发和挖掘，从某种意义上说，健全的心理比健康的生理更重要。所以，家庭教育要注意孩子身心的和谐发展，特别要注重孩子的情感、意志和心理素质的养成。

家庭教育的误区之三：家长只重视对孩子的物质满足，轻视孩子精神的充实。

许多家长对孩子的物质需求是有求必应，只要孩子提出，家长也不考虑孩子是否需要，是否合理，都会最大程度地满足，但对孩子的精神世界却很少去了解和关注。

孩子遇到困难和挫折的时候，在最需要得到父母的理解与支持时，许多家长或是没有反应，或是无能为力，不能够及时与孩子进行有效的沟通，长此以往，很多孩子认为家长不理解自己，在精神层面是苍白缺乏的，待在家里，面对家长时，孩子经常会显得手足无措。

在现代社会里，孩子们身上真正缺少的是怎么来丰富自己的精神世界。在孩子的日常行为里出现上网成瘾、早熟早恋等现象，都与孩子的精神贫乏有密切关联。所以，家长应该更多地了解孩子的精神世界，帮助其理解人生的意义、生命的价值，树立人生的奋斗目标，如此，孩子定会感到充实，有动力，也会更加珍爱生命。

家庭教育的误区之四：家长偏重孩子的学校教育，轻视了自身的教育职责。

作为家长应正确认识到家庭教育所具有的特殊的不可替代的教育功能。在教育孩子的同时，家长要努力提升自己的素质，以身作则，在习惯、语言、技能、思想、态度、情感和情绪等方面都要给孩子优良的教育和影响；家长有必要掌握一定的教育心理科学知识，熟悉孩子的心理发展的规律和特点。

家庭教育的误区之五：家长对孩子期望重，却轻视了孩子的实际能力。

家长在望子成龙、望女成凤的心态驱使下，对孩子抱有很高的期望，甚至把自己未能实现的宿愿也寄托在孩子身上。可是许多家长却忽视自己孩子的个性特点、志趣、爱好，根本不考虑孩子发展的适宜性以及发展潜力，致使家长的期望值严重偏离孩子能力所及的范围。家长不切合实际的期望会在孩子的心里形成高压，在自我保护的意识下，孩子会产生心理抵触。家长的这种愚蠢做法的结果常常是"事倍功半"、"欲速则不达"，甚至是"悔不当初"。

有些孩子虽十分明白父母的心情，努力地做到了"一心只读圣贤书，两耳不闻窗外事"，可依然难以达到家长为其确定的目标。为此，孩子们有的更加努力拼搏；有的忍受不住压力只好出走逃避；有的为解除父母的痛苦而傻到去一死了之。因此，家长对孩子的期望一方面必须实事求是，符合孩子的发展方向，并尊重子女的合理选择，符合其实际发展力，所提的要求是让孩子经过努力能够达到的；另一方面期望面要宽，不要仅局限于孩子智力的发展，或学习成绩的提高，更应该期望孩子学会做人，全面发展。

此外，中国家庭教育到底缺失了什么？为什么教育出的孩子都有一层厚厚的伪装，两面性十足？他们在父母和老师面前是一个样，背着他们又是一个样。

造成孩子两面性的原因是孩子在家庭教育的强烈压抑下，使他们不由自主地要用一种截然不同的方式来宣泄自己的情感。比如，在上大学前被家里管制惯了，进入大学之后，就像一只出笼的小鸟失控了。有的会大玩特玩，有的一下子没有人安排日常生活，不知如何是好。造成孩子两面性的原因有许多，归纳起来有以下几个方面：

1. 家长对孩子的强化提高不是永久性的，即使初期超过别人，但是当大家都起步后，前者的优势就消失了。家长因为怕孩子落后，就强压孩子去学习，那么孩子学到的知识、思维、逻辑和推理，这一切都是被动的。

2. 中国的家长对孩子期望过高，孩子被家长支配、被家长指责得太多，致使孩子变得比较敏感脆弱，他们最怕犯错误，最怕失败，所以为了避免错误，反而放弃了提出问题的机会，放弃了在失败中学习的过程。长大后，孩子不仅失去了创造和想象的能力，而且会变得患得患失。最后变成了父母的影子，他们认为，父母要他做的事情才是重要的，而自己要做的事是不重要的。

3. 中国家长爱的不是孩子的真实面，只是爱他们心中想孩子所要成为的样子。没有给孩子一个想成为自己的空间，而是别人怎么做，孩子也要怎么做。兴趣对于大人和孩子同样重要，自己想做的事，别人越是阻挠，心里就越想做；不想做的事是勉强不来的。

4. 中国的家长在心里没有尊重自己的孩子，也没把孩子看作是一个具有独立人格而需要平等相待的人，孩子享受不到平等的说话权利、批评权利，更没有反抗的权利，而听话的孩子不一定是好孩子，更不一定会有出息。

## 教育的无知会犯致命的错误

在孩子的成长过程中,会遇到各种问题,这些问题常常让家长感到不可思议。其实孩子出现问题不可怕,可怕的是家长对这些问题的熟视无睹。

对于处在成长中的孩子来说,遇到新问题是很正常的事情。在每日的生活中,新问题的出现也都是不可避免的,在学习中尤其如此。正是因为对某些问题不甚了解,我们才需要学习,也只有在不断遇到问题的同时,我们才能进步。谁都不可能先知先觉,谁都有判断失误的时候,这很正常。

一些家长不能以正确的态度面对孩子出现的问题。他们往往不去探究产生问题的根源,两眼只是盯着考试结果不放。面对孩子的低分,满卷子的红叉叉,他们就忍不住开始恶言恶语,不顾一切地去宣泄自己的"心头之恨",而丝毫不去考虑孩子的感受。

面对不理想的考试结果,孩子的心里其实也很难受,孩子战战兢兢地把成绩单捧到家长面前已经是下了很大的决心,此时孩子需要的是家长的理解和关心,而不是火上浇油,雪上加霜。家长的一句话,就可能让孩子失去信心,对学习感到彻底的绝望,对考试更是感觉恐惧。尤其是有些家长,还保留着"不打不成才"的错误思想,在孩子心灵需要抚慰引导时却愚蠢粗暴地对待孩子,把孩子对学习残存的一点点热情打得烟消云散。

作为家长其实应该好好地想想,这样对待孩子真的有什么意义和效果么?

粗暴的打骂简直就是有百害而无一利。错误和问题真能说明全部么?一两次考试上的失败是不是就表明孩子没有前途可言了?这道理其实家长都明白,只是家长一时的愤怒难耐而已。在面对孩子错误的时候,如果你能耐下心来,把语气放平和,与孩子一起分析问题产生的原因,总结经验教训,孩子会用心地听，也会对你的理解和宽容心存感激。

家长的一通暴打臭骂，并不能达到让孩子好好去想怎么避免错误的目的，相反，他们想得更多的是，错误出现时怎么避免家长的责备！

有个孩子成绩虽然一直一般，但是她的表现还是很乖，从来也不知道说谎话。但有一天她母亲惊讶地发现这个孩子居然开始学会撒谎了，心中充满担忧。

实际情况是，因为这孩子的学习成绩总是不理想，她母亲平时就不厌其烦地教育她要好好学习，觉得自己的孩子太不懂事，不争气，根本不明白家长的良苦用心。只要考试成绩不好，母亲训斥的话就脱口而出。以至到了后来，这个孩子的成绩不但没有提高，反而下降了，为了避免母亲的啰嗦，她便开始琢磨怎么隐瞒成绩，改记分册，编造各种各样的谎言。

家长反复不断的唠叨在很多孩子身上都发生过，这种过错真的能算在孩子身上？答案是否定的。最初孩子也许只是在学习方面存在一点儿小小的问题。小问题没有得到解决，反而越积越深，到最后成了无法逾越的障碍。在这种情况之下，家长没有给予适当的指导，甚至连一些鼓励和安慰的话都没有，对孩子只是训斥和指责。长此以往，当孩子再次面对失败的时候，想到的不是勇敢面对，设法逾越，而是千方百计地加以逃避和掩饰。

考不好的孩子难道真的是因为怕自己考试成绩不好才去隐瞒成绩，才去涂改记分册么？当然不是，是家长简单粗暴的态度直接导致了孩子的错误做法，孩子心里不愿意听到家长的训斥，不愿意面对家长的白眼，为了避免他所恐惧的这一切，孩子只得出此下策。如此一来，孩子只会恐惧学习，恐惧考试，在这样的心理状态下，学习好、成绩提高都成了无稽之谈。

面对孩子一塌糊涂的学习状况，对一个家长来说，怒不可遏是常有的事。不过看看孩子已经一脸失落难过的表情，家长还是先冷静下来，收起那些只图一时痛快的训斥吧！考试只是检测孩子掌握知识的手段，成绩代表不了孩子的全部，家长首先是要找出问题，然后解决问题，否则任何考试都失去了它原来的意义。

孩子在被动学习的情况下，其内心也必定是煎熬痛苦的，处于这种心态之下，怎么可能考虑积极改正问题？怎么可能在以后取得好成绩呢？让孩子感到恐惧的不是错误本身，而是错误带来的责备！

不要简单粗暴地训斥和逼迫孩子，即便发现他撒了谎。重要的是找到问题所在，也许他现在学习上存在很多问题，那也不要紧，一步一步地来，一次解决一个问题，就会有相应的提高，慢慢地他就会解决更多的问题，找回自信。

在我们的家庭教育中存在这样的事实：很多家长在日常教育孩子的时候，不自觉地犯了很多的错误，让孩子承受了很多不该承受的委屈，结果让孩子越来越不愿意认认真真学习了。

家长对教育认识和方法的不当，在对孩子的教育中所起到的破坏作用远远超过了人们的想象，如果您发现自己在教育方法上原来存在着如此之多的问题，也许会大吃一惊，但事实的确如此。让我们来看看家长常常犯的一些错误吧，您也可以以此为参照，看看自己是不是也犯过或正在犯同样的错误。

1. 错误地以为孩子是自己生的，养育的，家长就可以有资格来主宰孩子的未来。

2. 孩子不是家长的私有产品，家长没有权利对孩子进行违背规律的改造。

3. 孩子不是家长证明自己身份的商品，家长没有资格把孩子当做向人炫耀的物品。

4. 爱孩子，不是简单为他提出要达到的目标与要求，更不是用未来竞争的残酷使他感受恐惧和焦虑。

5. 爱孩子，就不要拿他和别的孩子去比较。别的孩子之所以好，是因为他有与众不同的父母。

6. 在指责孩子的时候，先问自己：我做了什么？

7. 爱孩子，给他最大的自由发展空间，让他选择自己的生活。

8. 爱孩子，不要用自己的心情好坏来影响孩子。

9. 爱孩子，不要以自己的思维方式判断现在的世界，要知道世界在变，孩子才是引领未来的主角。

10. 关心孩子没有错，但过度了就变成唠叨了，唠叨将会使孩子的心理越来越逆反，这对孩子的健康成长十分不利。

## 不良家庭教育结出不良果实

生命中每个人都在给自己下咒语，咒语分为天使之咒和魔咒。

一个男孩随父亲进山，不小心跌倒哭了——"哇喔"，山中也传出"哇喔"的声音。男孩生气地骂道："你是谁？"山中重复的也是："你是谁？"男孩更加生气："神经病！"得到的答案也是："神经病！"

父亲笑着跟儿子说："孩子注意听喔！"父亲大吼一声："我敬重你！"结果传出另一个声音："我敬重你！"父亲再一次大声说："你是冠军！"传出的声音也是："你是冠军！"

父亲跟儿子说："一般人称这是回音，但实际这是生命的咒语！你所说的、所想的、所惦记的、所做的都会相映在你的身上和生命里。我们的生命就是这样很简单地响应我们的咒语：你所想、所说、所惦记、所做的。"

生命中有的人不断地给自己下魔咒：他所想的、所说的、所惦记的、所做的都是负面的、龌龊的、憎恨的、不公的；而有的人却随时给自己下天使之咒：他所想的、所说的、所惦记的、所做的都是积极的、灿烂的、进取的。

在孩子生命成长的旅程中，有阳光灿烂、积极进取的时候，也会有抱怨的时候。而不良家庭教育结出不良果实。

在日常生活的行为习惯中，由于家长的品行不端，无形中在潜移默化地引导着子女的品行习惯。

父母的感情不和，造成家庭破裂，家长不是冷落孩子，就是在双方吵完架后，拿孩子当出气筒，这类孩子由于在家庭里得不到温暖，便到社会上去寻找，非常容易被社会上的恶习所吸引，从而自暴自弃或逆反，甚至攻击别人。

有些家长教育孩子，通常是采用简单粗暴的方式，这便使得孩子们无所适从，容易流浪社会，从而导致各种行为问题。

生活富裕的家长更容易去娇惯溺爱孩子，一些父母认为有了钱就有了一切，忽视了对孩子的品德教育，只是无止境地满足孩子的要求，致使孩子形成贪婪、懒惰、自私、任性的性格，依赖性强，无法适应社会，又经不起各种各样的诱惑，从而走上歧途。家长发现自己的管教无效时，在万般无奈之下又放弃对孩子的教育。

有些家长虽然放弃了粗暴的教育方法，但对孩子却使用冷暴力，对孩子的心理进行虐待。对待孩子的一切都以自己的想法为出发点，逼着孩子学这学那，或盲目地将他与其他孩子攀比，并常以讽刺挖苦孩子为刺激手段，这些都剥夺了孩子正常的心理需要，如交友、游戏、自尊等。家长对孩子的负面心理刺激过强，就会不断地猜疑孩子，经常查看孩子日记等。由于孩子感觉自己在父母眼中总不够好，即便表现出好的行为也得不到及时的鼓励，久而久之孩子破罐破摔，反而被教育成了"问题孩子"。

## 不要惯出孩子的"动物"性

对于孩子来说，每个做家长的都会疼爱他们，但是家长如何给予孩子爱却不是一个简单的问题。爱充满了智慧。那些不会表达爱的家长，会在无形中把孩子惯成"动物"。

1. 家长给予孩子没有回报的爱，只会让孩子做"白眼狼"，不会去关心他人。

母爱是世界上最无私的爱，但母爱所带来的危害也往往正是因为这个"无私"。母爱若一不小心，有可能培养出一些"白眼狼"来。

反面例子：一个并不富裕的人家，辛辛苦苦供养女儿读研究生。在物质生活方面都满足了她的要求。父母自己每日是吃咸菜馒头度日，却给女儿买笔记本电脑、高档服装。平时家里有个什么事，从来不肯麻烦女儿，后来父亲得了重病，因为怕耽误女儿学习就没告诉她。后来女儿毕业，能挣钱了，当她的母亲向她要钱给父亲治病时，她却以自己还要结婚买房子等一大堆冠冕堂皇的理由拒绝了。

正面例子：一个父亲在刷牙时，牙龈出血，水池里红了一片。儿子见了皱着眉头表示恶心。这位父亲就说：你上次大便不正常，我亲手收集好送到医院；我牙龈出血，你不仅不问怎么回事，还表现得这么厌恶。儿子听了后，就关心地问父亲为什么会出血，要不要紧。

关爱他人是每个人都应具备的品德，孩子如果长期处在被过度关爱的环

境中，这种品德就会淡化。作为家长，从心里也不会希望自己的孩子最后成为一个冷漠自私的"白眼狼"，一个连自己的父母都不去关爱的孩子，长大后是很难在社会上立足的。

2. 家长要是爱自己孩子的话，就要学会适当放手，否则孩子就会成为笼中的"金丝雀"。

孩子一天天在长大，他要去开拓自己的天空，终究有一天会离开家长翅膀的庇护。作为家长，就要适度放手，不要让孩子做家长笼中的"金丝雀"。

反面例子：小明上学了，渐渐地变得倔强起来，开始跟父母无缘无故地顶嘴。母亲心里既焦虑又恐惧，所以无论小明参加什么活动都要跟着他，不管是和同学逛图书馆还是去游泳，母亲就像个保镖一样和他寸步不离。母亲的这种行为让小明遭到了同学们的耻笑，在假期里小明的同学没有一个来找他玩。

正面例子：小英要上小学了，母亲怕她不适应离开自己的日子，就特意把小英单独送到远方的姑姑家住了一阵子。虽然头几天小英有些不适应，但很快她就跟姑姑家里的人混熟了。这样，开学后她也很快开始结交新朋友了。

孩子作为一个独立的人，最后终究是要走入社会的。何况孩子进入青春期的时候就像学会飞的小鸟，他们内心里渴望得到家长的尊重，家长对孩子的尊重大多数时候就是一种"距离"。父母恰当地保持距离，既有助于维护亲子间的关系，也有助于孩子的健康成长。

3. 在家长过分的溺爱中成长的孩子，最后会形成一种"寄生虫"式的依赖生活方式。

现在的孩子学习任务比较繁重，许多家长成了孩子的"后勤部长"，家务全包不说，还要帮着孩子择校、打听考试信息、跟老师处好关系……在家长的心中孩子只要学习好就行了。可是，学习好就能应对人生的各种问题了吗？只会学习的人跟寄生虫有何区别？

反面例子：晶晶回到家就哭，妈妈还以为她受了什么欺负，仔细一问，原来是不会用剪刀剪圆被同学们笑话了。妈妈一听，不屑地说：这算什么事？不就是不会用剪刀吗？一会儿我给你剪一百个不一样的圆你带到班上去。

  正面例子：一位学者的儿子在上高三前，不仅没有受过家长的过多的指导，反而还被家长"威逼"着洗衣服、做饭。这个男孩虽然在学习方面一直表现平平，但自理能力和人缘都特别好。上大学后当选了班干部。这时候，父母看他确实刻苦踏实，才开始有意识地给予他一些学习上的指导。

每年9月份新生报到的时候，都是家长们最忙的时候，他们帮着孩子忙里忙外的，而孩子们在一旁却是袖手旁观。孩子要独立生活了，父母们想帮孩子做点事，这是人之常情。但做什么事？是做点实际的劳动，还是教给孩子一些做人的道理，这两者的差别是很大的。

4. 家长没有担当的爱，会使孩子成为各种借口的"替罪羊"。

家长对孩子的爱有时候会成为一种借口，成为家长犯错时拿来辩解的挡箭牌。"我做这些还不是因为爱你"，这话经常被一些家长挂在嘴边。但是，真的是因为爱吗？可不要让幼小的孩子当了自己的替罪羊！

  反面例子：小新期中考试以后，母亲从他的抽屉里搜出一封女孩子写给他的情书。过了几天，母亲趁着小新不备到学校里大闹了一场，那个写情书的女孩从此再也不敢同小新说话了。到了快期末考试的时候，母亲又拉着他去给校长送礼，请校长在监考时"放一马"。尽管小新强烈反对，但他的母亲却拿着"母爱"的法器强迫小新去跟随自己。

  正面例子：某位女孩高考的时候荣幸地得到了北大的保送名额，但她心中的愿望是去北京电影学院学习编剧。北大对于每个考生来说都是梦寐以求的学府，要是她自己考的话，有可能根本就考不上。这位女孩为此犹豫了好长时间，她的母亲没有多说什么，不仅没有给她压力，还鼓励她不要被别人的眼光所左右，勇敢地追求自己的梦想。

有些时候家长会说"孩子，我是为你着想……"类似这些话里其实隐藏着家长内心深处的一些私心、一些虚荣。更有甚者，以为孩子反正还年幼，没有辩解和反抗的能力，自己犯了什么错误，能推到孩子身上的都推到孩子身上。为了孩子长久的发展，家长应该要尽可能地尊重孩子的权利，让他自己作出选择。

5. 家长对孩子没有原则的爱，会使孩子成为人见人烦的"霸王龙"。

呵护和保护孩子是家长本能的表现，不管别人怎么说，"我的孩子就是最好的"，"我的孩子没有错"。正是有了这份保护和支持，孩子的内心才有了坚定的心理基础去适应以后更加复杂的人生。但如果家长对孩子犯错没有原则的去姑息包庇，那孩子就会变得是非不分、无法无天，成为一条时常闯祸的"霸王龙"。

反面例子：小强的母亲最头疼的事就是经常有女生的家长到家里来告状，说小强又打她们的孩子了。但每当女生家长一走，小强的母亲就会在院子里装腔作势地拿筷子敲树："跟你说多少遍了，别招惹那些女生……"表面是在训小强，其实，却是在嫌那帮女生家长们太多事。

正面例子：亮亮玩弹弓时不小心把另一个同学的眼睛射伤了，但是在场的人都说不清到底是谁的责任。亮亮的母亲知道这件事情后，主动带着亮亮去上门赔礼道歉，不仅赔偿了同学的医药费，还要求亮亮必须每天去陪同学一个小时，给他讲课、讲故事。

家长对孩子的爱并不代表不去惩罚犯错的孩子，正因为爱孩子，才要让孩子在犯错和改正中明辨是非，敢于对自己的错误负责。家长如果对孩子的犯错不去分析缘由，只是不讲原则地护着孩子，结果就会"小时偷针，大时偷金"，那时候，做家长的就悔之晚矣。

6. 家长对孩子的爱要有正确的表达方式，这样才能使孩子避免做"没头苍蝇"。

孩子由于不能很好地控制自己的情绪，内心的感觉有时候像苍蝇一样，时而自卑，时而自弃，时而又因为父母的一句话而欣喜若狂。

反面例子：母亲节那天，琪琪为表达自己对母亲的爱，辛辛苦苦地为母亲做了一张会动的贺卡，送给母亲的时候，原以为母亲会很高兴地接纳，没想到母亲收到贺卡后，连看也不看，随口就问琪琪"你作业没做完就做这个"，紧接又训斥了好几句。琪琪伤心地回到屋里哭了半天，直到母亲亲口告诉她，其实我很喜欢你做的这张贺卡，才止住哭泣。

正面例子：萌萌参加学校的冬季长跑比赛，结果跑了倒数第一，他非常不高兴地回到家里。妈妈问明原由后，很高兴地说："你年龄这么小就敢参加长跑比赛，这本身就已经很不错了。下次再跑肯定会超过这一次的，对吧？"萌萌听了，知道就是倒数第一在妈妈眼里也是很光荣的，这才开心地笑了。

家长首先是要去欣赏自己的孩子，敢于把心中对孩子的爱表达出来，要用语言和行动去支持孩子，做他们心中的精神动力。家长要让孩子看到父母对他的信任和支援，让孩子满怀信心，勇敢地向前方冲。否则，孩子有时候就会猜疑：父母是不是真的疼我？父母也许根本就不爱我。这样猜疑时间久了，孩子的心中就像没头的苍蝇了。

7. 家长对孩子的爱就像是一个保护壳，孩子会像"小蜗牛"一样钻进去。

常言说得好"上帝不能时时在我们身边，所以他发明了母亲"。即便如此，做家长的也不可能时时陪在孩子身边。家长在孩子身边的时候，固然可以帮助孩子挡住外界的风雨，但家长不在的时候，却不能给孩子装一个壳，让孩子像"小蜗牛"一样钻进去保护自己幼嫩的心灵。

反面例子：亮亮在班里总是"常胜将军"，不管同学们比什么，他只要回家跟妈妈一说，妈妈就会帮他将一切准备好。有一次，同学们比赛"脑筋急转弯"，头一天亮亮一个也没猜对。晚上跟妈妈一说，妈妈立刻帮他从网上下载了一大堆脑筋急转弯的题让他猛背。

在母亲这样的"关怀"中,亮亮中考的时候差点连最差的高中都没考上,他受不了打击,差点要开煤气自杀。

正面例子:傍晚天下起了雨,母亲还在忙着加班,看着纷纷落下的雨滴,她心里纷乱无比:要不要给孩子送伞?后来,她索性想:就当我现在国外好了,孩子总不能靠我一辈子。结果,儿子等了好久,雨也没停,自行车也没法骑,坐车又坐错了。回到家的时候,他浑身都湿透了,还开始发烧。虽然如此,儿子却从此逐渐变得坚强起来。

家长在面对孩子所遇到的困难时,首先自己要反应得"慢半拍",要鼓励孩子依靠自己的力量解决问题。甚至有些家长时常还给孩子出些难题,让孩子的生活充满了生机,也充满了挑战。这样,孩子才能从弱不禁风的"小蜗牛"成长为处变不惊、应付自如、独当一面的勇士。

## 让你的孩子成为他自己

罗杰斯说:"你一生中唯一能做的事情就是成为你自己。"这句话里的成为"自己"到底意味着什么?

一个人本来就有区别于任何人的最重要的生命标志,这个标志就是"自己"。这个"自己"是人的本质,是一个个体与社会所形成的独特系统,是自然赋予个人的独特性,是环境派生出来的并融于环境的完美系统。一个人只有拥有了自己,他才可能成为自然中的一部分,社会中的一部分,他才是强大的、独立的、完善的,并且真正地能与自然界,能与社会融为一体,他才不会孤独。

而且如果人成为自己,这个人就会不断地创造自己,实现自己,进而使这个人在这个过程中达到满足和成就。这个人的一生,才会沉浸在真正的成长的喜悦中。

什么叫自己?

马斯洛曾经这样描绘:他们能准确充分地认识现实;他们表现出对自己、对别人以及对整个自然的最大的认可;他们表现出自然、朴实和纯真的美德;他们常常关注各种社会疑难问题,而不是他们自己;他们具有喜欢独处和沉静的品质;他们独立自主,不受文化和环境的约束;他们呈现出一种清新不逊的鉴赏力;他们较常感受到神秘和高峰体验;他们较易具有一种全人类的同一性;他们建立了仅与少数人深厚久远的人际关系;他们易于接受民主的价值观;他们具有很强的伦理观念;他们具有发展完善的、非敌意的幽默感;他们具有创造性;他们抵制文化适应。

健康人格的状态有一个起点,这个起点就在童年期,从刚刚开始有了自我意识开始。如果童年期的自我不能形成，那么其后的一切发展都不复存在。从孩子0至18岁的成长过程来看，这就是一个自我意识觉醒、自我概念形成、自我发现、自我形成、自我成长和自我实现的过程。

从婴儿一出生开始，孩子就在做一件事情：把自己的经验同外在的世界分离开。这个认识的过程似乎就是在为孩子形成自我的概念做准备。当孩子一岁多，对这一世界有了最浅显和最基本的认识时，自我就在孩子的心中开始觉醒了。

婴儿在还没有开始说话的时候就已经发现了"我"跟"你"是不同的，他用"打"发出了他人生的第一个独立宣言；再发展，语言出现了，他用"不"强化了他的独立宣言；紧接着，他用"我的"再一次大声宣布"我"要建构"我自己"。实际上在这个期间我们能够看到孩子在发展他的时间、空间智能，发展他的各个器官，发展他的各种能力。但哪一样不是在为"我"服务呢？等到他达到三岁时，"我"就变得强大起来。

他开始从意识形态形成自我，孩子为了确定自己开始在意志上同成人抗衡，毫不犹豫地果断地执行自己产生的每一个想法。这种反复的尝试能迅速地建构起孩子与环境的关系，孩子与人的关系，孩子与物的关系。这三者的关系派生出了孩子与自己的关系以及孩子的心智状态。一旦孩子走上了形成自我的路，其后的路就走在了一条人性自然发展的道路上。

实际上孩子内在的自我会引导他自己走向成长，这是人的天性。也就是说人本身就蕴涵着自我成长的内在能量，这是自然的、天赋的。这种力量在童年期一旦形成就会固定在孩子的身上。而这种实现自我的倾向和需求，远比孩子因为遇到的痛苦而停止发展的驱力要强烈得多。

关键是那个"自我"是否能在童年期形成。孩子形成自我的道路也是非常崎岖的。由于孩子是靠领悟他人对自己的行为的反应来逐步发展出自我意向，孩子很容易把他获得的这种反应弥漫化，也就是说，在形成自我的生活环境中孩子需要拥有无条件的爱。这种爱跟我们平时意义上的爱有本质的区别，它是指家长给予孩子纯粹的热爱，而这种热爱并不建立在幼儿的行为之上，仅仅因为他就是"他"。当这种持续性的爱不断重复并发挥作用时，就内化出了婴幼儿自己的形象和表象，形成了属于他的自我的一套规范和行为。

罗杰斯这样说："自我实现的过程一旦上了路，人就能指向最终的目标，便成为一个充分起作用的人。"这一原则在孩子和成人身上同样都起着作用。我们可以在孩子身份确认的敏感期中充分看到这一点。孩子为了成为他向往的那个人，倾注了他全部的激情和人格力量。几乎从玩、看、说、穿等每一个生活状态中他都在模仿所崇拜的偶像，这仅仅是一个开始，就这个开始，孩子却要用好几个月的时间去完成。这就是孩子拥有自我之后要去创造一个自我的天然内驱力。

让孩子成为他自己，并不那么容易，首先，家长在给予孩子的爱上大打折扣，家长往往会以自己的标准来赞美孩子，这样的标准实际是对孩子行为的否定与非难，是在告诉孩子你想成为你自己是不对的、不好的，你成为我给你赞赏的那样才是对的。孩子对成人心灵的感受力和体察力其实超出成人想象，那是一种惊人的感受，孩子会对家长这样的非难高度敏感，这种敏感又会使孩子过于敏感家长的这种否定的信号，不久之后，孩子就开始以他期望的反映来设计他自己的行为了，这正是孩子在有条件的爱中内化成人态度的一个过程。

如果从这个逻辑上看，就能够明白那些不断地被父母"教育"、否定的孩子，为何最终成为家长希望的反向的本质原因了。当一个母亲不断地用她烟鬼的弟弟教育她的孩子时，告诫他不能成为舅舅的样子，最终，在她的努力之下，她会把自己的儿子造就成一个烟鬼。这就是孩子丧失自我之后，变为"母亲的代理人"的一个经典事例，这是一种"人格替换"。

孩子外部的评价标准成了自我丧失者的评价标准。孩子开始学会了惩罚自己，并且感受到了内疚和可耻，这样的孩子成人之后，只有在一定的范围内才会有自我价值感，个体的自由就变得有局限了，孩子自我真实的本性不能完全展示，自卑与自傲、获得与丧失、给予与拥有等等都处在挣扎之中。孩子的人生成本就会增大，孩子的自我会陷入到一个心理挣扎的泥潭中，并容易被琐碎而平庸的事情所吸引，人就已经不再成为真正意义上的人了。

实际上，家长无条件的爱里蕴涵着一个惊人的秘密，这个秘密就是给孩子身心的自由。0到6岁孩子拥有所有行为、感受和活动的自由，拥有自己发现问题、观察问题、想出对策、解决问题并最后得出属于自己答案的自由。如果家长想把真正的爱给予孩子，把真正的自由给予孩子，作为孩子的监护者，家长只有两个办法：第一，家长曾经在这样的爱和自由中生存过，家长原本就能给予孩子；第二，家长不曾拥有过这样的生活，那么，家长就必须靠学习来了解孩子生命成长的整个过程，靠学习来学会爱，学会体验自由，这个过程也从本质上帮助了我们。

## 第三章

## 家教的误区污染了孩子的心灵

　　家庭"精神污染"是指家庭存在着消极、低级、不健康的生活情调和文化氛围。家庭的"精神污染"阴霾也在影响着孩子们的心灵成长。

　　对待子的心灵,家长就要像苏霍姆林斯基所说那样:"要像对待荷叶上的露珠一样,小心翼翼地保持孩子幼小的心灵。晶莹透亮的露珠一旦滚落就会破碎,不复存在。"

## 误区教育直接污染孩子的心灵

电影《新警察故事》中的祖出身警察世家，但自幼在被父亲虐打、斥责"混蛋、废物、垃圾……"中长大，母亲忙于生意，对孩子教育和情感几乎完全忽略，母亲能够给予儿子的就是金钱，认为金钱就是儿子的世界，就是儿子想要的一切，而儿子在成长的过程中丝毫体会不到来自父母的关爱，父母在孩子面前毫无顾忌的互相贬损导致孩子集冷酷无情与自卑、自大、狂妄于一身，极度仇恨警察。以他为首的超级罪犯不但违犯法纪，更将警察当成网上猎杀游戏的实践部分，而且把杀死警察的过程制成游戏……

这些孩子虽然也爱自己的父母，但在电影结尾，有两个孩子看到父母到来，自己不忍心让父母看到自己的行为，其中一个孩子要花 100 万杀死自己的父母，另一个要花 200 万杀死自己的父母……从影片中可以看出，孩子的成长都带着鲜明的烙印，而家庭环境的重要作用已赫然在目。

家庭能给孩子一片纯净的天空吗？可悲的是在现实生活中存在着严重的家庭"精神污染"。家庭"精神污染"是指家庭存在着消极、低级、不健康的生活情调和文化氛围。家庭的"精神污染"阴霾也在影响着孩子们的心灵成长。

古谚云："染于苍则苍，染于黄则黄。"婴幼儿时期是人的品格在家庭的熏陶渐染下的关键时期，这个年龄阶段是人的许多基本能力逐渐形成的时期，如语言表达、基本动作以及某些生活习惯，性格也在逐步形成。

人在自己的一生中要扮演很多角色，一个角色的成败往往启示了其他多个角色的成败。一个有"阳光心态"的孩子，必然会怀着一颗积极向上的心态去学习、工作、成长，用微笑来迎接一切，这样的孩子必定深受长辈的赞赏和鼓励。反过来家长带着相同的心态和习惯来教养下一代，也一定会受到子女们的尊重。家长只有怀着积极快乐的心态才可能扮演好自己的角色。

影片中祖的父亲是个好警察，但不是个好父亲，他在家庭教育上毫无疑问是失败的，而且是彻底的失败。同样是这部影片中的人物郑晓锋，在一次偶然的机会得到了警察阿荣的正面教导，并且感受到来自警察阿荣的关爱，人生的命运最后截然不同。

家长必须时时清扫家庭中的"精神污染"源，别让下面这些"精神污染"源污染了自己孩子的心灵。

1. 家长自身消极的处事态度。

针对社会上出现的不正之风、分配不公、道德沦丧、贪污腐化等社会阴暗面，家长在孩子面前是经常发牢骚、怨气连天；有的家长甚至还把反映社会阴暗面的"顺口溜"说给孩子听；向孩子灌输拜金主义、享乐主义、利己主义等消极人生观。

孩子在这种家庭消极环境中耳濡目染，就会缺少社会责任感和丧失自己的远大志向，造成孩子看问题偏激、情绪不稳定、自私自利、任性蛮横等等，这样的孩子将来很难成为对社会有用的人。

2. 家长只顾贪图享乐的生活方式。

现在生活条件优越了，家长在日常的生活当中就会向孩子灌输一些读书是为了挣大钱的价值观。有的家长只满足于安乐的生活，自己根本就不求上进，整日无所作为，经常沉湎于吃喝玩乐中。这种家庭环境只能给孩子带来目光短浅、不求上进、养尊处优、玩世不恭等消极影响。长期发展下去，孩子跟着家长也学会了享受，缺少一种艰苦朴素、奋发进取的精神。

3. 家长自私，只顾个人情感，导致整个家庭不和睦的精神污染。

作为家长，夫妻不能和睦相处，经常争吵，甚至大打出手，这种状况不仅给家庭生活罩上了阴影，还给孩子带来心灵的创伤，造成孩子性格孤僻、自卑感强、自尊心低下、自控能力差，并有可能导致孩子离家出走、流浪街头，甚至走上犯罪道路。

4. 家长自身缺乏修养，满口脏话的家庭污染。

家长的粗暴无知，使孩子经常处在被打骂责难的环境中。家长的恶劣态度是对孩子幼小心灵和肉体的一种摧残，会使孩子意志脆弱、胆小怕事、精神恍惚、情绪低落、缺乏自信，易使孩子患精神忧郁症和精神封闭症。家长的脏话、粗话不离口，甚至当着孩子的面讲低级趣味的话，长期如此，会使孩子从小讲话就没有礼貌、不讲理、粗鲁蛮横、使人讨厌，不易被社会所接受和容纳。

人生的角色其实就是人格。在人生的舞台上，请慎重扮演好我们的角色！角色得体，人生就正确。

## 冷漠与忽视封杀了孩子的心灵

家庭暴力有两种：热暴力和冷暴力。热暴力就是拳打脚踢和语言的侮辱、嘲讽、苛责、诅咒等；冷暴力就是对孩子冷漠、忽视。

现实生活中有不少人批判溺爱。其实，溺爱和严厉只有一线之隔。家长不懂得爱的技巧，孩子就得不到家庭的温暖，就只有转向社会去寻找情感安慰，这样下去，什么问题都可能发生。

心理学家们为幼猴设计了五种人造母猴，以此探讨母亲的拒绝会给孩子带来何种反应。

第一种，让母猴偶尔吹出强劲的风；第二种，让母猴猛烈晃动身体；第三种，给母猴装上弹簧；第四种，给母猴身上布满铁钉，但是，这四种"母亲"都未能将幼猴从它们身边赶开。唯独见到体内灌满冰水的第五种母猴，幼猴躲在墙角，逃离了这位"母亲"。可见，最可怕的拒绝是冷漠。

家长的冷漠会导致孩子心灵的不健全，这就有可能转化为孩子的性格特征。具有冷漠心态的孩子，对周围一切人和事物都会表现出漠视的冷淡态度，不能和他人进行心灵沟通，看不到生活的本质和真谛，也看不到心灵深处高尚美好的东西。换句话说，他们看不到真正的生活和真正的人生，看不到本来的希望和曙光，看不到挚友和知音。同时，具有冷漠心态的孩子，感情不丰富，内心深处势必一片孤寂、凄凉和空虚。孩子对周围人或事也会表现出冷漠，孩子的心灵变得麻木。孩子对周围的一切采取漠然视之、麻木不仁的态度，会把自己从人与人之间互相依赖的密切联系中割裂开来。在他们看来，自己和集体、他人是不相干的，是没有义务和责任的，可以漠视他们、不关心他们。因此，除了自身利益以外，对一切都不看重，对一切都不感兴趣。

这样一来,冷漠的心态成了一种可怕的毒素,最终只能把孩子塑造成为一个玩世不恭、消极混世的自怜者。

一个对什么都激不起热情和兴趣的人,内心生活必定是暮气沉沉,死水一潭。特别是在受到挫折和打击后,容易万念俱灰、心如死水,压抑热情、活泼的天性。这无疑是一种可悲的自我摧残。

家长,请张开你的笑脸,记住你的冷漠对孩子的健康性格及良好心理的形成和发展,都有着极大的危害。

## 破坏性批评给孩子带来的伤害

有一小女孩放学回来,兴冲冲地对她的妈妈说:"我数学考了98分!"她妈妈马上问别人考了多少,听到人家考了100分,脸上有不满:"人家能考100分,你怎么就考不了?"孩子原本兴奋的神情一下子消失得无影无踪,一脸委屈与沮丧。

孩子成绩的好坏,并不在于家长对孩子说出了多少要求和希望,而在于怎样去说。说出去的话不是呼出的空气,不会消散在空中无影无踪。所以家长不要在孩子面前随意乱讲,不要想说什么就说什么。家长说过的任何话都会在孩子心中留下痕迹,好痕迹产生好影响,坏痕迹只能产生坏影响。

有的家长批评孩子是怎么刻薄怎么讲,只顾自己一时痛快的发泄,根本不去考虑孩子是否受得了,譬如:"你怎么这样蠢?我早就知道你是个笨蛋、傻瓜,一点儿用都没有!你只有吃饭厉害,饭桶!""你的脸皮真厚,你怎么还有脸活在世上?""我造了什么孽,生了你这个不争气的东西,早知这样,还不如养条狗……"这种破坏性批评恐怕每个家长都很熟悉,一点儿也不会陌生。

美国一个权威的咨询机构在对小孩进行测试后,他们发现:孩子1岁的时候,想象、创造力高达96%,但随着年龄的增长而减少,7岁时(上学以后)发生逆转;到10岁的时候,孩子丰富的想象力、创造力不见了,只剩下原来的4%!孩子们的想象力和创造力究竟怎么不见了?!

于是,该机构决定对1万名孩子进行跟踪调查,对他们的各个成长阶段进行监测。最后发现,小孩在成长(0岁~10岁)的过程中,平均要遭受超过两万次的"伤害"!其中对孩子幼小的心灵伤害最大的是父母的破坏性批评。这些破坏性的批评对孩子稚嫩的心灵而言就是一次次人身伤害。

孩子的心中深深铭刻着这些受到伤害的痛苦记忆，伤害的结果是直接导致了孩子不敢面对失败、害怕挑战、害怕被拒绝，性格上变得胆小、懦弱，没有了自信，遇到困难的时候犹豫和忧虑，找借口逃避等等消极行为，这些都严重影响了孩子的成长和发展。

家长的出发点并不错，破坏性批评带来的"破坏"确实也是无意的，但其结果却是非常严重的。

破坏性批评本身就是批评者消极心态的表现，是批评者自己各种不如意的消极情绪在孩子身上的发泄，因而，家长在对孩子进行破坏性批评时，孩子受到的是双重消极影响：他们一方面直接承受破坏性批评的伤害；另一方面，父母是在做破坏性批评的示范，使孩子在潜移默化中学会了这种错误的发泄方式。让孩子背着受到伤害的"包袱"去奋斗，成功就可想而知了，孩子面对的难度会有多大！

家长破坏性批评还暗含着另一种含义，就是家长对孩子的爱是有条件的爱，这也会给孩子的心灵造成伤害。"你考90分以上，我才给你买玩具，带你出去玩！""你做到了，妈妈才爱你！"……家长对孩子提出了种种条件，使孩子知道"爱"并不是无私的，爱是有条件的，甚至是虚伪的。于是，孩子的爱心被"功利"扭曲了。

家长习惯了以批评为主的教育方式：不教不成人，棍棒出好人。总是批评多于表扬。这实际是消极心态占了上风。家长总在寻找或注意应该批评的那一面，形成了教育的误区。

当孩子拿着考试成绩单回来，上面一共六科，其中五科的分数都在85～95分之间，而有一科是59分！这个时候，家长的第一句话大多数都是，"这一科你怎么没及格？"这就是某些孩子的家长，总是先看到消极的一面，想办法挑出孩子不好的地方。

破坏性批评能够直接摧毁孩子的自尊心，使孩子心理负担增加，扭曲心态，孩子的自信心会因此而消失殆尽，会陷进自怨、自怜、自暴、自弃的心态里不能自拔，从此孩子害怕做任何事情，逐渐自我设限，丧失勇气、胆小懦弱。

总之，这种破坏性批评的"教育"方式会直接伤害孩子，给孩子造成巨大的思想负担，严重的则会影响孩子的一生。

## 别用"名次"击毁孩子的进取心

在对孩子的家庭教育中,家长要做的就是培养孩子的智慧能量、对知识的好奇心、爱钻研的精神、提出问题的能力、寻找答案的兴趣、有效的学习方法和平和的学习心态,以及持之以恒的毅力等等——这些才能成全孩子的成绩,才是在各种考试中胜出的决定性条件。

很多家长不在教育上思考,也不用心去理解孩子,只是简单地用分数去步步紧逼孩子,最后多半会在教育上节节败退。

家长要有这样的良好的心态:对孩子不提分数或名次要求,如此也不会影响孩子的学习成绩,因为孩子从家长的态度中知道,学习不是为了分数,不是为了和别人比,而是为了充实自己。孩子便不会对分数斤斤计较,让自己一直保持旺盛的进取心,最终会获得好成绩的。

有一个家长,他的生意做得成功,可他的儿子一直令他头痛。这个孩子现在已经读九年级了,根本就不学习。他现在担心儿子连高中都考不上,更不用说上什么重点学校了。

这个家长是个精明的人,但在教育孩子方面总是怎么伤害孩子怎么做。孩子上小学的时候,每逢期中、期末考试,他就给儿子请来家庭教师,从考试前一个月给孩子补课。

他对儿子说:"爸爸不怕为你花钱,只要你能考出好成绩,我就很高兴了。"

这个孩子小学时的成绩还能保持中等偏上,他为了鼓励孩子取得更好的成绩,就总是对孩子说:"你们班里,哪个家长舍得花这么多钱为孩子请家教,你应该进前 10 名啊!"

结果是这个孩子不但没有进入班里的前 10 名,反而开始往后退。假如儿子考了第 21 名,他就会拿着孩子的考试成绩,满脸愁容地对孩子说:"爸爸为你的学习花了那么多钱,怎么说你也该考进前 20 名啊。"

孩子上初中的时候,他对儿子说的话已变成:"你哪怕考个及格也行啊!"他为了儿子的学习,除了请家教,还经常在考试前给学校老师送礼,回来对儿子说:"儿子,爸爸赚的钱,为了你都送给老师了,你不好好学习能对得起谁?"

这位家长把他用在商业上的法则用在了教育孩子身上,以为花钱就可以让孩子取得好成绩,取得好名次。

其实这位家长对孩子学习的认识是浅薄的,他在恶化孩子学习心理方面有过之无不及。他不断地把孩子学习目标定位在"考试名次"上,使孩子目光短浅;不断地关注"名次",扰乱孩子的学习动机;家长的错误行为又在不断地制造孩子的内疚感,使孩子在心态上变得虚浮。

一个在学习上目光短浅、没有良好动机、心态虚浮的孩子,他的成绩怎么可能不一路下滑?

每一位家长都希望自己的孩子能考满分,可以说每位家长都很在意自己孩子的成绩。正因为特别渴望孩子取得好成绩,才不要向孩子要分数。

家长对孩子只知道单纯地要分数的行为都是浅薄的,对孩子来说是有巨大破坏性的。每个孩子都懂得自尊自爱,争强好胜是孩子们的一种天性。孩子上学后,即使家长不说什么,他们都会产生对分数的追求,对名次的渴望。在考试的时候,他们每个人都会尽了全力表现出最好的自己,绝没有一个孩子会干明明会做、故意做错、故意让自己考不出好成绩的傻事的。

## 孩子的心灵需要呵护

前苏联著名教育家苏霍姆林斯基说："教育技巧的全部奥秘也就在于如何爱护孩子的心灵。"可见，爱护孩子首要就是要呵护孩子的心灵！

孩子的心灵如同春天的嫩绿，透着鲜活清新的气息，充满着活力和灵气，闪现着希望之光。但孩子的心灵又是非常稚嫩、脆弱的，在家长一味追求分数的心态下尖刻的批评、冷漠的眼神、粗暴的态度中，孩子的心灵则如料峭的寒风摧残新春的嫩芽一样，熄灭了心灵的理想之火。

美国开国大总统华盛顿小的时候，是个诚实的孩子。他跟父亲之间，曾有过这样一段故事。

一天，父亲送给他一把小斧头。那小斧头新崭崭的，小巧锋利。华盛顿高兴万分！他想：父亲的大斧头能砍倒大树，我的小斧头能不能砍倒小树呢？我要试一试。他看到花园边上有一棵小樱桃树，微风吹得它一摆一摆的，好像在向他招手："来吧，小华盛顿，在我身上试试你的小斧头吧！"华盛顿兴奋地跑过去，举起小斧头向樱桃树砍去，只听"咔嚓"一声，小树成了两截，躺倒在地上。他又用小斧头将小树的枝叶削去，把小树棍往两腿间一夹，一手举着小斧头，一手扶着小树根，在花园里玩起了骑马打仗的游戏。

一会儿，父亲回来了，看到心爱的樱桃树倒在地上，很生气。他问华盛顿："是谁砍倒了我的树？"华盛顿这才明白自己闯了祸，心想：今天准得挨爸爸揍啦！可他从来不爱说谎，就对父亲说："爸爸，是我砍倒了你的樱桃树。我想试一试小斧头锋利不锋利。"

父亲听了华盛顿的话，不仅没有打他，还一下把他抱起来，高兴地说："我的好儿子，爸爸宁愿损失一千株樱桃树，也不愿你说一句谎话。爸爸原谅诚实的孩子。不过，以后再也不能随便砍树了。"

父亲的呵护开启了华盛顿的心门。诚信的心灵好像一条船，它乘载着一个人的名誉、思想，甚至是命运。

家长本应当好好呵护自己孩子的心灵！但是家长往往在忙忙碌碌中，在烦恼浮躁中，常常忘了去呵护孩子的心灵：成绩一向平平的孩子请教问题时，虽然给他讲解了，但最后却说了冷淡的一句话："这个问题说了多少遍了，你怎么还不明白？"

家长此时却忘了，孩子饱胀的心灵之花便会因此而凋谢了。对于孩子的失败，家长不应该对其怒目相向，而是应该给予微笑，因为微笑是引导迷路孩子的最好航标。孩子考试考砸了，家长只顾对孩子狠狠地批评和训斥，却忘了一颗求索的心灵在漫漫学路上寻找方向，在泥泞中已经疲惫不堪。孩子在人生路上摔了一跤，家长却忘了用充满爱意的、温暖的手去抚摸一下孩子的伤口，对孩子柔声地说一声"孩子，疼吗？不要紧，来给你揉揉"，家长忘了那一颗摔了一跤的稚嫩的心灵也是需要人来抚慰的。

孩子取得好成绩后，家长怕孩子骄傲，于是淡淡地说了一句"这没什么，还得继续努力"，家长忘了孩子那一颗正满怀期待的心灵，正期待着家长真诚的祝福。

当孩子遇到困难或挫折而感到悲伤、无助时，家长忘了要及时给予孩子爱的滋润与温暖——给孩子一句真诚的安慰与鼓励："孩子，不要怕失败，再大胆地试一试，只要功夫深，铁杵磨成针。"

对待孩子的心灵，家长就要向苏霍姆林斯基所说那样："要像对待荷叶上的露珠一样，小心翼翼地保护孩子幼小的心灵。晶莹透亮的露珠一旦滚落就会破碎，不复存在。"其实每个孩子的心灵如同一方洁白的纸张、一朵含苞欲放的蓓蕾、一只出壳的雏鸟，都是纯洁美妙的，都是一个美丽温馨的世界！世界也许很小很小，心灵的领域却很大很大。因此，家长们请小心翼翼地呵护孩子们的心灵。

## 孩子的自尊需要尊重

任何生命都是脆弱的,而孩子的心灵就更加脆弱了。对孩子心灵的任何伤害都可能导致孩子生命的消失。曾有这样两个故事:

有个孩子没按老师要求自带清洁工具打扫教室,老师见了他,生气地把他的书包扔出教室外,并叫他滚回去,找家长来。结果老师的行为和话语严重伤害了孩子的自尊。孩子回家后便自杀了。

另外一个故事是这样的:一个小学四年级的孩子,上课回答老师的问题总是不那么准确,无法让老师满意。一天,老师提问时,他又举手想要回答问题。老师见了说:"你什么都不会,还有脸举手回答呀!"就是这几句话,一个幼小的生命便从人间消失了。

这两个故事告诉我们,孩子的生命是脆弱的,而孩子心灵在没有经历人生的风雨洗礼时也是非常脆弱的。

每一个人都有自己的尊严。孩子的自尊一旦受到伤害,那么他幼小的心灵自然会受到伤害。孩子的心灵一旦受到伤害,那伤口是难于治愈的。严重的伤害会夺去孩子的性命。

生活中类似这样的事情时常会发生,它告诉我们,一定要呵护孩子的自尊,因为呵护孩子的自尊,其实就是尊重生命。好的关系胜过好的教育,培育良好的亲子关系是教育的前提,也是教育的真谛。

要培养良好的亲子关系,家长就要从自身出发,改变观念,调整位置。孩子作为一个独立的个体,他们的内心世界是丰富多彩的,家长要对孩子施加影响与教育，不了解孩子的内心世界，对孩子的教育也就无从谈起了。家长要想了解自己的孩子，第一要诀就是要呵护孩子的自尊，维护孩子的权利，成为孩子值得信赖与尊敬的朋友。教育孩子的前提是了解孩子，了解孩子的前提是尊重孩子。

"尊重"的含义包括"尊"和"重"两个方面。"尊"是指把孩子当做平等的、独立的人看待；"重"是指对孩子的一切——思想、情感、愿望、喜好加以重视和认真对待。

父母是孩子最亲密的人，但是往往又是最不了解孩子的人。曾经有人做过调查，给父母出了一份考卷，上面列了几十道题：

你的孩子最崇拜谁？

你的孩子感觉最兴奋的一件事是什么？

从小到大，哪一件事对孩子打击最大？

孩子最感兴趣的一次活动是什么？

……

在给父母问卷的同时，这些父母的孩子也得到了同样一份问卷。把父母与孩子的答案两相对照，结果是没有一位父母能答对一半以上的问题。这些父母可能熟悉孩子身上最微小的一颗痣长在什么地方，却不了解孩子的心灵世界。

为了能更好地了解孩子，请家长准备一个孩子成长笔记本，时不时记下孩子今天高兴了，他为什么事高兴，他今天和你谈话时透露了什么信息……不用太长时间，你就会有收获。

作为家长要想得开一点儿，父母与孩子的许多矛盾往往是因为父母"想不开"。比如，让孩子学钢琴，孩子就是不想学，父母就容易"想不开"了，就会对孩子埋怨："我花这么多钱给你买钢琴、请老师，你还'狗咬吕洞宾'？""别的孩子都在学，你不学，以后万一升学有'加分'，你岂不是吃亏？""都说学钢琴提高智力什么的，还能陶冶情操，反正学总比不学好。"听你总是这么唠叨，孩子要是不和家长急才怪呢。

在这种时候，家长就得"想开一点儿"，来一点儿自我安慰，不妨这样想：一是我已经花了不少钱是不假，但如果孩子真不想学，他也学不好，这么下去花的钱更多，每个月上课就得好几百呢！二是孩子要学不好，以后就算升学有"加分",恐怕也没他的份,再说学钢琴的那么多,竞争也激烈着呢!三是不管学钢琴有什么好处,孩子如果不喜欢,他也觉不出好来,提高智力的法子还有很多,找点其他孩子喜欢的吧。

在家长与孩子的意见存有分歧的时候,家长不妨先考虑一下孩子的意见,看看是否有道理。然后和孩子一起讨论商量,相互妥协,各让一步。比如对孩子说:"我同意你放学回来先看一会儿电视,但是,如果没有特殊情况,一定要在晚上八点前写完作业。"和孩子的意见统一后,就要制定计划照着做。如果意见还是统一不了,先搁搁再说。

在等待的时间里,父母也可以采取一些措施"诱引"孩子"上钩",比如,真想让孩子学钢琴,不妨在这段时间带孩子听听音乐会,或者请个懂音乐的朋友到家里弹弹那台钢琴。

家长尊重自己孩子的表现就是作为家长想得少一点儿,管得少一点儿。

一位教育家说:"母亲最好只有一只手。"也就是说,对孩子要放开另一只手。

有些父母也想让孩子多做事,多实践,但真到做的时候,不是怕孩子做错,就是怕孩子出乱子:"算了算了,还是我自己来吧。"这样一来,孩子的许多权利就被剥夺了。

父母可以在孩子做事前先想想,孩子如果失败,最大的害处是什么?如果不会对孩子的身心健康造成很大损害,家长就不用去管了。

做家长的还要尊重孩子的秘密,常言道:"没有秘密的孩子长不大,秘密是孩子成长最好的营养品。"

走向独立是现代人的基本特征之一,拥有个人秘密并能恰当处置是走向独立的前提。对于个人来说,秘密往往与责任紧密相连,并且要独立承担责任。从这个意义上讲,没有秘密的"水晶人"是永远长不大的。

家长要允许孩子有秘密,不去偷看孩子的日记和信件,不去偷听孩子的电话,不去强迫孩子说出不想公开的秘密。

家长要教会孩子保护自己,辨别危险。可以在平时多与孩子交谈,让他们学会识别危险。比如,私下与网友见面可能有哪些危害,与男生单独呆在一个房间可能遇到的情况。让孩子明白哪些"秘密"是有害的。在和孩子谈论这些话题时,不要针对孩子,家长只要真诚地说出自己了解到的信息和自己的想法就可以了。不要对孩子说"你可千万不能怎样怎样",孩子一听到这种话就会烦躁,还很可能反驳:"你以为我连这都不懂?"

家长要给孩子适当的帮助或引导。要学会"察言观色",孩子有心事时一般会在神情言语之间表现出来。这时,父母不要逼问孩子,而是可以跟孩子说些轻松的话题,或者带孩子参加一些有趣的活动,缓解孩子的忧虑,并在一个私下场合单独告诉孩子,如果他需要任何帮助,只要说一声。让孩子明白善于求助是一个现代人的本领。当孩子把心里话告诉可信任的家长时,家长不要像抓住了小辫子一样对孩子进行批评,或者说些丧气话,而应像帮助朋友一样给孩子帮助,帮他们出主意想办法,这样才能获得孩子的信任。

## 孩子的好奇心需要精心维护

孩子的好奇心是推动孩子求知的重要力量。做家长的要学会呵护孩子的好奇心。那么家长怎样来呵护孩子的好奇心呢？可以从以下几点做起。

1. 对孩子的发问，家长不能怕麻烦，更不能随便敷衍搪塞打发。

在信息高速发展的今天，孩子们的接触面非常广泛，他们接受新鲜事物快、好奇心强、喜欢独立思索、敢于发问，这是一件好事。如果孩子们对什么事情感兴趣，就应因势利导，启发他们去积极思考，培养孩子们的好奇心与探究精神。如："你想想，这是为什么？"

2. 家长要充分满足孩子的求知欲望。

作为家长，和孩子交流的时候，不要认为孩子有点"傻呼呼"的，更不要说："你还小，等你长大后就会明白了。"其实，孩子们的提问，正是由于他们知识、经验的不足，而好奇心又促使他们提出各种各样的问题，处理不当，孩子们求知欲望的火花就会因此而熄灭。

家长要尊重孩子在知识、能力、判断方面的自尊心，学会在孩子的面前表现出自己的谦逊，让孩子有一个独立思考的空间。

3. 家长要学会与孩子平等相处、平等交流。

孩子的心中一般都是非常尊敬长辈的，那么作为家长也应该学会尊重自己的孩子，相信自己的孩子。在与孩子讨论问题时，请不要过早过快地下断言，以免挫伤孩子的好奇心。

家长正确的做法：应当对孩子这样说："这个问题，你应该很清楚，你继续讲下去。"或者说："这件事我还没想过，很想听听你的看法。"这会使孩子们的自尊心、好奇心得到呵护，他们会尽力去思索、探讨，思考问题的空间就会越来越大，孩子们的创新意识和创新思维也能得以培养。

4. 家长要及时赞扬孩子的长处，引导孩子的良好爱好。

每个孩子都有与众不同的优点，即使是再调皮的孩子或成绩差的孩子，他们身上也都有各自的闪光点。如何挖掘开发孩子的这些"宝藏"，对于家长来说显得尤为重要。家长要善于发现孩子们的优点，抓住这点因势利导，多表扬、鼓励，经常肯定孩子的长处，帮助孩子更充分地发展自己的爱好，让孩子们的个性得以健康发展。

正如一位哲人说过："知识是一种快乐，而好奇心则是知识的萌芽！"

孩子的好奇心往往就表现在一些细微之处，表现在一个细小的而你却不以为意的问题中，作为家长，用你的爱心和责任心来呵护孩子们稚嫩的好奇心吧！

孩子的求知欲和好奇心往往融合在一起，书本上的各种知识时时激起他们的好奇心，自然界和社会生活中的各种纷繁复杂的现象也同样吸引着他们。孩子的好奇心和求知欲是奠定他们未来事业成功的基石。通常来说，好奇心强的孩子一般创造性也比较强。

历史上大凡有成就的科学家、发明家、艺术家在孩提的时候都有极强的好奇心。只有对事物好奇才可能去积极地想象，才可能去进一步探究，才能出现新的发明和创造。

通常，"奇"往往是与"险"联系在一起的，孩子的好奇心在很多时候表现为好动，由于年幼无知，常会有一些破坏性的行为发生。

美国著名的火箭专家冯·布劳恩小时候十分顽皮，尤其对焰火感到好奇，在摆弄中他几次把邻近的水果店"炸"坏，有一次焰火又落在一家面包铺上……一次次无意的祸端，是他潜心探索的不断实践，使他在幼小的心灵里就有了让人类飞向天空的梦想。

家长要鼓励孩子花样翻新的玩法，赞扬他们的异想天开与别出心裁，在一定范围内容忍他们搞一些好奇性的"小破坏"，让他们在"小破坏"中思考和吸取经验教训，摄取新的知识，逐步培养兴趣与创新意识。

要是一味害怕孩子有风险，去有意压制孩子的好奇心，就会扼杀了孩子心灵中的探索精神，这对孩子的成长是有害无益的。

对于孩子的好奇心，大人一定要细心呵护，不能责备。须知，好奇心是孩子增长聪明才干的动力源，没有好奇心，就不可能去探求知识。同时，作为家长，也要不断提高自身素质。总之，家长一定要特别珍惜孩子的好奇心，并设法进一步激发这种好奇心，使孩子的想象力始终保持在活跃状态。

## 第四章

## 身陷误区中的孩子越学越"笨"

在孩子的生活里，他如果很少体验到"赢"的感觉，最终，孩子可能就会变成一个看起来笨头笨脑又畏手畏脚的人。

家长过早地对孩子进行知识传授和无形中给孩子大量的负面暗示，也容易导致孩子变笨。

## 有一种笨是学来的

科学家做过一个因碰壁而"笨死"的梭子鱼的实验。把一条梭子鱼放进一个有许多小鱼的水池里,只要梭子鱼饿了,张张嘴就能把小鱼吞进嘴里填饱肚子。过了一段时间,科学家用一个玻璃瓶罩住了梭子鱼。开始时,小鱼在瓶子外面游来游去,梭子鱼就迎上去,但每次都撞在了瓶壁上。慢慢地,梭子鱼的冲撞越来越少,最后,它完全绝望了,放弃了捕食小鱼的所有努力。这时,科学家取走了套住它的瓶子,备受打击的梭子鱼沉到了池底,一动也不动了。无论有多少小鱼在它的身边甚至嘴边游来游去,它都不再张嘴。最后,这条可怜的梭子鱼就这么被活活饿死了。

听了这个故事,也许你会说,这条梭子鱼真是笨死了。

梭子鱼原来并不笨,捕食小鱼是它的生存本领,它是一条能够独立生活的正常鱼。可是,在无数次的碰壁后,梭子鱼开始怀疑自己捕鱼的能力,后来,它彻底绝望了,坚信自己是一条笨鱼。这种无能感最终害死了它。人的心理其实有时是和这条鱼相似的,当自己丧失信心后,也会变得很无能,甚至会放弃自己的生命。

在孩子身上也发现了类似"笨死"的梭子鱼的现象,被人们称之为"习得性愚蠢"。也就是说,孩子在学习的过程中,会因为某些原因,逐渐产生对学习的无能感,并因此丧失了自信心。在家长的眼里,就会觉得孩子是越学越笨了。

那么,孩子是怎么变"笨"的呢?就以孩子喜爱玩的游戏来说,如果是一个永远也赢不了的游戏，这个游戏的难度超出孩子现有的理解能力，而我们又不向他做任何讲解，结果孩子总是不知道该怎么玩，每次尝试都失败，孩子的感觉会越来越糟糕，不用别人说，他也会觉得自己很笨。

在孩子的生活里，他如果很少体验到"赢"的感觉，最终，孩子可能就会变成一个看起来笨头笨脑又畏手畏脚的人。

家长过早地对孩子进行知识传授，也容易导致孩子变笨。一些热衷于所谓"智力开发"的家长，积极地对幼小的孩子进行读、写、算训练。那些学业知识不符合幼儿的认知特点，孩子虽然也能靠鹦鹉学舌的方式死记硬背下来，但并不理解，所以往往未能促进他们的智力发展，反而给孩子带来很大的学习压力，降低了对学习的兴趣，挫伤了自信。

家长无形中给孩子大量的负面暗示，也是很容易使孩子变笨的。

> 有一个充满寓意的童话故事：有一位美丽的公主，从小就被一位巫婆关在一座高塔上面，每天只能见到巫婆。巫婆每天都对她说："你的样子丑极了，见到你的人都会感到害怕。"公主相信了巫婆的话，怕被别人嘲笑，不敢逃走。直到有一天，一位王子经过塔下，看到了公主那如仙的美貌，惊为天人，救出了她。这位公主才对着镜子意识到自己原来如此的美丽。

事实上，很多父母都可能在无意间充当了"巫婆"的角色。许多家长在教育孩子时候的口头禅就是说"你真笨"，说者无意，听者有心。孩子内心接受到的就是"笨"的信息。孩子整日淹没在家长大量的负面暗示里，想自己不笨都难。

当孩子因为种种原因，深信自己的脑子很笨、学习能力很差的时候，内心就会产生严重的自卑感和自我怀疑，他的潜意识就会产生"保护作用"，拒绝新的信息进入记忆库，来保护自己的信念，结果就真的成了"学什么都学不会"的笨孩子。

当家长的如果不想让自己的孩子变笨——那么最好的办法就是让孩子去体验成功的喜悦。

当孩子获得成功，体验到快乐时，大脑里会释放出"脑内吗啡"，这种化学物质会驱使孩子想重复这一经验。所以，从这个角度，家长应该鼓励孩子去不断体验和积累成功的喜悦感受。

在做游戏、玩玩具、做手工、参加竞赛及做家务等等活动中，鼓励孩子大胆尝试，适当引导，让孩子可以通过一定努力品尝到胜利的喜悦。比如，当孩子跃跃欲试想帮妈妈洗碗时，不要嫌麻烦，或是怕他打碎碗而拒绝他，不妨为他搬个高度适中的凳子，为他戴上围裙、套袖，告诉他怎样轻拿轻放，怎样冲洗干净。当孩子洗好一只碗时，大声夸赞他干得真棒，孩子会很快乐，对自己的能力充满自信！

对孩子来说每一次的探索都是学习的机会，做家长的可以为孩子找一棵矮点的苹果树，让孩子踮起脚，伸手就可以摘到苹果。一次次成功的体验会让孩子信心百倍，动力十足地向下一个更高的目标迈进。

## 赞美能使孩子聪明

孩子的自信就是他相信自己的潜能，凡事作出积极的选择。孩子的自信心对他今后的发展起着决定性作用。把培养孩子的"自信心"看作是家庭教育中的灵魂，也可以说孩子要是没有自信心，家长所做的一切都是没有任何意义的，想培养出一个出色的孩子也是不可能的。

教育家刘京海认为："人是怎么生活的？靠自我概念！你觉得自己是个好人，你才会像个好人一样去生活；如果你认为自己是个坏人，你便会像坏人一样生活。所以，教育的第一要义就是让孩子相信自己是个好人、是个能人！这就是自信心，人格的核心也是自信心。孩子在10岁左右的时候，是自信心形成的关键期，此时，形成自信或自卑的自我概念，将会影响到孩子的一生。"

在家庭教育中，家长如何去发现孩子的优点并赞美孩子？

家长要随时去发现孩子身上的优点，把孩子做对的事情从平凡的生活中挑出来，给孩子以赞扬。

作为家长千万不能用一种鸡蛋里挑骨头的心态来看待孩子的缺点，说什么"我怎么发现不了孩子的优点呀？我总觉得孩子一无是处，怎么夸奖他呀？和别人家的孩子比，他差远了，我怎么表扬他呀，一表扬不就骄傲了吗？"其实有这种想法的家长本身就不懂怎么来教育孩子。并不是说家长用"挑剔"的眼光看待孩子一定不对，关键问题是你"挑剔"的是什么。如果你"挑剔"的是孩子的缺点、短处，那么你传达给孩子的肯定是消极的信息。如果你"挑出"的是孩子的优点，那么你自然会肯定孩子、赞扬孩子，传达给孩子的是积极的信息。

培养孩子的自信心，家长怎样赞美才是有效的呢？家长对孩子的赞美要清楚而及时。"清楚"使孩子明确自己做得对的是什么，从而有助于孩子把成功归结为自己的努力；"及时"表明反馈的时效性，及时的反馈和赞美才是有意义的。

家长对孩子的赞美重点应该放在"努力"上，而不是"能力"上。对孩子的赞美应当看孩子是否尽了力，是否在原来的基础上有了进一步的提高。对孩子的赞美要具体、有根据，注重去赞美孩子的"具体行为"和"具体细节"。

家长对孩子的赞美要不断变换，要有新意。对孩子一味地进行简单的口头赞美，会使孩子因陷入赞美疲劳而失去动力，所以家长还应该不断选择新的角度，发掘新的内容，激发出孩子潜在的优点。如孩子如果学习好，不要只是称赞他学习刻苦、成绩优异，这样显得没有新意，家长不如赞美他学习方法独特，学习效率高，这样可以使孩子更加注重学习的效率和方法，使学习的效果更上一层楼。这就要求家长要有较强的观察力，善于从新角度上看问题，从孩子表现出的细微处及时发现孩子身上潜在的优点，及时给以赞美和肯定。

最后，家长对孩子的赞美要选择适当的方式。只有适合孩子的赞美方式才是有效的，在赞美孩子时要做到区别对待。孩子小的时候喜欢父母的拥抱、亲吻、抚慰或说一些亲切的话语；而对于大孩子，这一套可能就行不通，这时，家长可以采用眨眼、竖大拇指、拍拍孩子的肩膀等方式。另外，对孩子比较大的进步进行适量的物质上的奖励，比如送一个小礼物，但不能滥用，其目的在于培养孩子只有通过自己的努力才能得到自己想要的东西的观念。

## 宽容使孩子机灵而冷静

在家庭教育中,家长的威信决定了家庭教育的效率。什么是"威"和"信"呢?"威"指的是家长对原则的坚持,而"信"指的是家长对承诺的信守。

在日常的生活中,家长只要保持自己良好的言行行为,就可在孩子的心目中建立威信。作为家长,第一要诚实守信。因为"信"和"威"具有同等的地位,要让孩子对父母心悦诚服,诚实守信是不可缺少的要素。

作为家长,不能在孩子面前任意地夸下海口,胡乱承诺。家长对孩子的承诺多了而又不能及时兑现,常此以往,家长在孩子心目中的威信会大大降低。孩子如果提出什么要求,做家长的不要随口答应,而是清楚地告诉孩子,可以还是不可以。

家长在对孩子作出承诺后,最好的办法是立刻把承诺写在一个随身的记事本上,提醒自己及时兑现。要是因为某种原因没有实现对孩子的承诺,及时向孩子说明,不能敷衍了事。必要时可以郑重地向孩子道歉,并和孩子一起商量可以用什么形式弥补。

家长对孩子要有责任心,孩子小的时候会天真地认为自己的父母是天底下最有本事的人,无所不知。随着孩子年龄的增长和知识的积累,慢慢地开始用挑剔的眼光看待父母,发现父母身上的种种缺点。这个时候要想保持家长的威信,就不能单纯依靠和孩子之间的亲密关系,而是应该让孩子看到家长在社会里充当的角色,让孩子感觉家长在社会上的重要性。

作为家长,首先要让孩子知道你非常尊重你的工作,告诉孩子你工作的重要性,不管你从事怎样的职业,任何职业都有其尊严,你都应该为之自豪。

要多和孩子谈谈你的工作,或者在节假日带孩子去你的单位看看。如果母亲没有职业,也应该积极参与社会,一个与世隔绝只埋头照顾丈夫和孩子的母亲很难持久地获得孩子的尊敬。

作为家长,在家教育孩子的过程中,还要去努力丰富自己。孩子能从日常的谈话和生活习惯得知你的爱好,父母对国内外大事表示兴趣,通过各种渠道丰富自己的知识,与一些层次较高的朋友来往,都能获得孩子的尊敬。

家长应该多参与社会公益活动。家长与孩子积极参与救济灾民的事业,向遇到困难的同胞伸出援助之手,既尽到了社会责任,也使孩子受到了深刻的教育,更让孩子对家长生出了崇敬信赖之心。

作为家长,在孩子面前要沉稳镇定,遇到任何事情都要保持从容的态度,有主见。有主见的人才会有威信,这是不容置疑的。谁也不会信任一个凡事都要依靠别人做判断的人。在孩子面前,家长应该充分表现自己的主见。家长别忘了,你可是孩子的主心骨呀!迅速地作决定,并且做了就不反悔。

作为家长,在孩子面前至少要敢于站出来说话,让孩子看到你。比如,开家长会时,如果老师对孩子的批评不对,并且是当众批评你孩子的不是,这时,家长要站出来为孩子辩护;在和孩子一起出门时,看到不道德的行为后,要勇于站出来指责!只要有一次,孩子就会对你油然生出敬意。

家长遇事要冷静,能控制自己的情绪。在任何情况下保持冷静和理智,这本身就非常值得敬重。有威信的人有力量控制住自己的情绪。喜欢用发火来吓唬孩子的家长要清醒地看到,无论你怎样发火,都不如在孩子面前冷静下来能取得孩子的信任。做家长的确实有时难以控制自己的情绪,那么在发火之前为孩子想想,此时的孩子在向你学习,学习如何控制自己的情绪和发泄,你想给孩子做一个有急躁坏脾气而没有威信的榜样吗?

做家长的自己首先要积极乐观,而不是整天唠叨和抱怨。没有人会尊敬那些不停抱怨的人,也没有人会愿意与成天唠叨的人相处。孩子也是同样的心情,当他们听着家长的唠叨,心里恨不得赶快找个地方躲起来!家长唠唠叨叨、唉声叹气、怨天尤人,这些行为不仅极大地伤害了孩子,也损害了家长在孩子心目中的威信。

家长正确处理孩子的错误是获得威信的必经之途。孩子犯错误往往是出于好奇或无知,有些时候也与控制不住自己有关。作为孩子,犯了错误常常惊慌失措，以为从此就得不到家长的喜欢和信任了，心存后悔。抓住孩子犯错误时候的心理特征进行教育，往往是家庭教育能真正发挥作用的时候。

此时，家长先给孩子一个解释的机会，让孩子从容地讲明错误是怎样发生的。家长搞清楚原因后，帮助孩子认清错误的性质及危害，吸取教训，让孩子从改正错误中得到真正的成长。家长还可以为孩子的错误保守秘密，以免孩子的自尊心受挫，尊严受到侮辱。在这种情况下，犯错误的孩子一般都会吸取教训，加倍努力，对家长心存感激。

作为家长，在必要的时候还要学会妥协，向孩子妥协并不会降低父母的威信，相反，在满足一定的条件下向孩子妥协，孩子会感觉到家长的可亲可敬。家长对孩子的妥协是有条件，这样才能保持自己在孩子心里的威信。作为家长如果在孩子面前无条件地妥协，就等于对孩子不负责任，放任自流。长期下来，孩子就会习惯不去考虑别人的感受，在他的心中会自然而然地认为，自己的需求就是应该得到满足！

家长最要不得的是因为孩子的无理取闹而向孩子妥协。有些父母看到孩子躺在地上哭闹、撒娇，一时慌了手脚，不知道怎么办，或者心肠一软，就满足了孩子的无理要求。家长这种妥协的结果必然后患无穷，因为孩子从这一次的"收获"中掌握了对付家长最有效的办法。

家长有效的妥协分为三步：首先要向孩子清楚明白地说出自己的要求以及理由；其次和孩子讨论要求的合理性；最后向孩子作出一定让步，但孩子必须承担某种责任。

## 如何引导孩子正确面对失败

在孩子漫长的成长过程中，遇到失败和挫折是难免的，而失败恰恰是对孩子自信心的挑战。一个人是否养成了有毅力的、顽强的性格，关键是看他如何面对失败与挫折。正因为如此，如何教会孩子面对失败就成为家长教育孩子的一个很重要的问题。

史蒂芬·葛雷的成长经历耐人寻味，作为科学家，他有着非凡的创造力，那么是什么因素让他超乎凡人？他的创造力在他看来：这一切都与小时候母亲给他的生活经验有关。

有一次，他尝试着从冰箱里拿一瓶牛奶，由于奶瓶比较重，他失手把瓶子掉在地上，牛奶溅得满地都是——像一片牛奶海洋！

他的母亲听到声音，非常沉静地来到厨房，看到这一切并没有对他大呼小叫、教训他或者惩罚他，她微笑着说："哇，你制造的混乱还真棒！我几乎没有看见过这么大的水坑。反正损害已经造成了，在我们清理它之前你要不要在牛奶中玩几分钟？"

史蒂芬·葛雷从惊慌中清醒过来，然后小心地在地上的牛奶里玩耍起来，心情也逐渐地高兴起来。

几分钟后，他的母亲说："你知道，当你制造这样的混乱时，最好由你把它清理干净，物归原处。所以，你想这么做吗？我们可以用一块海绵、一条毛巾或一只拖把。你喜欢哪一种？"史蒂芬·葛雷选择了海绵，和他的母亲一起清理地上的牛奶。

他的母亲又说："你知道，我们在如何有效地用两只小手拿大牛奶瓶上已经做了个失败的试验。让我们到后院去，把瓶子装满水，看看你是否可以拿得动它。"小史蒂芬·葛雷因此学到了如果用双手抓住瓶子上端接近瓶嘴的地方，就可以拿住它不会掉。

这位母亲给史蒂芬·葛雷上的这堂如何面对失败的课真是精彩之至！

史蒂芬·葛雷从这堂课里除了学到了他不需要害怕错误外，他还学到，错误只是学习新东西的机会，科学实验也是如此。即使实验失败，我们还是会从中学到有价值的东西。

从故事里，作为家长应当学会怎么样来认识失败，明白失败就是指预定的目标没有达到或者达不到，或是受到打击陷入困境等。

作为家长首先要知道失败总是先于成功，如果孩子连失败关都过不了，今后就很难取得成功。孩子面对的失败不是静止不变的，它还会继续发生变化。它不向好的方向发展就会向更坏的方向发展，使孩子处于一败涂地的境地。如果家长的态度正确，就可以反败为胜；态度不正确，那就会让孩子受到更严重的第二次打击，因为失败动态会发生连锁反应。

作为家长应当和孩子学会共同面对失败和挫折。在孩子遇到挫折时，父母与孩子要相互支持，共同努力，提升应对挫折的能力。面对挫折第一步是要克制痛苦，避免连锁反应。让孩子学会正确对待失败所带来的痛苦。正是因为精神上的痛苦，才使人受到打击，精神涣散，进而失去防守和反攻的能力，放弃眼前可以转败为胜的机会，坐等下一次打击的到来。

一个人只有经过千锤百炼才能成为一个完美的胜利者。人本身就有许多的缺点、短处，只有在失败的痛苦磨练中，才能改掉这些毛病。只有经过失败的历练，孩子才可以变得更加坚强，坚韧而有毅力，孩子才会更了解生活的真谛，更懂得人活着的价值。

失败是痛苦的，有时候简直就是人生中的灾难，所以在失败还没有出现之前，尽量避免它；在失败发生之后，不要用消极的心态去看待它，而要充分认识到它的积极作用，把它作为提高自己精神力量的好机会。

失败是在所难免的，我们在精神上对失败应该做好准备。家长平时要注意在每一个小失败中锻炼孩子控制感情的能力。若是孩子沉浸在体会痛苦之中不能自拔，只会越体会越痛苦，既不能消除痛苦，也不能解决问题，而且贻误时机，带来更可怕的后果。

正确的态度是不后悔、不抱怨，对失败的教训要及时总结、接受和牢记，但这和后悔、抱怨是两码事，不要带着情绪，而是要依靠理智。不要把注意力放在过去，而应放在现在和将来。最重要的是，集中精力想一件事：现在怎么办？

家长要帮助孩子看清楚失败的真实面目，告诉孩子失败是暂时性的。不要让失败的阴影蒙蔽了一切，甚至窒息了孩子的智慧。对失败做个精确的描述，说明它仅仅是某方面的失败，或者是在某一个时间段内的失败，某一次试探性的失败，暂时的失败等等，最好把它的暂时性写在纸上。

帮助孩子从中找到有利因素，吸收有利信息，把坏事变为好事。转换的关键就在于要看清转化的有利因素。对立统一是客观事物的规律。家长应该坚信孩子在失败中自己会找到有利因素的。孩子越是处于失败的境地，越是要帮助孩子去冷静地发掘有利因素，充分地利用，争取进步。

失败里包含很多的信息，除了有利的信息以外，还会带来一些失败的连锁反应的信息，以及失败的起因及后果的信息，这些都需要家长去注意。

家长和孩子要积极行动，创造有利条件，去决定事情发展的方向。

坚定孩子心中的信念，没有条件去努力创造条件。只有坚信自己心中的信念才有转败为胜的可能，这是事物发展的规律，但是它的发展方向，取决于条件，条件决定发展方向。要抓住时机，当机立断。当时机来临时，我们能不能敏感地认识到它，认识到它后，敢不敢当机立断，大胆付诸行动，这是成败的关键。有时候，我们遭受的挫折和失败看起来是无法挽回的，其实，我们如果把目的弄清楚，就会看到通向目的地的路不止一条。家长可以引导孩子换一条路看看，往往能出奇制胜。

## 请你别再喋喋不休

"孩子,怎么又犯这样的毛病了,我跟你说过多少遍了?""这是'1',1、2、3、4、5的'1'!"这种场景对于大多数家长来说是自己生活中最熟悉不过的了,前者是愤怒的家长对犯错孩子粗暴的指责,后者则是家长在对孩子进行耐心地传授知识。站在孩子的立场来看看,可以肯定的是这两个场景中的孩子都会感到困惑,甚至根本不知道父母在说什么。

教育孩子时,家长请少说废话,在对孩子进行批评的时候只需要隔离开人与事就可以了。"孩子,跟你说过多少遍了?怎么又做错了""……你为什么记不住?"……这些话是大多数家长在孩子有毛病时的常用语,但家长可能不知道,这种表述方式除了宣泄自己的愤怒以外,既不能改变孩子犯错的事实,也不能帮助孩子改正缺点。

家长如果对孩子只是一味地指责,只会使孩子觉得自己不够好,时间一长,孩子的心中就会产生恐惧和自卑感,从心里难以获得成长的能量。

家长批评孩子时,一定要把孩子和事件隔离开,不能一个劲地说"你这不好那也不好",而应该说"你不可以做这样的事"或"你这样做不对"。这样,才可以使孩子明确地知道自己错在哪里。

许多家长在批评孩子时,往往是在发泄自己的情绪,而家长的这些垃圾情绪又并非完全由孩子造成,孩子的错误行为,只不过是"导火线"。事实上,家长对孩子的责骂,有些是源于家长童年时的"心结"。

无论是人还是动物,在对待自己的下一代时,总是重复自己幼时的遭遇。一位著名心理学家就曾归纳道:"当孩子被父亲打时,他毫无反抗之力,但孩子的复仇,是从自己当了父亲开始的。"

"如果你爱你的孩子,那么,请控制你的废话。尤其是在孩子犯错时,不要倾泻自己的情绪。"

用最简单的语言,让孩子知道自己哪里错了就足矣。

家长教育孩子的时候,切忌唠叨个没完。"这是'1',1、2、3、4、5的'1'""这是红色,红旗的红,红汽车的红"……很多家长在孩子启蒙时期,总是喜欢不厌其烦地用不同方式对孩子说上 N 遍。家长的这种教育方式十分不妥当,因为学龄前幼儿的理解能力有限,因此,在给他们传授知识时,语言要简洁,让孩子一听了然。

家长在教育孩子时,要控制自己少说"废话",在孩子看到数字或颜色时,只需简单地告诉他们具体数字或颜色,先让孩子"对上号",然后再考虑如何深化。

很多家长在批评孩子时是滔滔不绝,在教育孩子时又是喋喋不休,然而他们忘记了孩子注意力集中的时间有限,其理解能力也非常有限,使用冗长、复杂的语言,往往会使孩子感到困惑。

## 别把教育的弦绷得太紧

家长不断抱怨自己很苦,究其原因,首先是来自家庭教育的目标问题,家长想要把孩子培养成什么样的人;其次是,当家长有了"超常"的期望,这些"超常"的期望自然就会带给家长超常的压力。

有的家长看着走红的明星、著名的作家、成功的经理、获得金牌的运动员等等"社会名流",眼红心热,恨不得自己的孩子也能一夜成名,一步登天。这种超常的压力,转嫁到孩子身上,就是超常的"投入",外加超常的要求。进口的奶粉、时髦的衣服、高档的文具、层出不穷的培训班……家长似乎在心甘情愿地吃苦受累,实际上这些都是家长的"糖衣炮弹"。

反思一下,在这些看上去无怨无悔的投入背后,家长藏匿了多少不切实际的"愿望"呢?

家长总爱将自己的孩子同别人的孩子作比较。事实上,每个孩子都是不同的,都是独一无二的。可是家长们的期望值总是太高,希望自己的孩子能样样出色,恨不得是全能手。这很容易让家长失去客观的判断标准,偏离正常的教育轨道。在实际生活中操之过急,期望过高,除了让家长自己徒增烦恼和焦虑不安外,还会在自己的负面情绪主宰下做出对孩子发火闹脾气、唠叨不停、反复无常甚至歇斯底里的行为来。这种不良情绪和行为,会直接影响孩子的身心健康发展。最后,孩子会越来越远离家长的期望,家长也落个吃力不讨好的下场。

孩子通过母亲最初的阵痛,就意味着他开始脱离母体,成为独立的人。孩子的成长,最终要依靠他自己的基本素质。

成语"拔苗助长",非常形象地说明了急于求成、本末倒置的不明智做

法。但是事到临头，家长自己教育子女的时候，怎么就不由自主地急功近利起来了呢？家长是否想过，种种过高的期望、过度的关心，会不会给孩子带来心理压力？会不会让孩子变得不快乐？有没有想过"可怜天下孩子心"？孩子如果没有乐观自信的人格，身心的健康成长岂不是一句空话？由此导致的孤独、自闭、敏感等社交恐惧症，孩子的心理障碍谁来负责？当孩子长大成人，回忆里只有书本、只有学习的童年时，还有美好可言吗？

现实的情况是，孩子的希望不是毁在他自己的手里，而是先毁在家长手中——因为做父母的，首先就失去耐心了。所以面对孩子的时候永远不要过于急躁，要辩证地看待孩子成长道路上的得与失、成与败，要接纳眼前的现实，允许孩子犯错，允许孩子之间的差别。何况这些只是相对而言的，要知道，孩子的发展是动态的，是呈螺旋形上升的。

能赢得起，也要能输得起！这才能让孩子正确地看待胜利与失败，才能拥有一副健康的胸怀。

孩子的想象力需要驰骋，孩子的思维需要锻炼，孩子的身心需要锻炼，孩子的能量需要释放。孩子更不是学习的机器，他首先是人，是孩子，一个有玩耍权利、有快乐自由天性的孩子，一个有童心、有玩性的孩子。

"过犹而不及"的道理告诉我们，若把为成功而奔跑的弦绷得太紧，总有崩断的一天。犯罪、自杀、逃学、出走，这些触目惊心的例子在生活中发生的少吗？难道还不够给家长一个警示吗？所以，就让我们以宽容的心态看待孩子成长长河中的触礁现象，以信任的眼光欣赏孩子的与众不同，独特个性。相信孩子能行！让我们以欣赏的、信任的、鼓励的、爱的眼光等待孩子成长。

家长最终能给孩子多少具体的知识和物质享受呢？

孩子如果从家庭教育中获得了健康的人格，那么他就可以独立地解决困难、自信地面对挑战、自觉地远离恶习、主动地承担责任、热情地投入生活、友好地看待他人。

只有孩子成了一个素质过硬的人，成了一个不用家长操心、能为社会作出贡献、实现自己个人理想的人，那才是家庭教育的最好结果。

因此，家长要尽量去发现孩子的长处，要仔细观察孩子的特点和优势，要积极寻找孩子身上的闪光点，找到孩子的最佳才能区，然后提供适当的条件去培养、发展，做到扬长避短。

家长如果不顾孩子的特点，不是孩子所愿学而是家长所逼，或者说，要孩子学的正是孩子之短，那么结果只能是费力不讨好，给孩子增加心理负担。因为，谁会愿意忍受一次次的挫败感。孩子终究只是孩子，他远没有成人想象得那么有意志力啊！

家长还要积极等待，主动寻找教育时机。"没有教不好的孩子，只有不会教的父母。"当一种方法行不通时，就赶快采用另一种方法。在积极等待的同时，家长要有一双善于发现契机的眼睛，要有一颗积极思考的大脑，多想一种办法，多设一种情境，以调动孩子的积极性，让他朝着预设的目标前进。要多让孩子自己动手，实现自己的目标。在此时行不通时，那就看在彼时。要知道，也许是因为当时孩子情绪不佳，从而影响了孩子活动的兴趣呢！

总之，最重要的，是要把孩子培养成独立自主的人。因循守旧、懒惰怯懦、悲观厌世、浮躁轻率、好高骛远、自私孤僻等等不良因素都会左右孩子的成长。毕竟，社会是大熔炉，也是大染缸，最终能否成"才"，有没有独立自主的人格才是关键的因素。

# 第五章

## 家庭教育里有个适当的"度"

做任何事情都要讲究一个度，家长在教育孩子上亦是如此。如果家长对孩子教育的目标定得过高，孩子做不到，家长在指导时恐怕也难胜任。

要结合孩子的实际能力，制定出孩子通过努力可以达到的目标。还有，要给孩子一个相对自由发展的空间。

## 把握好家庭教育的"度"

做任何事情都要讲究一个度。这里所谓的度，其实就是界限，就是限度，就是俗话所说的分寸。任何事情都有其内在的规律在起作用，做事情的时候必须遵循这件事情的规律。这样才能做得恰如其分，恰到好处，才会成功。要是不去遵循规律，无论做得过头还是不到位，都吃力不讨好，甚至好心办了坏事，其结果是事不随人愿，适得其反。

家长在教育孩子上亦是如此。家长在教育孩子上应认真严格地把握住家庭教育的度，那么家长怎样才能把握家庭教育的度呢？

家长给孩子制定教育的目标不宜过高。目标是做一件事预期达到的标准。家长对孩子教育的目标定得过高，孩子做不到，家长在指导时恐怕也难胜任。目标过高，必然强人所难，强人所难必然产生逼迫与逆反的矛盾冲突，孩子被逼肯定不高兴，家长也会把自己逼得焦躁不安，甚至发狂，其后果是可想而知的了！

结合孩子的实际能力，制定出孩子通过努力可以达到的目标。能挑千斤担不挑九百九，同样，揠苗助长也不会丰收。适度的家庭教育目标，一定是孩子跳一跳可以够得到的，也一定是家长自身的条件能胜任的。

此外，在教养孩子的态度上，家长要十分注意，不宜过分、过严、过溺，过了都产生弊病；教育孩子的内容不宜过深，过深的教育内容不利于孩子智力的全面均衡发展和开发；教育方法要新颖，不宜过旧，一味地命令、灌输不利于亲子之间的沟通融洽，也不利于教育目标的实现。

家长在教育孩子的时候，适当的教育目标起着关键的作用。因为，教育目标或者说是家长的期望值往往决定了家长将采取怎样的教养态度、选择怎样的教育内容、运用怎样的教育方法。

在教育孩子的时候，家长也要不断提高自身的素质。家长本身素质也不宜过低，家长素质直接影响着孩子的发展方向。因为父母对孩子的影响实在太大，子如其父、女如其母，说的就是这个道理。父母的生理基因会传给子女，同样，父母的人生观、价值观、道德情操、个性人格、知识能力等，也会像生理基因一样，在子女的身上打上难以磨灭的烙印，影响子女的一生。提高父母全面的素质，是个难题，解决这道难题的唯一途径就是学习。一句话，要想孩子好，父母要更好；要想孩子好好学习，父母必须天天向上。

想要气球升天，就得给气球充气。充的气不够气球上不了天，充的气过多气球也许会炸破，只有适量的气，气球才会既上天又飞得高飞得远。父母教育孩子也是如此。

## 给孩子自由发展的空间

教育家陶行知曾经说:"孩子的成长和发展需要有一个宽松的、开放的、积极的引导环境,需要在父母的热切期望和等待中来迎接孩子的成长。孩子的发展,要遵循天性,不能任意抹杀孩子的创造欲望和玩乐心态,要让孩子自由地发展。"

有个单亲家庭,父亲在街上开了家鞋店,他有一个正上小学的儿子,每天傍晚,行人经过此店时,总能看见小男孩儿独自站在店门口旁边练习着小提琴。初冬的黄昏已让人觉得冷飕飕的了,可孩子还得赤手在风中练琴。练了半个小时之后,他回头望着坐在店门口的父亲,那眼神好像在问:我可以休息了吗?可父亲却严厉地说:"不要偷懒,离吃饭时间还早,接着练。"小男孩儿无奈,极不情愿地继续练着。

这只是一幅生活中的剪影,类似的场景不尽相同,其实质是孩子始终得不到真正的自由。孩子放学回到家里,家长不但没有给他们减轻负担,反而是给孩子请家教、上辅导,再不然就是逼迫孩子学画画、学弹琴。

孩子的成长不仅包括他身体增长,也包括孩子的心灵成长,在孩子的成长过程中,更主要的是孩子的品格、气质、思想以及待人接物的能力都将得到不同程度的提高和发展。

对于孩子来说,本身能够多学点知识,多掌握些本领,这并没有什么坏处,关键就是要孩子发自心底地去学。否则,家长做的任何努力都会起到适得其反的效果，不但不能使孩子按照自己的愿望发展，还极大挫伤了孩子学习的积极性，得不偿失。

家长对孩子管得太多、太死，关注孩子的太多，并且采用了强制措施，这样的做法对孩子自由、健康、快乐的发展是十分不利的。所以，家长对于孩子的发展一定要因人而宜。

还有，为了给孩子一个自由的空间，家长对孩子不管不问的做法也是不对的，家长教育孩子是为了让孩子成为一个"相对服从"的人，而不是"绝对服从"的人。所以家长对孩子是一定要管的，但这是有一定原则的管。对于孩子怎样做人、怎样与人相处的事情，一定要大管特管。要让孩子成为一个品德优秀的人，家长要引领孩子去找朋友玩，给孩子自由交往的空间和选择做高尚人的权利，并让他在成长中有一定的挫折和磨砺，这会更有利于孩子的发展和成长。

当孩子的发展陷入逆境的时候，不必抱怨，要保持一种等待的心态。在孩子需要的时候、在孩子求助于父母的时候、在孩子渴求父母帮助的时候，家长应该及时伸出援助之手，促使孩子有勇气和信心克服困难，不断前进。

心理学家贝克说得好："对子女督促过严的父母，也许可以逼使孩子养成良好的习惯，却也会使子女养成不安、依赖、胆怯、敢怒不敢言、不喜求和、不爱做劳心工作，以及不喜欢参加有创造性的活动等缺点。比较起来，这种教养方法是得不偿失的。所以有自己的自由空间对孩子的发展是十分必要的，因为自由自在发展的孩子活泼可爱、大胆勇敢、独立性强、办事果断、责任心强。"

有个孩子在一篇《我的自由时空》的作文里写道：

我的外公是一位艺术家，我的父亲是上海医科大学的物理学教授，我的家如同一个人文与科学的梦幻组合，一个用亲身的经历告诫我为人要真诚坦荡，对世间万物要心怀爱与感激，即使身处逆境也要发现身边的美；一个则用严谨的数学语言让我坚信这个世界必有规律可循，求真务实善于开拓的科学精神是人们寻找安全感的良方。

有一段时间外公告诉我分久必合，合久必分，月满则亏，万物皆有必然之理；而父亲告诉我，世界可以用偶然来描述，甚至每个人都只不过因为偶然才成为自己。当我将两句话完整地理解而发现其中的一致时，我觉得对未知世界充满了探索的自信。我认为这种感觉永远不是来自于灌输，而是启发式的诱导。父亲从幼儿园接我回家，总带我在路边的咖啡馆小坐片刻。在那儿，他让我试着把不同质地的咖啡勺浮在咖啡中，就这样让我理解了阿基米德的发现。

我的家庭氛围首先是民主。从我记事起，对家中的事务就有发言权，我做什么，他们都对我采取认同和尊重的态度。记得高中毕业填高考志愿时，家里希望我考医科大学，而当我欲报考华东师范大学心理学系时，父母所做的仅仅是确认我是否真的做了慎重的考虑，而后便全力支持我的选择。

我从小写作文就不爱打草稿，做数学题也不爱将整个步骤都写上，我认为只要抓住重点就可以了，能用简单的方法完成一件事何乐而不为呢？而这种"偷懒"的做法父母也认可了，他们的态度使我的个性在宽松的家庭环境下得到充分的发展。

在别人看来，我一帆风顺，从小学到大学，学得也轻松，以至于考前还有空儿去数星星。但是，没有人可以不受挫折，只要让成就感大于受挫折感，人就会在挫折中进步。

上述故事中的主人公就是在家长重视教育、懂得教育、氛围民主的家庭环境中成长起来的。家庭教育不仅为他开拓了一个融知识与能力为一体的多维空间，而且使他学会了宽容和谦让、理解和融洽，使他的求知欲得到了重视和满足，人格得到了健康的发展。所以说良好的家庭教育必有善于进行教育的父母。

由此可见，作为家长，自己必须有一个正确的成才观、人才观、教育观，必须提高自身的素质，才能使家庭教育由经验育人向科学育人转变、由片面注重书本知识向注重教孩子怎样做人转变、由简单命令向平等沟通转变，使家庭教育真正发挥应有的作用。

有的家长为孩子配备了一个单独的房间，并且在孩子的房间里安置了豪华的照明灯，可是孩子不愿意待在自己的房间里学习，却喜欢在餐厅做功课。

这就是因为家长没有认清空间的意义。孩子所需要的，并不是单纯的独立房间，而是一个能安心游玩、安心做功课的空间，这个空间让他有待下去的欲望。

家长不过分管束孩子的实质就是让孩子形成良好的自我管理能力，而这种自我管理能力的确立，除父母应有的开放型的教育方法外，更主要的是给孩子一片自己的空间。让孩子在家里有发泄自我的感情或是调整情绪的地方，这是培养孩子独立性的基本条件。所以那个地方不必是一个单独的房间，也可以在客厅的一角为孩子划分出一片地方，那里不摆放父母的任何杂物，只放一些孩子喜爱的包装、厚纸、压扁的纸杯或是塑料盖等。

有自我空间意识的孩子，纵使没有任何东西来划分，他也会在自己的场地边缘挂上看不见的屏幕，然后在其中玩得自得其乐。

孩子稍大之后在他的地方可加一道扇屏，使空间较为独立，如此，孩子便会用自己的头脑去改善空间，使其便于利用。孩子自己动手钉的桌子，应该比父母所购买的书桌，更能给予他"个人"的感觉。

不勉强孩子把房间区分出来，只做一个孩子创造自我空间时的助手，如此，自然能培养出孩子自主性。孩子能自由进出于自己的空间与父母的空间，而且在喜欢的情况下，自由选择关闭自己的空间，这对于培养他发现自我的心得和新的体验，好处非常多。

孩子到了12岁左右的时候，可能会要求拥有自己的房间，为此可以顺应孩子的意愿行事。孩子因知道"空间"的意义而要求有独立的房间，与父母随便就为之安排一个房间，意义截然不同，孩子要求拥有自己的房间，表示他的独立意识已前进了一大步。

## 孩子不爱学习，家长怎么办

孩子慢慢地不愿去上学，也不爱学习，更不愿去做作业，时不时地还有违反纪律现象，在受到老师处罚后，对待学习、生活表现出一副无所谓的样子，此时家长对孩子进行批评，孩子的抵触情绪非常明显，看到对孩子的教育没有效果，家长一时也不知道该怎么办。

所谓的学习差，是孩子在某个方面尤其是在学习方面长期或短期表现的不好。孩子的内心其实也都是希望自己变得更好，只是因为他努力了也没有让自己的成绩上去，没有找到合适的方法，对自己开始没信心了，再加上外界的影响等等导致孩子学习成绩的倒退，经过一段时间，功课落下了很多，再想补上来的时候，发现已经赶不上了。

这个时候奇怪的现象出现了：老师开始讨厌孩子，孩子也开始更讨厌老师，由于讨厌，孩子的成绩变得更差，至此孩子的内心深处开始感觉世界都是黑暗的，陷入孤独、冷漠、自闭、自卑……进一步沮丧，孩子的萎靡与不开窍使老师更加轻视他的存在，而父母也开始讨厌自己孩子的各种行为。

孩子在学习落后的时候，他的内心世界是极度脆弱的，一触就会崩溃，如果遇到心灵激励师，则情况又发生了分水岭般的效果。这个时候甚至老师、家长的一个不经意的眼神都能摧毁孩子的心灵。

家长对孩子的批评要讲究场合，不要去做无效的批评。家长不要在孩子面前表现出极端恶劣的态度，冷静下来，听听孩子是怎么说的，了解孩子的想法是什么。面对家长没有了解实情的批评，孩子也许会对你说：

1. 我不去上学是因为学校的不公平对待，老师歧视我，班主任老师还会偏向老师，变本加厉地批评我，还向父母告状。

2. 父母跟学校串通一气，不问青红皂白就乱扣帽子乱批评。

3. 明明是父母不公平，还认为我有心理问题，带我去看心理医生，我才不理他们呢！

4. 反正我是不会去上学了，学校、家长、整个社会都是黑暗的！

在孩子不肯上进努力学习面前，很多家长失去耐心，最后是心灰意冷，认为自己什么办法都用过了，对孩子的心也尽到了，既然孩子不听话，只好选择了放弃"反正就那样了，没治了，这辈子完了，随他去吧，只要不进××就行了"。

面对孩子颓废不思进取的情况，家长正确的做法是：

首先，家长要成为孩子的知心朋友，成为孩子在成长过程中心灵上的依靠，成为孩子人生路上最亮的一盏灯，永不消失，给孩子前行的动力。这样，当孩子受到不公正对待、当孩子在外面感受到社会黑暗的时候，就会想到自己还有一个公正和谐的家庭在背后支持着他，他就会充满了力量。

家长在帮助孩子进步的时候，首先要清楚自己内心对孩子的一切成见，从欣赏接纳孩子开始，走进孩子的心灵，成为孩子的知心好友，这样才有机会知道孩子心里想的是什么，才有可能对孩子提供帮助。简单地说就是家长要进入孩子的频道，取得共鸣。

其次，家长在孩子面前不要表现得怒火万丈，要冷静，但不是去一味迁就孩子。就事论事，不拿以前的事情来批评孩子。如果你拿了以前的事情说事，这是心里对孩子是"差生"的偏见在作祟。只要家长心里存在这种偏见，就永远无法真正地去帮助孩子。因为内心歧视别人的人，会把自己抬得高高的，有一股傲气，会让孩子闻到，让孩子本能地逃避。所以放下身段，从内心去尊重孩子，要有和孩子平等对话的心态。家长要学会做孩子的人生导师、人生激励师、生活导师、知心朋友。

## 家长应如何看待孩子的粗心大意

王鹏已经上小学三年级了,数学测试成绩一直在 50 分上下徘徊,做作业也是粗心大意。对此家长感到非常头疼,王鹏也感到很沮丧,老师更是恼火。

家长应该如何看待孩子的粗心大意呢?

家长恐怕首先在思想上认为是孩子在学习上不认真,真实情况是:对于有些孩子来说,不是学习不努力,而是学习能力发展不平衡。

孩子的学习能力发展不平衡是指孩子的智力正常,但是由于学习所涉及的心理机能的缺乏或发展没有达到同龄水平而无法掌握学校的学习环节,出现听、说、读、写、算以及更高层次的思维上的困难,随着问题的聚集和年龄的增加,进而影响到孩子的自信心和情感上的发展。

家长在孩子学习能力发展不平衡的情况下,再去说孩子粗心大意,那是在冤枉孩子。不是孩子不想好,而是他的能力没达到。

家长还要观察孩子的注意力集中情况。注意力好比一扇门,凡是外界进入心灵的东西都要通过它,如果没有开启或半开半闭,一定会影响孩子的学习效果。

人的注意力有三个指标:指向性、分配性和转移性。要是孩子的这三个指标相对比较差的话,他们会有不同的表现。

注意力指向性相对比较差的孩子,在下课时间与同学玩游戏,到了上课时间,老师在讲课,可他的脑袋里还在想着游戏。

注意力分配性相对比较差的孩子,他对外界的刺激非常敏感,上课时窗外的鸟叫声、走廊上的脚步声,乃至操场上的踢球声都能转移他的注意力。在家里,门铃声、电话声、说话声统统都逃不过他的耳朵,这样就无法把注意力集中在听课和写作业上。

注意力转移性相对较差的孩子在完成一件事之后做另外一件事的时候，他的注意力转移的速度非常慢，或非常困难。

对于孩子对知识点掌握不好造成认知不清或者是因孩子思维能力造成的审题不明的情况，家长不要以为那是孩子的粗心大意。

针对粗心大意的孩子，家长一方面要关注他的学习习惯，另一方面要培养孩子做事的条理性。

学习上细心的好习惯是和日常生活中的好习惯密不可分的，那些从小做事就丢三落四、缺乏条理、不能坚持到底的孩子，往往在学习上也是粗心大意的。

家长应该让孩子从小就做一些他力所能及的事，小的时候让他收拾好自己的玩具，大一点儿的时候让孩子帮着做家务。让孩子在做事的过程当中，学会自主，学会次序的安排，把握节奏，变得有条理，更重要的是有了心理体验，这样的心理体验多了，自然形成了一种习惯，而良好的生活习惯自然会迁移到学习当中，因此，家长千万别剥夺了孩子做事的权利和机会，养成良好的做事习惯对学习有促进作用，往往会使学习事半功倍。

针对孩子粗心大意，家长就任意地惩罚孩子，这种做法是错误的。比如：增加孩子的额外作业负担，命令孩子抄十遍书，每天做50道口算题等，家长这样做往往是欲速而不达。过度单调的重复，只会引起孩子的反感，孩子在心理上产生厌倦后，就会失去学习的兴趣，所以习题要精当、典型、适量。

孩子学习情绪的好坏直接影响着孩子能否学习下去。刚上学的时候，每个孩子都雄心勃勃地要争第一，可是孩子们的学习能力确实存在某些不同，在这些学习能力没有提高的情况下，孩子再努力，结果总是不尽人意。糟糕的是，老师和家长误解了孩子，认为孩子贪玩，心思不在学习上，学习不认真、不专心等，于是便使出高压手段对孩子进行矫正，比如打、骂、处罚。当家长对孩子施加过大的学习压力时，孩子的内心就会充满挫折感，怀疑自己的能力，丧失了学习的信心，孩子是人在桌旁学习，但心早就飞了。

家长要发掘孩子的优点对他鼓励，有进步的时候就表扬，让他看到希望，使他树立起学习的信心，调动起他的学习主动性、积极性，用赏识教育，让孩子心灵充满阳光。

针对孩子的粗心大意，有些家长往往又给了孩子很多不良的心理暗示。在孩子粗心的时候，家长不要直接去告诉孩子结果，要让孩子去亲身体验、感悟。也不要因为孩子粗心就去责怪他，更不要去一遍遍地提醒孩子"不能粗心"。要是家长一再地说孩子粗心，做事慢，孩子就会形成一种习惯，真的认为自己粗心，因为孩子潜意识里只接受有实质性意义的信息，比如说："以后不要再这样粗心大意了！"反而会让孩子加重粗心大意的印象。

针对孩子的粗心，家长应该这样：在他粗心的时候不理睬他，淡化他的粗心，然后在他偶尔不粗心时马上表扬他，强化他的细心，这样他就会逐渐朝着细心的方向发展了。

要让孩子保持健康的心理，多给孩子细心的心理暗示。家长把目光放在孩子的细心上，那么孩子心里就有一种自己"细心"的心理暗示。孩子小，自我意识薄弱，很在意周围的眼光，家长应该把注意力更多地放在孩子的优点上。纠正粗心，养成细心的习惯，也要有一个良好的家庭氛围。

## 面对孩子的浮躁你的耐心有多少

今天的社会是一个比较浮躁的社会,在巨大的生存压力下,孩子们也沾染了这种浮躁。面对孩子的浮躁,家长也是大为恼火,经常可以听到这样的抱怨"我的孩子真让人恼火,一会儿说作业多了,烦;一会儿说又要测验了,烦;一会儿说又要期中考试了,烦……"

烦!烦!充斥在我们的家庭里,包围着每个孩子和家长。

家长最听不得孩子说烦了,孩子一说烦,家长自己跟着就心烦,于是就忍不住要说孩子,一说孩子,孩子就和家长顶嘴,就不高兴。家长只有无奈的感叹:"你说这孩子,是不是太不懂事了?"

其实在孩子说烦的时候,家长就听孩子说,孩子说:"作业实在太多了,烦。"家长也可以随孩子说:"是呀,老师要是能少布置一点儿作业就好啊。"孩子说:"几乎天天都要测验,烦。"家长也可以说:"是呀,一天到晚把神经绷得紧紧的,并不利于学习呀。"

家长这样顺着孩子说,实际上是帮助孩子把心里积攒的不良情绪吐出来,让孩子及时抛弃那种"烦"的心理状态,清除掉孩子的情绪垃圾。

如今的孩子学习压力很大,要是能始终保持饱满的热情,不叫苦,不喊烦,那真是再好不过了。但是对于一个正在成长中的孩子来说,要做到这一点实在是很难。

既然孩子做不到,那么回到家来,诉一诉苦,喊一喊烦,是很正常的,没什么大不了的。孩子发泄之后就会变得轻松起来,也会很快地投入到正常的学习中去的。

在孩子说烦的时候,做家长的千万不要用那些大道理去堵孩子的嘴,更不能拿出大人的派头教训孩子。孩子说烦，家长就好好地听着，这其实是对孩子必要的尊重和爱护。

面对孩子的浮躁，家长要耐下心来，学会控制自己的情绪。很多家长都不会想到，孩子不良情绪的来源往往是家长自己。

孩子如果遭到了不公平对待，被人误解，遭人嘲笑，自尊心受到伤害等等都会让他有情绪，甚至发怒，而这些往往是家长造成的。

家长在和孩子进行有效地沟通的时候，除了讲究沟通的技巧外，还要调理好自己的情绪。面对孩子，家长自我感知情绪，调整好、控制好情绪，会形成家庭温馨良好的氛围，改善与孩子的沟通。

家长要调控好自己的情绪，就必须先对情绪有个基本的了解。

人的情绪分为三大类：第一类是积极的喜悦情绪，包括快乐、欢欣、满意、怡悦、得意等；第二类是负向情绪的抑制状态，包括厌恶、悲伤、焦虑、恐惧、担忧等；第三类是敌意状态，也属于负向的情绪，包括愤怒、憎恨、嫉妒、怀疑等。愤怒的情绪，如发脾气、不出声最能破坏人际关系，引来冲突。

家长在带有负面情绪的情况下去教育孩子往往会放大孩子们的过错。家长由于没有很好地控制住自己的情绪，往往对孩子吹毛求疵，甚至动辄打骂，这对孩子形成健康的良好的情绪十分不利。

如果家长不能很好地处理自己的情绪，这会使自己的孩子渐渐地沦为情绪的奴隶。通常情况，当家长情绪不好时，孩子又在身边，此时孩子最容易成为家长的出气筒。家长愤怒时往往会失去理智，对孩子说出的话，做出的事，不是大喊大叫的辱骂，就是有摔摔打打的举动。当这一切结束时，家长会感到后悔内疚，决心以后绝不重复这样的行为了，但是，愤怒再次袭来时，试图不再生气的决心不但没起作用，甚至更糟糕。

家长把怒气撒在孩子身上，这虽然能够使父母得到一时的解脱和轻松，但是对孩子却起了很大的副作用。家长要学会调整自己的情绪，学会"冷处理"，等心平气和后再和孩子沟通。

家长必须提升自己的自我调节能力，做情绪的主人，清晰意识到自己的情绪，认识自身某一情绪发生的原因，千方百计使自己恢复到积极的情绪。这样，家长才能以自己的一个良好的情绪去带动孩子健康、积极的情绪。

情绪虽然很难调节，但又不能总让它憋在心里，那就要学会释放，让它尽快发泄出去。"早点消气"，这也是一种调节，虽然不是最积极的方法，但是对于良好情绪的恢复也是有利的。家长有负面情绪的时候要学会宣泄，就是要学会把自己不良情绪及时宣泄出去，及时宣泄自己的羞怯、气馁、愤怒、怀疑等消极情感，如在单位或外面遇到不愉快的事，应先向家人倾诉取得家人的理解、劝慰和支持。还可以干力气活儿、做家务等宣泄心中恼怒。

# 别把孩子的人生填得太满

李安生长在书香之家，是台南一中校长李升的长子，李安从小并不优秀。他的父亲希望他读博士、当学者，于是他曾经为李安请来台南的名师帮他补习功课，但李安的成绩仍不见起色。

李安两次考大学都是名落孙山，心里极度烦躁，在家里面对那些学过的书籍仿佛自己就在世界末日里，他愤怒地把桌上的台灯、书本统统扫到地上，然后跑出家门透透气。

后来李安根据自己的兴趣考上了艺专影剧科，他感到"灵魂第一次获得解放"的自由和快乐，这个时候，李安才发现"原来人生可以不是千篇一律的读书与升学"。

李安在舞台上找到了真正的自己，学芭蕾、写小说、练声乐、画素描，才华在艺术世界里渐放光芒。他执导的电影《卧虎藏龙》获得了奥斯卡金像奖4项大奖，自己也成为了著名的导演。

李安的人生经历和感悟给人以启迪。"原来人生可以不是千篇一律的读书与升学"，每个人的人生都是多姿多彩的，那些望子成龙心切、正在为孩子选择人生道路的家长，可以通过李安的成长经历去理解孩子成长的真意。

孩子的读书、升学、成才是每一位家长都要面对的事情，很多家长在心中早就为孩子规划好了人生的主线。家长因为对孩子寄托着太多的期望和梦想，从孕育生命开始，家长们就行动起来，进行一系列的教育：胎教、早教、幼教、智力开发、外语培训、艺术启蒙、学习计划、培养目标、职业前景，早就替孩子做了周密细致的规划、安排，几乎要把孩子的人生填满。

每个孩子自身就是一个多姿多彩的世界，每个孩子都渴望呼吸自由的空气，每个孩子都期盼在快乐的天空下成长。家长如果无视孩子们的天性，只关注读书、升学这一件事，不能不说是教育的失误、人生的遗憾。

尤其是关乎孩子前途命运的高考，它已经成为孩子"生命中不能承受之重"，不仅因为马拉松式的备考让孩子紧张、焦虑、压抑，更让孩子和家长难以释怀的是，他们将面对或是失误的懊悔，或是对落榜的担忧，或是对前途的迷惘。此时，家长的怨尤只会让孩子深感挫败，空洞的说教只能让孩子产生逆反，而大人们最应该做的，是宽容和理解、疏导和安慰。

"孩子，累了就回家吧。"

这是一位平凡的母亲对儿子说的一句平常话。两次高考落榜的周仕谋在民办大学毕业后，在大城市里仍然找不到一份合适的工作。无奈之下，他给家里打电话，话筒那边，传来了母亲这句话。他回到家乡，母亲没有责怪他，而是默默地用自己的爱温暖着他，就像小时候一样，每天早晨一起来，母亲就会为他泡一个鸡蛋；见儿子瘦了，母亲就把家里那只下了四年蛋的老母鸡杀了给他补身子。当得知他想要点钱买笔墨稿纸写小说时，母亲没有因为家里穷而反对，反而默默地支持他。终于，他的长篇校园小说《民办大孩子》出版了，几部有影响的作品也相继问世，他成了青年作家。

讲这个故事是想告诉那些望子成龙的家长们，要学会"减压"，学会"放下"，在孩子高考失败时、人生失意时、落寞无助时，别只为孩子的前途担忧和纠结，也应当悉心关注呵护孩子的心灵世界，发自肺腑地说一句："孩子，累了就歇歇吧！"

## 第六章

### 蹲下来平等对待孩子

孩子的眼光和成人是不同的,孩子看到的世界和大人看到的世界也是不一样的,所以只有当家长也蹲下身子,才能真正地走进孩子的世界。

家长要做到平等对待孩子,首先就要抛弃那种居高临下与孩子说话的姿态,蹲下身来。

## 家长，蹲下你"高昂"的身姿

孩子一出生就如同一本无字的天书摆在家长面前，从童年一直走到成年，每一位家长都是一天天地看着他们成长，如同在一页页往后翻看。但真正读懂它却十分不容易。为人父母者往往只会发出"孩子越大，就越不了解他"的感叹。是呀，作为家长，你何时真正走进孩子的心灵？随着孩子的渐渐长大，在心灵上和孩子也是越走越远，代沟也随之产生。

有一个叫明明的男孩子，机灵聪明，由于他的可爱，大人们常常喜欢逗他玩，他也常常回敬大人说："你又不是我，我的感觉你怎么会知道。"听到小家伙这样的回话，大人们都是一愣一愣的，看着他稚气无比的神态，真不敢相信这话是从这么个小孩嘴里冒出来的。作为家长，想想我们到底对孩子了解多少？是否知道自己的孩子心里都在想些什么呢？

"我就是我，不要拿我和别人比。"这是孩子们常常对自己父母说的话，也是他们的心声。

很多的孩子都有类似的经历：他们自己经常都不知道自己在想什么，也不知道自己想要什么。从记事起，他们的父母就不断地拿别人和他们比。尤其怕开完家长会后，他们的家长总是认为别人家的孩子好。用这些孩子们的话来说就是："我不是不想学好，我也在努力，可为什么我的成绩他们都看不到呢？我甚至都不想再待在家里了，我讨厌任何人。为什么他们都不能了解我呢……"

家长如果不能走进孩子的心灵世界，就不能给孩子以正确的引导。许多孩子在心理上都有问题，其症状主要表现为焦虑、抑郁、神经衰弱和强迫症等。据分析认为，引发孩子心理健康问题增多的主要原因是：孩子的学习压力大、社会不良影响大而心理排解又比较少。

面对孩子的心理问题，做家长的有没有想过孩子内心的想法？难道没有反思是不是自己的家庭教育出了差错？

常言道："蹲下来和孩子说话，站起来教孩子做人。"

由于现在很多家庭里都是独生子女，做父母的过于疼爱，面对社会激烈竞争的残酷，心里希望自己的孩子早些做准备，准备得好些，再走上社会。换而言之，家长在为孩子不断提供良好物质生活条件的同时，把自以为无微不至的"关怀"也从学习到生活不停地强加给孩子。

家长们总是对孩子说："这是为你好，你还是个孩子，你懂什么？你只要按照我们的安排去做就可以了。"

说这些话的时候，家长往往忽视了孩子也是独立的个体，也有自己真实的想法和感受。此时面对孩子，家长是埋怨的，是恨铁不成钢的，老是觉得别人的孩子比自己的孩子好，老是觉得孩子不听话。在孩子面前一个劲儿地说别人家的孩子如何好，说这些话的结果往往是在伤孩子的自尊，让孩子在心中造成"父母不爱自己"的假象，会形成孩子和家长之间的矛盾。

解决这些矛盾的最好办法是家长蹲下身子，用孩子的视角去看世界、想问题。家长走进了孩子的内心世界，一切事情就迎刃而解了。

"蹲下身子和孩子说话"不仅要身体的肢体蹲下，家长还要在内心里蹲下，要用心平视孩子。

家长只有在蹲下身来后才会以孩子的视角去看待世界，才可以更好地理解孩子。蹲下身来是为了从内心里去尊重孩子，去赢得孩子的心。

而现实中，很多家长在平时教育孩子的时候早已习惯了高高在上，习惯站着说话，习惯对孩子发号施令，习惯把自己的思维和主观愿望强加到孩子身上，从来不会去站在孩子的立场，去考虑孩子内心的想法。

孩子一旦不按照自己的意愿去做的时候，家长就会对孩子感到失望。"家长制"的父母会强制孩子按自己的意愿行事，根本不会考虑孩子的感受，最后得到的结果往往适得其反。

对孩子进行专制和强制的教育方法不如用"蹲下来说话"的对话方式教育孩子效果好。由于孩子处在生长发育阶段，本身的自控能力比较差，情绪很容易受到外界环境的影响，面对家长的高声训斥，孩子会因受到突然"袭击"而精神高度紧张，根本听不进你说的话，也就谈不上什么教育效果了。

家长的一味指责，严重影响了孩子的情绪，使孩子失去了对家长的依赖感、信任感。作为孩子的家长，请你蹲下身来，用你充满爱意的目光与孩子的目光平等交流。蹲下身来后你就可以用孩子的视角来观察这个世界。蹲下身来在心灵上与孩子完全处于平等时，孩子才会敞开心扉，把他的真实想法告诉你，你只有在了解了孩子的真实想法之后，才可能有的放矢地教育孩子。

作为家长，当你从内心里蹲下身子的时候，心里会充满智慧的爱，会用自己的眼睛平视孩子的眼神，放慢脚步去欣赏孩子的优点，会专心倾听孩子的童言童语，很快就会发现不一样的东西。"哦！原来这就是他那样做的理由！"由于对孩子有全面的了解，所以内心就有了更多的包容，就会减少亲子冲突。在此对家长蹲下身来提出5条忠告：

1. 一定要让你的孩子看见你的头顶。

家长和孩子对话的时候，一定要记得自己要蹲下身来，靠近孩子，让孩子有机会近距离看见父母温柔的眼神、慈祥的微笑，而不是每次只能看见父母的鼻孔或下巴，要让孩子觉得你是可以平视说话的对象。

2. 一定要发自内心地去听听孩子的说法。

和孩子交流要先了解孩子内心的想法及说法，作为家长千万不要一开始就去否定他的想法和说法。家长能平等地和孩子说话，是增强孩子独立意识的有效方式。有的家长在家里总爱耍威风，对孩子是呼来唤去，常用命令的语气对孩子说："把我的眼镜拿来！""不要动那本书！""今天晚上不准出去玩！"家长的一时痛快，换来的是孩子最后的漠视。家长在孩子面前耍威风耍久了就会发现，孩子们慢慢地不吃这一套了，而是常将家长的一道又一道的命令当耳旁风。

3. 挖掘孩子的潜能。

每个孩子都是不同的，有着自身的发展规律。有的孩子很会说话，有的孩子很会唱歌，有的很会数数，家长的目光要多多欣赏孩子的优点，不要总是停留在孩子的不足上，更不要一味计较孩子哪些方面做得还不够好，先培养孩子足够的自信，以后才能让孩子有全面的发展。如果连信心都没有了，孩子将来还怎么去成长。

4. 作为家长，面对孩子的时候请多一点儿耐心，再多一点儿耐心。

常言说："在孩子学会喊'爸爸'前,你必须先对着他说出 N 多次的'爸爸',他才能学会。"许多事情也都是同样的道理,做任何事情,孩子需要的是多一点儿时间去学习。作为孩子,他本身就是一个独立的个体,有着自己的思想、自己的人格和尊严,他们都希望父母能够给予他们尊重和平等。作为家长,只有和孩子站在同一水平线上,孩子才会在内心上感受到父母对自己的尊重。

5. 作为家长一定要记住,孩子做得越多就会越灵活。

每一个做家长的都希望自己的孩子能力强、做事利落,要想做到这一点,那么就应该从小给孩子更多自己动手做的机会。孩子多做一些肢体运动,不仅有助于刺激脑部发展,还能增强孩子手眼协调的能力。孩子在活动中能获得丰富的经验,这些都能为孩子带来学习兴趣,当孩子再面对其他事情时,便能更加快速地思考如何应变。

家庭教育是充满智慧的,对于家长来说,只有站在和孩子同等的高度去看待孩子眼中的一切事物,才能真正理解孩子在想什么,知道孩子真正需要的是什么。蹲下身来用孩子的眼光去看这个世界,用孩子的心态去衡量孩子所要做的一切,相信我们都会有一些新的感受和想法。培养孩子的关键还是让他在快乐中成长。

## 蹲下来看孩子的世界

孩子的眼光和成人是不同的，孩子看到的世界和大人看到的世界也是不一样的。家长往往以自我意识来认识孩子，然而只有当家长也蹲下身子，才能真正地走进孩子的世界。

一天，一个教育家在台阶前与一名小孩子谈话。小孩子的个子很矮，为了和教育家说话，不得不仰着脸。看着她吃力的样子，教育家习惯性地蹲下身子，以便和她进行"平等对话"。没料到她突然猛跑几步，跳上台阶，站在和教育家差不多平视的地方和他说话。台阶上的孩子声音变得铿锵有力，眉宇间充满了自信，一副神气的样子。

教育家觉得很奇怪：这孩子怎么啦？我蹲下来跟她说话还不够吗，非要站在高处才算和我平起平坐？于是问她："你为什么要站那么高啊？"她的回答干脆而认真："站高了，才好和您说话呗。您可别把我当小孩子！"

这个"不想被别人当小孩"的小孩子，以台阶为垫子，瞬间"抬高自己"，只是为了"好和大人说话"。要是在平常这不过是件寻常小事，可是细细一想，小孩子这样做蕴含了很多道理：家长主动蹲下身子，强调的是成人与孩子的平等，是成人采取主动的姿态；孩子垫高自己，强调孩子与成人的平等，强调了孩子的主动性。

家庭教育就是要培养孩子的主动性。

孩子与成人的平等对话，自然会促使成人把孩子当成人看待，让孩子享受成人的礼遇。成人礼遇中所包含的尊重、信任、文明、礼貌等，又会潜移默化地感染孩子。在尊重和信任中长大的孩子，也必将学会对别人给予尊重和信任。

孩子与成人平等对话，符合孩子的成长规律，促进孩子面对未来、展望未来。孩子从小就爱模仿成人，渴望长大；孩子本来就会长大，长大成人是他们的心愿。所以，平等地看待孩子顺应了孩子的发展规律，保护了孩子的自我完善，它是一种能促人上进的超前平等。

蹲下身子，平等的内涵停留在孩子水平；孩子站起身来，平等的内涵跃升到成人水平。成人的平等意识可以引导孩子的心理、意识跟上身体成长的步伐，逐步走向成熟。这种平等意识对于改变目前孩子们备受宠爱，导致思想和言行相对幼稚的现状非常有益。

斯特娜夫人说："常受斥责，孩子对这种斥责就会习以为常，母亲也失掉了权威，使母子之间产生隔阂。其结果，对孩子的教育就彻底失败了。"

人和人之间需要经常在思想上、感情上进行平等交流，每一个成长中的孩子也有这种平等交流的渴求。

家长要做到平等对待孩子，首先就要抛弃那种居高临下与孩子说话的姿态，蹲下身子，以平等的态度对待孩子。

家长要用希望了解、希望倾听的态度与孩子说话，向孩子表示尊重他的能力，尊重他的独立性。尽管家长对孩子所做的许多事情认为不尽如人意，但是也不要不屑一顾，更不应该对孩子过多地挑剔指责。

家长可以明确地告诉孩子："我想听听你对这件事是怎样理解的？""让我弄清楚是不是正如你所说的。"家长要丢掉成年人的认识框架，从孩子的角度来理解他们的世界，并给予引导，让孩子通过自己的经验学到知识。

当家长像知心朋友一样，向孩子请教一个问题，与孩子商量决定一件事时，孩子一定非常高兴。因为这样能让孩子感到自己存在的重要，尝到平等相处的快乐。家长把孩子当做平等的伙伴、交心的朋友，在家庭教育中可以产生意想不到的效果。

## 看看孩子从你身上学到了什么

在家庭教育中有这么一个现象，那就是父母彼此之间的生活态度，几乎决定了孩子的一生。对于一个孩子来说，生活几乎只有二重选择，要么与父母保持一致，从父母身上接受各种不同的因素；要么与父母完全不同，走向相逆的发展道路。

孩子除了接受父母教给的东西外，还会从观察家长的行为中获得各种生活知识。孩子会学习家长处理各种压力、焦虑和沮丧情绪的方法。当家长在情绪不好时大吵大闹，孩子在一旁静静地看，即使家长的叫喊和尖叫并不是针对他，但父母的过激行为仍会让孩子在遇到心情不好的时候去模仿，学家长的模样来发泄自己愤怒的情绪。当然，如果家长能很好地控制住自己的情绪，孩子也会学习这一点的。

请家长记住，有一双纯真的眼睛总是注视着你，这一点非常重要。表达愤怒、挫折和焦虑是可以的，但是要用健康的方式，帮助你的孩子理解你面对问题时的情绪是更有效的方法。

其中还有一个有趣的现象，那就是孩子越和父母的关系良好，就越会学父母的行为；但如果与父母关系恶劣的话，行为模式之间的差异，就正好完全相反。

例如一个在严重酗酒家庭中长大的孩子，在成年后往往只有两种选择：其一是非常讨厌喝酒，其二是也成为一个酒鬼。

对于一个从小生活在父母双方激烈争吵环境中的孩子来说，孩子长大后会对婚姻关系产生恐惧与不安，往往在过度依赖伴侣的同时，又容易怕伴侣对自己不好，无端产生猜忌与怀疑。

类似的现象还有许多，这都说明了一个问题，孩子绝不是家长用言语、规则，甚至是棍棒所能够教育出来的。

在实际日常生活中，父母就是孩子心目中的模仿对象，家长要想教孩子成为怎样的人，自己首先就应该成为这样的人。例如父母想培养孩子成为一个诚实的人，首先自己要成为一个诚实的人，无论是对外人，还是对家人都能做到这一点。并且，还要与孩子保持良好的关系。这样孩子跟着家长学，自然也会变得诚实起来。在绝大多数情况下，满口谎言的家长很难培养出诚实的孩子，除非家长和孩子的关系非常恶劣，使孩子正好向相逆的方向发展。

事实上，父母的心理素质决定了孩子的心理素质。据一项调查发现，60%以上的心理问题，都与童年时的不良家庭模式有关。一个心态健康的孩子，在人生的道路上，通常能活得开心自信，充分发挥潜能，变得更加成功；一个心态不健全的孩子，即使拥有大量的财富与机会，也会因为自己的心理问题，而最终导致错误与失败。作为家长要留给孩子一个健康自信的快乐心灵。

孩子的眼睛每天都在关注着父母，在孩子的心目中，父母就是最安全的保障，父母的形象也是最完美的。孩子是看着父母的脊背长大的——孩子做人的第一个榜样就是父母。

农民的孩子看到父母在田间辛勤劳动，孩子自己也慢慢学会了劳动，看到日夜操劳、勤劳俭朴的双亲，孩子的内心便学会了关心体贴，人也变得勇敢坚强，不怕生活的重负。这就是家长在日常生活中所起到的润物细无声的榜样作用。

如今有些家长动不动就说孩子这也不行那也不行，其实是家长自己的言教身教不行。作为家长要随时提醒自己：小心自己的态度，它会形成思想；小心自己的思想，它会影响自己的行为；小心自己的行为，它会影响自己的习惯；小心自己的习惯，它会影响自己的性格；小心自己的性格，它会影响自己的命运。

一定要记住身教重于言教。在孩子面前要有君子之为，同时又须务实求真。孩子在家学习时，家长只要一回家，也应在旁学习或工作。在孩子学习的时候，家长不应去看电视或打牌、喝酒、梳妆打扮等。

无论你为孩子创造了多好的学习环境，孩子在学习时，家长在旁却没有学习或劳作，这孩子肯定学不好！反之，无论家庭多么贫困，只要孩子学习时看到全家人都在劳作，孩子肯定会认真地学，并且学得一点儿也不差。

其实孩子的心是块空地，种什么就长什么。

家长的检讨反思就像解剖刀，对着自己，是件很痛苦的事情，但是，作为家长就要随时这么做。因为家长的角色表现出来的是家长拥有什么样的人格魅力！很多生活行为上的细节决定着孩子成长的成败。很多时候，孩子出了问题，家长不知道是怎么回事，这是不应该出现的。所以，家长的检讨就是为了以后少犯错误，从而让生活更精彩。

## 孩子会输在起跑线上吗

如今在家长中广泛流传着"不能让孩子输在起跑线上"的口号，日常生活告诉我们，起跑线上的争分夺秒，只有对 100 米、200 米的短跑才有意义，而人的一生则是一场漫长的马拉松，其教育的成效、成才或成功与否要二三十年后才有结果，根本就不是一场速战速决、比起跑、比爆发力的竞赛。

将对孩子的教育比喻为一场短跑比赛，其实是对家长的一种根本性的误导，是商家为获得利益的广告词。就马拉松运动而言，在起跑线上的竞争并不重要，就是连前半程的成绩也不算什么。它比试的是运动员持久的体力、耐力，整体的协调、配合、掌控能力，把握现场、随机应变、危机处理的智慧和悟性等等。

往往那些急于求成、一马当先的领跑者，到最后都不一定是优胜者，只有那些具有良好的身体和心理素质、具有整体战略和具体策略、沉稳大器的运动员，才能通往胜利的终点。

孩子的人生也如马拉松运动，最初的几步没有那么重要，这已经被大量的事实所证明。牛顿、爱迪生、爱因斯坦等在少年时期都被认为是愚钝的笨孩子，但他们却"大器晚成"。鲁迅、胡适、郭沫若的成才之路也是比较坎坷的，他们是在漫长的探索中逐渐确定自己的方向。鲁迅 1905 年在日本仙台医学专门学校学习，春季升级考试的"成绩报告单"如下：解剖 59.3 分、组织 72.7 分、生理 63.3 分、伦理 83 分、德文 60 分、化学 60 分、物理 60 分，平均分数 65.5 分。但这并没有妨碍他成为伟大的作家。

不是说孩子学习知识不重要，这里想说的是孩子的分数没有那么重要，孩子的成长、成才是一个非常复杂的过程，家长对孩子成长的认识远远不如

对物质世界、自然规律的了解。

孩子是一个独立的个体，有他自身特定的生长阶段，也有自身的独特功能和使命。孩子不是小大人，也不应是家长为实现自己的功利目标的工具。

家长要发现孩子的优点，尊重孩子，把孩子当做孩子来看待，游戏是孩子的天职。在西方国家，往往以法律的方式严禁在幼儿园进行知识教育，这不仅仅因为在这个阶段，孩子的身体健康、心智发展和社会化远比知识教育更为重要，也是基于孩子的认知规律。一个孩子5岁时难以掌握的运算，7岁时易如反掌。

很多家长被望子成龙的愿望所驱赶，以牺牲孩子的睡眠和健康为代价，逼迫孩子从事各种高难度的学习。看看孩子的处境是不是如同马戏团里的小动物，他们本应在草地上无忧无虑地嬉戏玩耍，却被迫战战兢兢地钻铁圈、走钢丝。

过早过多地给孩子学习上的压力，会导致孩子在精神和心灵的夭折。输在"起跑线"上最有可能的是孩子精神上"早夭"。就目前家长教育孩子的观念来说，多少都带有功利性的目的，大多并非来自对成才或成功的追求，再加上小学升初中或中考的现实压力，他们忍痛牺牲了孩子的健康和快乐，被逼无奈参与到考证热和择校热的洪流中。

## 要知道孩子犯错误是他的权利

一天,陶行知看到一位姓王的男生要用石头砸其他同学,及时制止了他,让该男生先到校长室。等陶行知回到办公室时,见男生已经在那儿等候了。陶行知掏出一块糖给他:"这是奖给你的,因为你比我先到办公室。"接着又掏出一块糖,"这也是奖给你的,我不让你打同学,你立刻住手了,说明你很尊重我。"男生将信将疑地接过糖果。陶行知又说:"据我了解,你打同学是因为他欺负女生,说明你有正义感。"陶行知掏出第三块糖给他,这时孩子哭了:"校长,我错了,同学再不对,我也不能采取这样的方式。"陶行知拿出第四块糖:"你已经认错,再奖励你一块,我糖发完了,谈话也该结束了。"

每个孩子的内心深处都有一个向上的幼芽,家长一定要去保护它!人性的一个特点就是:追求快乐,逃避痛苦。在孩子做错的情况下首先要肯定他的好品质。

对孩子的处罚只是一种教育手段,当孩子犯错的时候,对孩子进行适当的处罚是必要的,关键是如何把握处罚的分寸。没有处罚的教育就是不完整的教育,没有处罚的教育是一种虚弱的教育、脆弱的教育、不负责任的教育。其实,孩子就是在挫折中长大的。家长要相信孩子的能力永远超出大人的想象。但是,处罚绝不等于体罚,更不是伤害,不是心理虐待、歧视,让孩子觉得难堪,打击孩子的自信心。

家长要记住对孩子的处罚是一把双刃剑,是一种危险的、高难度的教育技巧。

家长处罚孩子时，首先要保持冷静，明确处罚孩子的目的，而不是去为了伤害孩子，也不是为了剥夺孩子的权利，更不是要去打击报复他，甚至为了要去"教训"他，家长的目的是要帮助孩子认识到他这样做为什么不对，以及帮助孩子找到合适的解决问题的办法。

请谨记，家长在心情不好的时候，千万不要去惩罚孩子。因为这个时候家长很难控制自己的情绪，这时去处罚孩子，孩子的注意力完全放在怎样逃避父母的怒气上，不会去反省自己的行为。

面对犯错的孩子，家长首先应该做的就是保持冷静，并且了解事实真相。这通常是最难做到的。做家长的不妨这样去做：在脑子里冲自己大喊一声："要镇定！"慢慢地深呼吸三次，在心里缓慢地从1数到10；然后用平静的心态和孩子说话，从孩子那里了解事实。

家长要让孩子为自己的过失负责，当孩子知道自己犯了错的时候，内心都有一种要接受处罚的准备，这是一种心理需求。

为自己的愧疚承担责任，取得心理平衡。只有那些年纪很小的孩子，或是社会化程度比较低的人，才会选择逃避责任。

当孩子犯错的时候，也恰恰是对其实施教育的好时机，因为此时孩子内心产生了内疚和不安，这使他急于去求助父母，而此时明白的道理可能使他刻骨铭心。处罚的一个基本出发点和目的，是让孩子为自己的过失负责。

里根12岁的时候，在院子里踢足球，把邻居家的玻璃踢碎了。邻居说："我这块玻璃是好玻璃，12.5美元买的，你赔。"这是在1920年，12.5美元可以买125只鸡。里根没办法，回家找爸爸。爸爸问："玻璃是你踢碎的吗？"里根说是。爸爸说："那你就赔吧，你踢碎的你就得赔。没有钱，我借给你，一年后还。"在接下来的一年里，里根擦皮鞋、送报纸、打工挣钱，挣回了12.5美元还给父亲。里根长大后成了美国的总统，这是他在回忆录中写到的一个故事，他说正是通过这样一件事让他懂得了什么是责任，那就是为自己的过失负责。

孩子是在体验中长大的，不是在说教中长大的。一位教育学家曾经说过，教育有一个原则：孩子进一步，大人就退一步，凡是孩子自己能做的，大人就不要替他去做。

对孩子的处罚，还有一种就是自然处罚法。

有一位母亲看到自己的孩子做事情总是丢三落四，提醒多次，孩子的坏毛病一点儿也没有改变，没有办法，她只好在孩子的每个口袋里都放点钱，还在每个口袋里都装上自己的名片。而另一位母亲，采取的方法却截然不同。孩子参加暑假夏令营活动，在准备行李的时候，妈妈提醒孩子说："东西都准备好了吗？"孩子说："都好了，你就别管了。"妈妈一看，衣服带得不够，手电没带，就问孩子："那边的气候你知道吗？衣服够不够？晚上活动的东西都准备了吗？"孩子说："没问题。"这位妈妈就没再说什么。第二天，孩子背着包就走了。一个星期后，孩子回来。妈妈问："玩得开心不开心？""开心。""有没有什么麻烦？""哎呀，冻死了，没想到山里那么冷。""还有呢？""晚上活动没有手电很不方便。""那怎么办呢？""以后得像爸爸一样，出差之前列个单子，好好咨询一下。"

这个妈妈的方法让孩子体验到自己过失的后果。因为孩子冻一点儿，晚上麻烦一点儿，在没有任何意外危险的情况下，孩子经过这一次就会记住了。

斯宾塞说："对孩子拥抱、抚摸、牵手，也是教育的一部分。"

要对孩子进行教育，父母首先要教育自己。在小学、中学、大学，没有一门课程是教人们如何教育孩子的，可几乎绝大多数人都会生养孩子，会面临子女教育的问题。家长要记住：给孩子种下好的品质，将会给孩子带来一生的收获。

## 别以爱的名义控制孩子

在孩子与家长相处的关系中,有的人将孩子比喻成风筝,家长则是掌握风筝线的人,用力不足,失控的风筝将会漫无目的,家长的教育功能也随之丧失;用力过猛,则会束缚孩子飞翔的高度;要是家长将手中的线拉断,挣脱控制的风筝会游荡会跌落,而不会享受真正的自由。

家长请用心控制好自己手中的线,让孩子既能振翅高飞,又不迷失方向。在放飞孩子的时候也听听孩子的心声,孩子的心灵也需要理解和自由。

有一位心理咨询师经常遇到这种情况。家长为孩子预约咨询,往往是一来到咨询室,家长就会迫不及待地对孩子开始声讨:孩子多么不听话、不好好读书、难以管教、不知好歹。在家长的声讨中孩子们则总是低着头,不发一言。有些面带羞愤坐立难安,有些则觉得仿佛说的不是自己一般,无所谓。

小李是由她妈妈预约来接受心理咨询的。她16岁,长长的枯黄的头发披散着,就像她整个人一样完全没有生命力。

她的妈妈进门就指着小李说:"我快被她气死了,医生你一定要检查检查她有什么问题!"

原来小李不愿意上学,天天把自己关在家中上网、睡觉,不愿跟家人说话,否则就是冲自己的父母大发脾气。

她的母亲很激动地说:"她现在洗脸刷牙要一个多小时,冲凉不到两个小时不出来,脏衣服自己不洗还不让保姆洗。最近还暴饮暴食,看看她现在胖得哪像个女的,就这两个月长了近30斤!医生你说她怎么对得起我？我辛辛苦苦做生意挣钱，让她衣食无忧，在家呼风唤雨。为了她的未来我牺牲了多少，她怎么能这样不争气?!"

小李一直没说话，但从开始时的面无表情渐渐地变得不情愿，还有点愤怒。什么原因让花季少女变成了如今这副模样的呢?

小李的父母在她出生前就已经在做生意了，两人都很忙，不能照顾她。于是小李被送到亲戚家里，一直到上小学才被接回来，但是父母仍然没有时间照顾她，只好为她请了个保姆，保姆年龄不大，是个十八九岁的小姑娘。

小李小时候比较顽皮，经常会弄乱弄脏保姆才搞好的卫生，于是经常被训斥。童年里，小李印象最深刻的就是大人都很严厉、不随和，跟他们说话很紧张，这使得小李越来越胆小谨慎。保姆对清洁的关注也使得小李心里渐渐怀疑自己不卫生、很脏。

小李的父亲比较严肃，经常因为她做错事而严厉地批评她。母亲经常说她吃得太多了又胖了，穿这件衣服不好看等等。后来因为洁癖的原因，母亲管得更多，每天让保姆盯着她是不是又洗手了，洗脸冲凉是不是按照他们的安排做了。

他的母亲说："我们爱她，才会这样严厉。她还小又没有经验，还不知社会的复杂，我们才要教育她。她小时候我们的确是忽略她了，所以现在我们要补偿她。"因为愧疚，父母给她优越的物质生活，担心她的安全，便每天都让保姆接送她上学，放学后也不让她出门和同学一起玩，出去由保姆陪着，也只能和经大人同意了的人玩。

但小李并没有改变，而是越来越内向孤僻了，没有朋友、不爱说话，在学校独来独往，老师同学都不太喜欢她。

父母对她的要求也越来越多，对于小李在他们如此尽心尽力下还不能改正过来也更加愤怒。

在潜意识中，家长觉得自己为孩子付出了很多，做了牺牲，就应该有回报。家长以爱的名义在孩子身上寄托自己的期待，处理自己的问题。对于孩子来说，当他过多地承担了家长给自己的东西时，感受是复杂的，对父母既愧疚又愤怒,更多的时候,这些强大的情绪体验将使孩子攻击自己。小李就是这样,她无法跟父母反抗,而是选择"攻击"自己。

在亲子关系中,家长和孩子是最亲近的人,也最容易互相带来纠结痛苦。"我们都是为他好,都是爱他!"这句话几乎是所有家长的代言词。究竟是爱还是控制,很多家长区分不了,或者说潜意识里不愿意区分。

# 第七章

## 家庭教育是孩子成长的基础

　　著名教育家马卡连柯告诫家长说："你们自身的行为在教育上具有决定意义。你们生活的每一瞬间，都在影响着孩子。你们怎样对待别人，怎样对待工作，甚至怎样穿衣，怎样读报——所有这些，都看在孩子眼里。"

　　家长给孩子的是尊严，是在日常的生活中对孩子进行潜移默化的影响。在孩子生命成长旅程中，有阳光灿烂、积极进取时，也会有抱怨云云时。而不良家庭教育——结出不良果实。"训"不是家长的特权，身教与言教并举才是做家长的责任。对于孩子来说，他们需要的不是批评家，而是榜样的力量。

## 核心是为人处世

著名教育家马卡连柯告诫家长说:"你们自身的行为在教育上具有决定意义。你们生活的每一瞬间,都在影响着孩子。你们怎样对待别人,怎样对待工作,甚至怎样穿衣,怎样读报——所有这些,都看在孩子眼里。"

孩子在适应家庭环境的过程中,常以家长为最直接的模仿对象,来形成自己的心理定式和性格特征。人的性格中除了气质与遗传有关外,绝大部分都是后天形成的,而其基础部分是在幼年时期奠定的。

孩子婴幼儿时期对父母的态度特别敏感,父母的言行举止直接影响着孩子的情绪、意志和行为,时间久了就会转化为孩子的性格,所以,家长要在孩子面前要保持常态的、积极的、稳定的情绪,让孩子学会正面思维。

圣诞节的前夕,谢丽收到同班同学的好多圣诞贺卡,她高兴地到好朋友希拉里面前炫耀一番。可她没有想到,希拉里却拿出了比她多十倍的圣诞贺卡来,看着那么多的圣诞卡谢丽羡慕不已。

谢丽惊讶道:"你怎么有这么多的朋友?这中间有什么诀窍吗?"

"哪有什么诀窍,主要是我学会了真诚和热情,学会了欣赏别人。其实这一切都是……"希拉里给谢丽讲了两年前她的一段往事:

事情发生一个五月,那天,在暖洋洋的春光里我和爸爸到郊区公园散步。在那儿,我看见一个穿戴很滑稽的老太太。天气已经暖和得只穿件单衣就够了,可她却紧裹着一件厚厚的羊绒大衣,脖子上围着一条毛皮围巾,仿佛身处冰天雪地里。我轻轻地拽了一下爸爸的胳膊说:"爸爸,你看那位老太太的样子多可笑呀。"

当时微笑着的爸爸，听了我说的话，脸色一沉，表情显得特别得严肃。他沉默了一会儿说："希拉里，我突然发现你缺少一种本领，你不会欣赏别人。这证明你在与别人的交往中少了一份真诚和友善。"

当时我觉得爸爸有些小题大做了，就很不服气地问爸爸："你难道不觉得那位老太太的样子很可笑吗？"

爸爸说："和你相反，我很欣赏那位老太太。"我听了以后惊讶极了。

爸爸接着说："那位老太太穿着大衣，围着围巾，也许是生病初愈，身体还不太舒服。但你看她的表情，她注视着树枝上一朵清香、漂亮的丁香花，表情是那么生动，你不认为很可爱吗？她渴望春天，喜欢美好的大自然。我觉得这老太太令人感动！"

这时，我仔细地看了一下，那位老太太确实像我爸爸说的那样，眼睛中闪动着某种渴望，荡漾在她脸上的笑容掩饰不住她内心的喜悦。

爸爸领着我走到那位老太太面前，微笑着说："夫人，您欣赏春天时的神情真的令人感动，您使这春天变得更美好了！"

那位老太太似乎很激动："谢谢，谢谢您！先生。"她说着，便从提包里取出一小袋甜饼递给了我："你真漂亮……"

事后，爸爸对我说："一定要学会真诚地欣赏别人，因为每个人都有值得我们欣赏的优点。当你这样做了，你就会获得很多的朋友。"

希拉里从此一直牢记着父亲的教诲，从中学到大学，直到走向社会，她的人缘一直都很好，无论走到哪里，她都是大家围绕的中心。

家长教育孩子怎么去做人是家教的真正目的。你欣赏别人，那么孩子也会学着欣赏别人。但不是表面上的简单地去赞美别人，有一颗欣赏的心能够折射出一个人美好心灵的积极的思维方式。孩子纯洁的思想，可使微小的行动变得高贵。孩子学会欣赏别人，就会养成一种积极的思维方式，它可以使他受用一生。如果我们也这样培养孩子，那他无论是学习还是其他方面能差吗？

## 你应给予孩子本有的尊严

你应给予孩子本有的尊严，是在日常生活中对孩子进行潜移默化的影响。科学研究表明：孩子最早的学习是从模仿开始的。他们从很小的时候开始，就会将看到、听到、感觉到的东西"溶化"在正在发育的大脑里，并在以后的生活中不知不觉地加以效仿。

前苏联著名教育家马卡连柯说："父母是孩子人生的第一任老师，他们的每句话、每个举动、每个眼神，甚至看不见的精神世界都会给孩子潜移默化的影响。"

在日常生活中，家长吹胡子瞪眼、唾沫星子乱冒的"训子"场面，并不少见。这些家长自以为"训"是家长的特权，更有甚者对孩子以拳打脚踢相待。"训"的结果往往事与愿违，在伤害孩子尊严的同时也增加了孩子的抵触情绪。"身教胜于言教"，"训"不是家长的特权，身教与言教并举才是明智之举。对于孩子来说，他们需要的不是批评家，而是榜样的力量。

在河南省一个偏僻的小山村里，王氏三兄弟相继成了博士研究生。他们来自农民家庭，家境贫困。

他们成功的秘诀在哪里呢？在于父母的以身作则、言传身教。王氏夫妇在三个儿子入学前和求学历程中，用自己好学的行为来影响他们，两代人每天挑灯共学的读书氛围一直延续到三个儿子都上了大学。更为高明的是：他们当年那么穷困，却长期订阅文学杂志和传习世界名著，使三个儿子不仅读了数遍，还讨论了数回；在他们一贫如洗的四壁上，贴满了各种纸条，上面写着做人的名言和警句等。三个儿子就是在这样贫困、然而格调高尚的氛围中长大的。家长的这种言传身教对他们的文化修养、人生感悟、人格升华，都产生了极其深刻深远的影响。

王氏夫妇教子的精华是培养孩子怎么去做人，在极其贫困中培养孩子的坚忍不拔、自强不息、勤奋好学的精神。正是这种不屈的精神铸就了他们不屈不挠的性格，促进他们奋发向上，充分发挥各自的学习潜能。

苏霍姆林斯基有一句教育名言："父亲和母亲们，你们在孩子身上延续自己！"

孩子在父亲和母亲的潜移默化中启蒙成长，父母是什么样，孩子就会跟着学什么样。这句话提醒着家长：一定要严格要求自己，要做到言传身教。

美国前总统肯尼迪的家族一门三杰在政坛上显赫一时。当时出任英国大使的肯尼迪老先生常常在饭桌上和孩子们大谈特谈当时的政治风云和国内各党派的竞争和立场，并且鼓励孩子们自由发表他们对世界大事的意见，遇到意见分歧时便激烈辩论起来。在讨论中，孩子不但对政治增加了认识，而且对国内国外的事都产生了浓厚的兴趣，常常各自到图书馆寻找更多的资料来阅读。结果一个儿子成为总统，两个成为议员。

对于孩子来说，大人给予他的最大的肯定就是让他也参与到其中，并给他出谋划策。比方说，他一时兴起，想做一个蛋糕，没做蛋糕经验的你可以和他一起学习研究烤蛋糕的程序，然后一起做，最后一起分享。所以从这种意义上来说，言传身教也就是家长参与到孩子的成长过程中，你参与了也就是给他的最好的鼓励和肯定。

赖斯和中国许多家庭的孩子一样，她3岁的时候，望女成凤的母亲就给她报了个"特长班"——学习古典钢琴。经过老师的训练，虽然她还不能完整地讲完一句话，但却已经能够识乐谱并开始演练巴赫、莫扎特和柴科夫斯基的曲目了。9岁那年，父亲带她去华盛顿"开眼界"、"见世面"。没想到，在白宫美国总统的办公桌前拍照留念时，女儿"认真"地对父亲说："总有那么一天，我会来这里工作的。"当时，听到女儿这番不知天高地厚的"誓言"，父亲并未妄自菲薄而是积极引导。他对女儿说："即使你在餐馆里一个汉堡也买不起，你也有可能当上美国总统，如果你付出双倍的努力，或许能赶上白人的一半；如果你愿意付出四倍的努力，就得以跟白人并驾齐驱；如果你愿意付出八倍的努力，就一定能赶在白人的前头。"父亲的这席话，树立了女儿今后的奋斗方向。经过刻苦学习，15岁那年，她以优异的成绩考上了丹佛大学。在丹佛大学求学时，全班70个孩子中，只有3个黑皮肤的孩子，她就是其中的一个。

自信自立的基础是自尊。如果一个人是在羞辱中长大的，那么他的自尊心是残缺的，他的内心是自卑的。如果你不希望你的孩子将来像奴隶一样生活，那么就不要去肆意践踏他的尊严，把孩子的尊严还给他，好好地爱护孩子的尊严。

## 要给孩子树立信念

孩子幼小的心灵就如同一张白纸，不同的家庭教育可以画不同的图画，塑造出孩子不同的品性，常言说：没有教不好的孩子，只有会教和不会教的父母。可见家长使用的方法是否妥当，直接影响着家庭教育的效果。家庭教育的核心就是做人的教育。做人的教育就要培养孩子的信念和善心。孩子的信念就是孩子积极行动的一面旗帜。

信念是人们对某种思想或事物坚信不疑并身体力行的心理态度和精神状态，它是由目标、信心和恒心凝聚而成的一种强大的精神力量。人一旦拥有了清晰的目标、坚定的信心和坚强的毅力，那他的人生必定是充实而精彩的。

信念可以使一个人、一个企业、一个国家、一个民族产生无穷的力量去面对逆境，并最终从逆境甚至绝境中站立起来。信念以目标为基础，又产生出达成目标的原动力。

信念一旦植根于孩子的灵魂深处就使得一切皆有可能。因为信念能彻底改变人生的轨迹。

美国纽约州历史上第一位黑人州长罗杰·罗尔斯，他出生在纽约声名狼藉的大沙头贫民窟，那里环境肮脏、充满暴力，是偷渡者和流浪汉的聚集地，在那里出生的孩子，从小逃学、打架、偷窃甚至吸毒，恶劣的环境使贫民窟的孩子们长大后难以有所作为。但是，罗尔斯是个例外，他不仅考入了大学，而且成了州长。

罗尔斯的人生因小学校长——皮尔·保罗而改变。20世纪60年代初，皮尔·保罗被聘为大沙头小学的校长，他走进这所小学的时候，发现这里的穷孩子经常旷课、斗殴甚至砸烂教室的门窗。

皮尔·保罗想了很多办法来引导他们，可是没有一个是奏效的。后来，他发现这些孩子很迷信，于是在他上课的时候就多了一项给孩子看手相的内容——以此来鼓励他们。

当罗尔斯伸着小手走向讲台时，皮尔·保罗神秘地说："我一看你修长的小拇指就知道，将来你是纽约州的州长。"当时，罗尔斯大吃一惊，因为长这么大只有奶奶让他振奋过一次，说他可以成为一个小船的船长。这一次，皮尔·保罗竟说他可以成为纽约州的州长。他牢牢地记下了校长的话，并深信不疑。

从那天起，"纽约州州长"就像一面旗帜，时时激励着他奋发向上。罗尔斯的衣服不再沾满泥土，说话时也不再夹杂污言秽语，他开始挺起腰杆走路，认认真真地读书和工作。在随后的四十多年间，罗尔斯每天都按州长的身份要求自己，51岁那年，他终于成了纽约州的州长。

在他的就职演说中，有这么一段话。他说，信念值多少钱？信念是不值钱的，它有时甚至是一个善意的欺骗，然而你一旦坚持下去，它就会迅速升值。在这个世界上，信念这种东西任何人都可以免费获得，所有成功者最初都是从一个小小的信念开始的。信念是所有奇迹的萌发点。

信念就好比是军队的军旗，军旗所指之处，就是战士冲锋的方向，旗手把军旗插到哪里，军队就能打到哪里。因此，家长给孩子树立起心中信念的大旗，孩子就会有信心、有恒心，就决定了孩子的发展速度有多快、事业能走多远。信念不等于成功，但信念能成为成功的通途。

## 给孩子播种阳光

一个人的笑容可以感染别人，一个阳光般的孩子能让内心的幸福感洋溢全身，以至于发散到周围，蔓延开来。每一个家庭可能都想培养出阳光般的孩子，那家长如何做才能培养出阳光孩子呢？

凡事都有度的，都有秩序，过于容易了，劳动的果实就没有人会真正地去珍惜，而且同情心、同理心、孝心、爱心也会大打折扣。做家长不要让孩子养成要什么就满足什么的习惯。不要给予过多，别太在乎孩子的某些要求，爱过头就成了伤害，孩子没有锻炼和体验的机会，那他的能力会缺失得很严重，家长的宠儿成不了大器，要给孩子飞翔的翅膀，也就是梦想的机会和行动的机会，体验式的成长是刻骨铭心的。

家长平时也不要给孩子太多的零花钱，要教给孩子一些理财方面的知识，这个时代财富分为心灵财富和物质财富，没有物质财富做基础，人生一定不太好过。

家长在教育行为上，不要对孩子大喊大叫，喊叫只会减少孩子对父母的尊敬，同时也教会了孩子喊叫；有理不在声高。家长用再大嗓子对孩子喊叫也是没有用的，孩子渴望家长温柔的爱、民主的爱。

孩子一犯错误家长立马就大声训斥，家长这样不负责任地去责骂孩子，会严重伤害孩子的心灵。家长要先弄清楚情况，然后给孩子一个尝试的机会，毫无疑问每一次犯错的机会都是孩子进步的阶梯，关键是要教会孩子在尝试中学会反省和进步，多多鼓励。家长要学会耐心、等待、宽容。

对孩子不要总是以命令的形式去发号施令，如果家长发号施令太多，又太强势，孩子就可能变成弱势。不要强迫孩子学这学那，孩子的兴趣才是最好的学习动力，关键是家长要帮助孩子找到自己的兴趣。在孩子的学习上，做家长不要只盯住孩子的分数，知识比分数更重要，思考力和想象力以及好的思维才是孩子成长的命脉。根据孩子的实际情况去制定孩子的发展目标，家长不要对孩子提经过努力后还达不到的目标，望子成龙是正确的，但是"逼"子成龙就麻烦了，说不定就变成虫了。

每个孩子都有自己的优点和缺点，做家长最好不要总拿孩子和别人去比，如果你们认为孩子好于他人，他人会难过；如果你们觉得孩子不如他人，难过的是孩子。面对孩子的缺点不要一味地去挑剔，而是要将孩子的优点不断地去放大，以至于真正地涵盖住了缺点，直至缺点被压榨干净。

不要戴上有色眼镜看待孩子，随意地给孩子贴上标签。如果家长对孩子老是说"你不行"这样的话，很容易伤害孩子的自尊心和荣誉感，挫败孩子的上进心，到最后可能真的不行了，因为他内心放弃了自己。家长诚实了，在孩子面前就不会说谎，不要用善意的谎言去蒙骗孩子。

家长犯了错在孩子面前也要敢于承认，这样有利于教导孩子承认自己的错误，起到表率作用。

请像对待朋友一样对待孩子，家长与孩子之间同样需要信任，做家长的要尊重自己的孩子，不要去偷看孩子的日记，不要去干涉孩子与别人正常的交往，尊重孩子的隐私权，给孩子一个"自由"的空间，与孩子沟通好就没有任何代沟的问题了。

家长不要只顾忙着赚钱和所谓的事业，挤一点儿时间陪陪孩子。否则，家长与孩子之间的关系只会越来越疏远，那时家长管起孩子来就比较麻烦了。

常言道："天行健，君子以自强不息。"作为家长除了要做到自强不息外，还要做到"厚德载物"。

一个人的成就大小，除了和自强不息有关，更取决于一个人的德行，一颗健全、充满阳光的心灵。

## 细心陪伴是送给孩子的最好礼物

在家庭教育中，家长遇到的最大麻烦就是他们不知道自己的孩子到底是"谁"或者有可能成为"谁"，家长时常被这种疑惑困扰：我怎样才能把孩子教育好呢？

"当一天和尚撞一天钟"，这个说法一直被人看作是一种消极应付的态度，其实仔细想想就会发现这句话背后自有它的深意：只要你当一天的和尚，你就有责任撞一天的钟。这在旁人看来极其枯燥的工作，因为责任使然、信仰使然，你也能够让它变得充满趣味和韵致。由这个比喻，联想到为人父母这件事，其实就是一辈子"撞钟"的工作，养育和教育孩子，几乎也成了家长一生无法逃脱的责任。

选择为人父母，就是选择一种人类普遍的宿命，你必须只能以积极的建设者的态度，努力把自己的孩子培养成比自己更优秀、更健康、更幸福的人。这样的道理说起来总是容易的，做起来难。

著名画家黄永玉先生说："孩子是我们的甜美，也是我们的悲伤，是我们的骨肉，我们的心。"这句话是一个父亲对生命深切的体验和对为人父母的责任极富张力的概括。

孩子未来即在父母的生命中，又在父母的手心上。那么真正的好父母在哪里呢？一个"问题孩子"背后，往往有着一个"问题家庭"，一个孩子的成长出了问题，原因有可能出自学校与社会，但更本质的原因一定在于家庭。而从家庭中找原因，问题又往往出在家长身上。

教育家蒙台梭利说："一个人无论身心哪个方面的疾病，如果病根出在童年的话，往往是很难治愈的。因为童年所有的影响，对一生而言，都是一种文化"刻印",一旦刻上几乎终身难以更改。"

孩子的童年确实是生命之根,家长陪伴孩子成长不但是家庭教育的核心责任,也是家长送给孩子一生最好的礼物。

有科学研究发现,青少年都喜欢跟父母在一起吃饭,尤其是吃晚餐,全家人坐在一起吃饭比什么都重要。因为全家人一起吃饭会有助于孩子获得较好的营养、较高的学业成绩。孩子跟父母在一起吃饭内心里会充满父母的爱,在他们身上不会发生抽烟、喝酒、吸毒、打架等行为。哪怕父母双方只有一个人能够赶上晚餐,也同样能达到上述的效果。因为通过吃饭这种方式,把孩子聚拢在父母的身边,父母对孩子的注视本身具有一种显在或潜在的教育力量,同时父母也是在通过自己生命的示范,每天都影响着孩子的成长,好父母确实就是一个好范本。

在孩子的心中,家长的存在代表着安全、温暖和欢乐,一个孩子对家长的需要是本质性的、不可或缺的、不可替代的。一个孩子如果在他年纪太小、尚未有所准备、恐慌无助的时候不能和父母生活在一起,或者父母经常长时间离开他,这种分离一定会导致孩子一生都难以愈合的心灵创伤。

一个从小没有母亲的人,内心往往是扭曲的,他的一生都是疼痛与茫然的。一个孩子在成长过程中由于母亲经常不在场,他的内心同样也难以获得充分的爱,这一切都会影响到他生命的舒展与自我确认。

孩子成长的最大的问题不是他的生活处境,而是他能否得到父母的陪伴、抚爱和鼓励。可以说,童年的错失往往是一生的错失,童年过不好的人自我修复之路很难也很漫长,童年的幸福生活是他今后一生幸福生活的半径。

家庭教育越来越需要家长具备必要的生儿育女的知识,但更重要的也容易被人忽视的却是为人父母的本分。你要想让孩子成长得更正常、更健康、更快乐,你就应该更充分、更耐心地陪伴他,培养他拥有正常人需要的生活,这一点做到了,孩子就不会有大麻烦。

陪伴孩子其实并不简单,当家长有机会外出旅行时,首先考虑的就是是否把孩子带上?当家长下班时,下班的路是不是回家的路?周末的时间是不是家庭的时间?

家长很容易就选择了把孩子留在孤独、无助、疏于管教和缺少疼爱的环境之中。而实际情况往往是,孩子不在你身边,一定就在各种危险之中。由于童年影响具有刻印般的不可逆转性，后面要想进行补救，一般为时已晚，丧失了成长与教育的最佳时期，这也意味着木已成舟，更多的只能听天由命了。

那么最好的教育就是家长和孩子生活在一起，让孩子远离孤独、无助与恐惧，看着孩子长大也是家长最大的幸福。

只有家长和孩子生活在一起，家长的艰辛和对家庭的责任感才能成为教育孩子的一种优质资源，孩子才可以很直观地看到生活的不易，看到父母的付出。这一切都有助于孩子责任意识的培养，也有助于培养孩子的感恩之心，同时能够激发他内在想要改变自己的愿望。

对孩子的教育其实就是改善遗传、改进文化。遗传很多方面是不能改变的，但可以改善它。它的重要作用在于改进文化，家庭之中核心的文化就是一家人生活在一起，父母陪伴着孩子成长，孩子的心中就会有爱、就会有家长给予的鼓励和帮助，即使生活再怎么艰辛，孩子的生命之花照样可以非常健全健康地绽放。

# 第八章

## 孩子的培养重在潜能的激发

　　日本教育家福泽谕吉说:"家庭是习惯的学校,父母是习惯的老师。"事实确实如此,孩子习惯的养成主要在家里,父母应该注重在生活中培养孩子的各种良好习惯。

　　良好的习惯才会养成良好的人品。

　　生活就是教育,家长应该积极为孩子创造适宜的家庭环境,同时,家长应当经常在行为、举止和谈吐等方面给孩子一个最好的榜样,讲话时要注意礼貌、举止要文雅,表现出高尚的情操、道德行为和良好的习惯。如果能够经常这样以身作则,这种长期熏陶使孩子在潜移默化中得到最佳的教养,通过日积月累,让孩子的良好习惯也在不知不觉中形成。

　　一个孩子良好道德品质的形成最终必然落实到优良的外在行为上,衡量孩子人格的真正标准,不是看其偶然出现的行为,更不是听其口若悬河地演讲,而是看其是否养成了良好的道德习惯。

## 培养孩子的良好习惯

日本教育家福泽谕吉说:"家庭是习惯的学校,父母是习惯的老师。"事实确实如此,孩子习惯的养成主要在家里,父母应该注重在生活中培养孩子的各种良好习惯。有了良好的习惯才会养成良好的人品。

怎么样培养孩子的人品是一个普遍性问题,家庭教育犹如海上行船,必须按正确的航线行驶,否则,船越大越有触礁沉没的危险。也就是说,孩子的品质,决定了孩子的发展方向。就这一点来说,家庭教育的一个核心任务就是把孩子培养成一个真正的人。

人格的培养问题很难落实到具体操作上来,因为孩子的习惯与人格的关系是相辅相成的,习惯影响人格,人格更会影响习惯。进一步来讲,习惯是人生之基,而基础水平决定孩子的发展水平。

孩子的行为在很大程度上取决于他的习惯。透过一个细微的习惯,往往能反映出一个孩子的思想、作风、道德或文明的程度。良好的道德行为习惯,能使品德从内心出发,少走弯路而达到高境界。道德习惯是道德行动自动化的过程,是由不经常的道德行动转化为个人品德的突破点,是品德发展的质变的指标。

一个孩子良好道德品质的形成最终必然落实到优良的外在行为上,衡量一个孩子人格的真正标准,不是看其偶然出现的行为,更不是听其口若悬河的演讲,而是看其是否养成了良好的道德习惯。从这个意义上说,德育的目的,就是养成良好的习惯。

"习惯"是培养教育的结果,养成良好的习惯是行为的最高层次,是一种定型性行为。

习惯是经过反复练习而养成的语言、思维、行为等生活方式，它是人们头脑中建立起来的一系列条件反射，这种条件反射是在重复出现而有规律的刺激下形成的，并且在大脑中建立了稳固的神经联系，只要再接触相同的刺激，就会自然地出现相同的反应，所以说习惯是条件反射长期积累、反复强化的产物。

在心理上，它是一种需要，一旦形成习惯，就会变成人的一种需要，如果不这样做，就会感到很别扭。因而它具有相对的稳定性，具有自动化的作用，它不需要别人督促、提醒，也不需要自己的意志努力，这就是我们平常说的"习惯成自然"，是一种省时、省力的自然动作。

德国哲学家康德从小就在父亲的教育下养成了严谨的生活习惯。他每天散步要经过镇上的喷泉，而每次他经过喷泉的时候，时间肯定指向上午七点。这种有条不紊的作风正是哲学家严密思维的根源。可见，良好的生活习惯对于一个人的成功起着积极的作用。

家庭是孩子成长的第一环境，是孩子习惯形成的摇篮，6岁前的儿童主要生活在家庭中，可见，家庭生活对孩子的影响是非常重要的。

> 由于父母工作繁忙，明明从小就和爷爷奶奶一起生活。爷爷奶奶对明明照顾得无微不至。明明3岁进入幼儿园时，还不会独自上厕所，不会自己吃饭，不会自己睡觉……由于受到爷爷奶奶的宠爱，明明在生活中没有养成良好的自理习惯！
>
> 这时候，明明的父母才意识到问题的严重性，赶紧把明明接到身边，对明明进行生活自理习惯的训练。

其实生活就是教育，家长应该积极为孩子创造适宜的家庭环境，同时，家长应当经常在行为、举止和谈吐等方面给孩子树立起一个最好的榜样，讲话时要注意礼貌、举止要文雅，表现出高尚的情操、道德行为和良好的习惯。如果能够经常这样以身作则，这种长期熏陶使孩子在潜移默化中得到最佳的教养，通过日积月累，让孩子的良好习惯也在不知不觉中形成。

想要养成某种好习惯，要随时随地加以注意，身体力行、躬行实践，才能习惯成自然，收到好的效果。

什么是"习惯成自然"呢？成自然就是不必故意地费心费力地做，仿佛本来就是那样的意思。例如走路和说话是人们最需要的两种基本能力，这两种能力的形成是因为人从小就习惯了，成为自己身体的一种自然行为了，无论哪一种能力，只有达到了习惯成自然的地步，才算我们真正拥有了那种能力。如果达不到习惯成自然的程度，只是勉勉强强地做一做，就说明我们还不具有那种能力。

通常说某人能力不强，某种程度上，说的就是某人没有养成多少习惯。比如说张三记忆力不强，就是张三没有把看见的、听见的一些事物好好记住的习惯；说李四表达能力不好，就是说李四没有把自己的思想和感情说出来的习惯。因此，习惯养成得越多，那个人的能力就越强。做人做事，需要种种能力，最要紧的是养成种种习惯。

## 孩子有两种习惯养不得

对于家长来说，要注意培养孩子的良好习惯，更要注意不要让孩子养成不良的习惯。孩子身上的坏习惯一旦养成，身上就具有自然的驱动力和心理惯性，就算没有外部条件，坏习惯的行为也同样可以让孩子做出很多错事来。现实生活中，有许多孩子明明知道自己有不良的习惯，但是往往就是控制不住自己。面对孩子的坏习惯，家长要帮助孩子抑制和纠正它们。

叶圣陶认为，习惯不嫌其多，但有两种习惯养成不得，除此之外，其他的习惯多多益善。这两种习惯就是：不养成什么习惯的习惯和妨害他人的习惯。

针对不养成什么习惯的习惯，叶圣陶用日常生活中的某些习惯来说明不养成什么习惯的害处。他说："坐要端正，站要挺直，每天要洗脸漱口，做事要有头有尾，这些都是一个人的起码习惯。有了这些习惯，身体和精神就能保持起码的健康，但这些习惯不是短时间内就形成的，要逐渐养成。在没有养成的时候，多少需要一些强制工夫，自己得随时警觉，直到'习惯成自然'，就成为终身受用的习惯。可是如果起先没有强制与警觉，今天东、明天西，今儿这样，明儿又那样，就可能什么习惯也养不成。久而久之，这就成为一种习惯，牢牢地在身上生了根。这就是不养成什么习惯的习惯，最要不得。"这种习惯与其他种种习惯冲突，一旦养成，其他种种习惯就很少有养成的希望了。

针对妨害他人的习惯，叶圣陶举例说："走进一间屋子，'砰'的一声把门推开；喉间一口痰上来了，'噗'的一声吐在地上。这些好像是无关紧要的事，但这既影响他人学习和工作，又可能传播病菌，一旦习以为常，就成为一种妨害他人的习惯。"妨害他人的习惯是恶劣品质形成的重要根源。如果一个人不明了自己与他人的密切关系，不懂得爱护他人，一切习惯偏向妨害他人的方面，就极有可能成为一个恶人。

家长对于孩子的好习惯培养要用加法；针对孩子的坏习惯要及时纠正，克服坏习惯用减法。良好的生活习惯养成非一日之功，主要原则是：低起点、严要求、小步子、快节奏、多活动、求变化、快反馈、勤矫正，这样做具有针对性、可操作性和实效性。

充分尊重孩子的权利，让孩子在习惯养成中发挥主人作用，自己决定养成哪些好习惯、纠正哪些坏习惯，自己决定采用哪些方法，并主动学会与成年人的合作，这应当成为习惯教育的第一原则。家长的引导与帮助对于孩子来说也是必要的，只有唤醒孩子心中沉睡的巨人，对孩子的教育才能成功。

家长与孩子相互学习共同成长，每个家长都需要反省自己，看清自己有哪些好习惯值得保持，有哪些坏习惯需要矫正。一个勇于承认自己缺陷的人，才能给孩子起到表率的作用。学高为师，行高为范，家长必须为人师表，必须为人垂范，否则何以服人？

今天的孩子，他们身上有许多家长并不一定具备的优点和习惯。因此，家长不能只想着教育孩子，也要向孩子学习，与孩子相互学习共同成长。

习惯的养成关键在头三天，形成在一个月。按照研究，一种习惯的养成一般需要21天。其实每个人养成习惯的日期是不一样的，每一个人的认真程度也是不一样的，严格要求自己和刻苦程度也不一样，所用的时间也肯定不一样。21天只是个平均数，是个时间概念。所以，家长要用一两个月来培养孩子的行为习惯。

培养习惯最重要的是坚持。美国著名教育家曼恩说："习惯仿佛像一根缆绳，我们每天给它缠上一股新索，要不了多久，它就会变得牢不可破。"世界上的事情，怕就怕认真，怕就怕坚持，坚持才有习惯，习惯在于坚持。

一般情况下，孩子12岁之前是良好道德行为习惯培养的最佳时期。尽管品德培养应该有多种起步，道德行为习惯培养也离不开道德认识、道德情感和道德意志的培养，但从道德行为培养入手，这才是发展孩子品德的最有效的方法。培养好习惯需要用加法，持续21天就会开始养成；矫正坏习惯则需要用减法，逐步减少不良行为的次数。

## 家长应培养孩子的健康人格

树不直,则难以长大成材,而在生长过程中也难以舒展,无法抵抗更多的风雨雷电。孩子的成长也一样,不正直则不能成功地化解成长本身所带来的风险。做家长只要有爱心和恒心,在孩子身上就可以有所表现,有所创造,就完全有希望培养出孩子健康的人格。家长首先要培养出孩子的正派作风。

一棵树要健康地生长,主要依靠:一是树根的扎实深入,才能充分吸收养分;二是树干要有力度,才能保持正直生长的方向;三是树枝的飘摇直上,才能潇洒自主。

相对于孩子成长来说也是如此,孩子要做到"树根的扎实深入",就是说孩子要心不浮气不躁,养成稳健踏实的作风,才能不断深入,从而具备钻研的底气和实力。孩子要拥有像"树干"一样的力度,才能有不断战胜怠惰,克服各种干扰的力量,这样才能形成稳定的求知欲。孩子要有一颗像"树枝飘摇直上"一样的上进心和爱心,当孩子内心拥有了健康丰富的情感世界,就会爱憎分明,勇于选择,才能树立远大的目标。

美国一位心理学家为了研究早期教育对人生的影响,在全美选出25名成功人士和25名有犯罪记录的人,分别给他们去信,请他们谈谈母亲对他们的影响。

在后来收到的回信中,有两封给心理学家的印象最深,一封来自白宫的著名人士,一封来自监狱服刑的犯人,他们谈的都是同一件事情:小时候,母亲给他们分苹果。

那位来自白宫的成功人士是这样写的:

小时候，有一天妈妈拿来几个苹果，红红绿绿，大小各不相同，我和弟弟们都争着要大的，妈妈把那个最大的苹果拿在手上高高举起，对我们说："这个苹果最大最红最好吃，谁都想要它。很好，现在让我们来做个比赛。我把门前的草坪分成三块，你们三个人一人一块，负责修剪好，谁干得最快最好，谁就有权得到最大的苹果。"我们三人开始比赛锄草，结果我赢得了它。我非常感谢母亲，她让我明白了一个道理，那就是要想得到最好的，就必须努力争第一。

那位来自监狱的犯人在信中这样写道：

小时候，有一天妈妈拿来几个苹果，红红绿绿，大小各不相同，我一眼就看出中间的一个又大又红，十分喜欢。这时弟弟抢先说出了我想说的话，妈妈瞪了他一眼，责备地说："好孩子要学会把好东西留给他人，不能总想着自己。"于是我灵机一动，改口说："妈妈我想要那个最小的，把大的留给弟弟吧。"妈妈听了，非常高兴，在我的脸上亲了一口，并把那个最大的苹果奖励给了我，我得到了我想要的东西。从此我学会了说谎，学会了不择手段，学会了打架，学会了偷、抢，反正我使用一切手段去争取自己想要的东西，直到现在被送到监狱。

故事中再平常不过的分苹果，却给两个孩子带来了两种截然相反的人生，正派与反派。所谓的正派，就是通过正当的手段遵循公平的原则去争取自己想要的东西，而不是口号中的坦荡无私、作风正派、摸摸自己的良心等等。

正派对于孩子来说，就是学会遵循所有的游戏规则，在生活中也一样，只有遵守竞争规则，才能学会竞争，学会合作，学会充分使用正当手段达到自己的目的。否则就很容易选择投机取巧的方式，而选择了投机取巧并且达到目的之后，人的精神气质以及深层心理结构就会发生改变，或者阴暗，或者低迷，或者消极等等，这样，不仅人格受到挑战，最终也会陷进人生的困境之中。

正派的孩子会得到最完美的回报，而更重要的是因为正派，还能确定他们求知与学习的正确方向，在正派的前提下学得的东西才更加扎实，功底和才华因为正派而变得更加稳固，将来才能派上真正的用场，才能做一个对社会有用的人。

　　正派的习惯是说了就要做，言必行，行必果的习惯；自觉按照规则办事的习惯；用过的东西放回原处的习惯；善始善终，做一件事情必须坚持到最后的习惯。

　　在培养孩子正派的基础上，家长还要培养孩子的诚实。

　　有一位中国留学生在英国读硕士。小伙子在实验室里成绩非凡，很受赏识。一天，导师说："××先生，明天我要外出开会，您能一个人在实验室工作吗？"小伙子连连点头。第二天，导师走了，小伙子拼命打公费的国际长途电话。月底结账时，导师发现电话费很高，一查恰好是她外出那一天电话费最高。她问小伙子："××先生，那一天是您一个人在实验室工作吗？"小伙子点头。导师又问："那么，您打国际长途电话了吗？""没有。"小伙子一口否认。导师什么话也没说，内心却非常愤怒，第二天宣布辞退了他。也许，有些人不把撒谎当回事，可许多国家是难以容忍欺骗的，更不肯与撒谎者共事。

　　可以不客气地说，孩子说谎的一个重要原因，就是受家长的不良影响，或孩子因说真话而受家长惩罚，或家长自己就常常说谎。

　　实际上，谎言是许多错误的导火索。作为家长，如果对孩子守信用，孩子就会仿效。当孩子诚实守信时，父母也要及时鼓励孩子。

　　孩子撒谎一般有三大原因：一是孩子说真话后受到了家长的惩罚；二是孩子为了逃脱困境；三是孩子把自己想象中的事当真的说了出来。因此，只有让说真话的孩子得到鼓励，而让说假话的孩子受到惩罚，并持之以恒，便会让孩子逐步养成诚信的好习惯。

　　诚信的习惯一般表现为：遵守诺言、说话算数的习惯；实事求是的习惯；真诚待人接物的习惯；守时的习惯。

　　家长在培养孩子的正派、诚信的同时，也要培养孩子去做一个勇于承担责任的人。

　　没有责任心的孩子是永远长不大的孩子。对自己负责任，才能对更多人负责，才能对社会负责，对国家负责。是否具有责任感是衡量一个人优秀与

否的重要标志。

孩子如果养成事事依赖别人，自己没有独立做事的能力，那么在他成年之后将会难以独立于社会，更难以成为国家需要的栋梁之材。

家长对孩子责任心的教育应当渗透到日常生活中的一时一事、一言一行中。家长们尤其要注意对孩子犯错的处理。在这种时候，父母应当保持理智和冷静，尽量不要大声训斥，更不要夸大其辞恐吓孩子，而应当实事求是地讲清道理，明确指出弥补过错的办法。

孩子发生过错的时候是一个教育孩子的关键时刻，孩子能否学会处理好过错对他的将来有着关键性的影响。如果处理不当，孩子一方面是毫不在意，丝毫没有责任心；另一方面是过于恐惧而导致精神崩溃。如果处理得当，孩子学会了吃一堑长一智，由此走向成熟，成为一个富有责任心的人。所以，不论孩子有什么过错，只要他有一定的能力，就应当让他承担责任，这才是家长体现出来的真正爱心。

负责任的习惯一般表现为：自己的事情自己做的习惯；经常反省的习惯；正确面对过失，勇于承担责任的习惯；在家庭和学校中承担具体责任的习惯；服务他人的习惯；有社会责任感。

孩子的责任心增强后，心中的爱心也会自然丰满起来。在人们的生活中，爱心是无限珍贵的人性瑰宝。特别是对于"以自我为中心"特点显著的新一代孩子来说，孩子心中有没有爱心显得尤其重要。

一个又冷又黑的夜里，在美国中部一个乡村的道路上，一位老太太的汽车抛锚了。由于这里人烟稀少，她等了半小时左右，终于有一辆车经过，开车的男子见此情况便下车帮忙，几分钟以后，汽车修好了。老太太问开车的男子要多少钱，他回答说，他这样做，并不是为了钱，而是为了助人为乐。但老太太坚持要付些钱作为报酬，否则觉得自己过意不去，开车的男子谢绝了她，并建议她将钱给那些比他需要的人，最后，他们各自上了路。

紧接着，老太太来到了一家路边的咖啡馆，一位怀孕的女招待即刻给她煮了一杯热咖啡，并问她为什么这么晚还赶路，于是老太太就将刚才发生的事情讲述给她听。女招待听后感慨道，这样的好人真是难得。然后老太太也问女招待为什么工作到那么晚，女招待说是为了迎接孩子的出世而需要第二份工作，这第二份工作就是夜晚兼职当咖啡馆的女招待。老太太听后执意要女招待收下200美元的小费，女招待说，我不能收下那么多的小费；老太太坚持说，你比我更需要它！

女招待回到家，把这件事告诉了丈夫，结果令人惊讶的是，她的丈夫就是那位好心的帮助修车的男子。

也许真的是善有善报。事实上，具有爱心的人终将幸福。同时爱心作为人性的一线光芒对于孩子的学习也有巨大的帮助。

一个人当爱心油然而生的时候，他就会有一种极端敏感的神经冲动。这种神经冲动将把自己的所有感觉器官打开，这时，接受新的事物和新的知识，就会变得容易得多。

当一个人经常无私帮助别人时，他的整个心态是平和的、从容的、积极的，内心深处自然就会形成一种稳定的、高尚的动机概念，这种动机概念与学习的动机是相互连接的，所谓举一反三，便会将学习的热情激发起来。

具有爱心的人，通常都是真正自信的人。自信就是相信自己有能力去实现心中的目标，自信是人格的核心，而爱心是自信的伴生物。

美国作家马尔兹说："我们要以信心充实自己，就像我们每天要以食物充实自己一样。"孩子有了自信，学习自然就能上去。培养孩子自信心的方法尽管很多，但其中一个捷径就是从培养孩子的爱心开始，在鼓励孩子爱人、帮助别人的过程中，从更高的角度上来引导孩子形成"我能行"的意识。另外，还可以肯定的是，没有爱心支撑，"自信"就不是真正的"自信"，即使已经克服了自卑，形成了自我的信心，也很容易演变为"狂妄"或者"自负"。

孩子爱心的习惯一般表现为：孝顺老人和长辈的习惯；与人共享的习惯；呵护身边小生命的习惯；帮助弱者的习惯。

人的社会属性需要家长去培养孩子与人合作的精神，诺贝尔奖成果的获得80%以上都是合作的结果。合作就是团结协作，围绕一个目标去做事。成功者的道路有千千万万，但总有一些共同之处，团结协作是许多成功人士的共同特性。

陶行之在教育孩子做人的时候说得好:"莫做人上人,莫做人外人,要做人中人。"当下孩子们的合作意识非常薄弱,很多孩子存在不同程度的攻击性,这是当今独生子女的主要人格缺陷之一。

在北京第二实验小学就发生过这样一个真实的故事。

一天,一个外国教育考察团来到北京第二实验小学。

一位教育专家提出要当场做一次教育实验。专家随便走进了一间教室。他对同学们说:"这个模型代表一个矿井,里面的三个小球代表矿工。我请三位同学用手拉住球上的线绳。我给同学们一个暗号,表示矿井突然进水了,水又大又急,井下的人有生命危险。在这千钧一发之际,看谁能迅速地拉动手中的线绳将小球提出井外,看谁第一个逃出现场,脱离危险。"

话音刚落,小梅等三名同学被请到讲台桌前应试。小梅仔细观察一下矿井,矿井好像一个细口径的啤酒瓶,心想:"如果我们三个人在接到命令的一刹那一齐猛拉小球,都只想到个人首先逃脱危险的境地,三个小球非卡死在井口不可,前进不得,后退不得……"

就在这紧要关头,她急中生智,悄声对两个小伙伴说:"你一,他二,我三。"

专家一声令下,三个小球被线绳拴着,"呗儿"、"呗儿"、"呗儿",迅速地跳出井外。教室里顿时爆发出雷鸣般的掌声。专家高兴得欢呼起来,马上把小梅抱起来,举起来。小梅和小伙伴们简直像凯旋的将士一样受欢迎。

专家说:"我在许多国家都做过这个教育实验,可是,都失败了。今天,在中国,在北京,这个实验一下子获得了成功,我真高兴。我应该给你们满分。你们交上了一份超常的答卷!我祝贺你们!热烈地祝贺你们获得了成功!"

专家问小梅是怎么想出办法的,小梅骄傲地说:"老师平时总是教育我们,下课出教室门的时候不要拥挤,要有秩序地一个人一个人地走出去,不然大家一齐挤在门口,都卡在那里,想进的进不去,想出的出不来……"

平时养成的好习惯,到了紧要关头,会产生无比的威力。可以说,习惯养成如何可以决定人生的成败。

孩子善于与人合作的习惯一般表现为:尊重和倾听的习惯;对别人的帮助心存感激的习惯;乐于助人的习惯;虚心请教别人的习惯;团结友善,平等待人的习惯;尊重别人不同意见的习惯。

针对孩子的拖拖拉拉,家长要培养孩子做事情讲究效率的习惯。讲究效率是一项特殊的非智力品质,首先表现为做事有计划,当孩子逐步习惯了行动之前做计划,就会有一个神奇的变化。

做事前,家长耐心地与孩子讨论计划,并使计划趋于可行,这样下去孩子也会慢慢地成熟起来。

讲究效率,让孩子在做大事的时候先从做小事开始。譬如,每天临睡之前,将第二天穿戴的衣服或使用的东西摆放整齐,就是孩子做事有计划的必要训练之一。

在计划的基础上,让孩子有条理地去做事情。做事有条理,不仅是做事有效率的保证,而且会使人养成审美的习惯。

现实生活中有许多孩子早晨起床找不到袜子,其他生活用品和学习用品也常常丢三落四,想不起来弄到哪里去了,这便是做事缺乏计划性和条理性的坏习惯,如不改变,将给一生带来麻烦。

让孩子掌握规律,然后按规律来做事。家长引导孩子计划周密,学会有条理、有理智地生活,都离不开科学的态度。也就是说,要遵循客观规律,不能因一时冲动蛮干扰乱计划。

比如,关于孩子的睡眠问题,因睡眠不足严重影响了孩子健康的成长,虽然有很多原因,但是与计划的不科学也有密切关系。

睡眠不足不仅影响孩子的身体健康,同时对孩子的心理健康也有严重损害。当一个人睡眠不足的时候,神经变得十分脆弱,各种心理疾病也就会趁虚而入。由此可见,睡眠对孩子的作用是很大的。

改变孩子休息习惯,有效的办法之一是让孩子了解人体的周期规律。看看人体24小时都在干什么呢。

据医学报道:

1点：处于轻微睡眠状态，人很容易醒来，此时特别容易感到疾病的存在。

2点：除肝脏外，大部分人体器官基本停止工作，肝脏则利用这段空闲时间紧张地工作，首先为人体排除毒素，人体正经受着自身的"大清洗"。如果此时想喝点什么，千万不要喝咖啡或茶，特别是酒精类饮料，最好喝一杯水或牛奶。

3点：机体处于休息状态，体力几乎完全丧失，此时的血压、脉搏和呼吸都处于最弱状态。

4点：呼吸仍然很弱，大脑的供血量最少，机体处于最微弱的循环状态，此时人容易死亡。但此时人的听力很敏锐，极易被微小的动静所惊醒。

5点：人已经经历了几次梦的过程，如果此时起床就能很快进入精神饱满的状态。

6点：血压上升，心跳加快，此时机体已经苏醒。

7点：人体的免疫力特别强，如果此时受到细菌或病毒的感染，人体能够轻易战胜它们。

8点：机体休息完毕，肝脏已将身体内的毒素排出，这时千万不要喝酒，否则会加重肝脏的负担。

9点：兴致升高，痛感减弱，心脏全力工作。

10点：积极性上升，人体处于最佳状态，痛苦烟消云散，热情将一直持续到午后，任何工作都能够胜任。此时喝茶聊天，将虚度一天中最清醒的时刻。

11点：心脏有节奏地继续工作，并与我们的心理积极保持一致，此时几乎感觉不到大的工作压力。

12点：人的全部精力都已被调动起来，此时不应吃大量食物，最好晚一小时吃饭。

13点：肝脏休息，血液中溶入一些糖原。白天第一阶段的兴奋期已过，感觉到有些疲劳，应适当休息一下。

14点：精力消退，此时是24小时周期中的第二个低潮阶段，反应迟缓。

15点：重新改善，感觉器官此时尤其敏感，特别是嗅觉和味觉，美食家大多选择此时吃饭，之后人体重新走入正轨。

16 点：血液中糖的含量升高，一些医生把这一过程称为"饭后糖尿病"，但这却不是病，兴奋期过后开始衰退。

17 点：效率仍很高，运动员此时应加倍努力训练。

18 点：人的肉体疼痛感重新减弱，想多运动的愿望上升，心理兴奋渐渐下降。

19 点：血压上升，心理稳定性降到最低点，人们很容易激动，常会因一些小事而争吵。此时对过敏症患者来说不太好过，开始头痛。

20 点：此时人的体重最重，反应出奇地敏捷。司机处于最佳状态，几乎不会出事故。

21 点：精神状态一般，孩子和演员非常清楚此时的记忆力特别好，善于记忆白天记不住的课文和大段台词。

22 点：体温开始下降。

23 点：人体准备休息，细胞修复工作开始。

24 点：如果我们在此时休息，那么无论是机体还是大脑都将排除一切干扰，人会很快进入梦乡。

根据上述人体运行的规律，家长可以引导孩子制定一个同样的学习计划和作息时间表。

## 你的孩子有良好的行为举止吗

每一个家长都希望自己的孩子是一个知礼节、懂礼仪的人，那么家长怎样来对孩子进行礼仪教育呢？

其实在日常生活中，无论是去探亲访友，还是在家中款待亲朋好友，这都是让孩子学习礼仪、提高交往能力的好机会。

在日常的生活中，让孩子学会待客之礼。在等待客人拜访前，对孩子进行礼仪教育是很有必要的。

家长告诉孩子见客人应有的礼节，如在客人面前应面带微笑，起身主动问好；对客人的提问认真回答；孩子可以以小主人的身份热情招待客人，为客人端茶送水。

在家长与客人交谈时，告诉孩子不要打闹嬉戏，更不要随便插嘴和吵闹，尤其是不要对客人评头论足，不要向客人讨要礼物等。

客人临走时，也要孩子送至家门口，说"再见，下次再来！"等礼貌用语。

家长良好的言行举止是孩子学习社交礼仪的最好榜样。因此，家长一定要以身作则，给孩子以好的影响。平时，家长就应创造机会让孩子多实践，鼓励孩子参加各种人际交注活动，对孩子的礼貌行为及时肯定赞扬，让孩子体验到礼貌行为带来的愉悦，以利于巩固、重复这种行为，逐渐养成良好的习惯。

家长需要注意的是，当着客人的面，千万不可责怪孩子，这会让客人难堪，孩子恼怒。不要当着客人和孩子的面将自己的孩子与别人的孩子作比较，这样会损伤孩子的自尊心和自信心。

在节假日的探亲访友中让孩子学礼仪。家长在去亲戚家做客的路上，可以以交谈的方式对孩子进行礼仪教育，这种方法通常是非常有效的，因为这时家长说的话，孩子听得进，记得牢。

家长应告诉孩子要去哪里，怎样称呼主人，并介绍他们与家长的关系，与孩子自己的关系。鼓励和启发孩子想出一些节日祝词，向主人致以节日的问候。

到亲戚家，当主人端上糖果糕点、茶水时，告诉孩子要先说谢谢，然后用双手去接。告诉孩子不要随便玩弄主人家的摆设和物品，更不能任意开柜子门、冰箱等。考虑到主人可能会留客吃饭，家长也应提前对孩子进行餐桌礼仪教育，让孩子吃出"文雅"来，要小口进食，闭起嘴咀嚼，不要发出声响来。挟菜、舀汤时动作要轻，不要光挟自己爱吃的菜，也不要对菜的味道评头论足。提醒孩子临走时应向主人道谢，说"再见"。

在实际生活当中，孩子眼中看到的还不是一个到处人人彬彬有礼、礼让谦和的世界，一些家长平时也不注意自己的言行和教育方式，孩子回到家庭这个小环境，在百般宠爱下，所有坏习惯都会故态复萌，所以，家长要为孩子创造一个能不断运用和巩固良好礼仪的环境，使其内化为孩子持久的行为。

## 考试后家长做做总结

通常，孩子考试以后，家长们表现是哭的哭、笑的笑、愁的愁、埋怨的、诉苦的、着急的……孩子要考得差了，很多家长感觉天都塌下来了。

当孩子的成绩出现滑坡时，父母们最常见的解释有三种，一种是"孩子聪明但是不努力"，一种是感到自己的孩子笨，还有一种认为自己的孩子也不笨、也挺努力，但是方法不对。

现在分析一下这三种解释。

第一种认为自己的孩子不努力，学习不在状态，言下之意就是，只要孩子努力、进入状态，学习成绩就会很快提上去。然而，如何由不努力变为努力，如何调整孩子的学习状态，如何把功夫用到点子上，这些本身就是一种能力，与其说孩子不努力，不如说孩子缺乏"让自己努力"的能力——关键是孩子怎么努力。

第二种"我的孩子笨"的解释，这是典型的"播种笨种，收获傻瓜"的做法。这种对孩子的评价会让孩子对自己失去信心并降低要求，在很多时候孩子都会觉得自己赶上别人是不可能的，在这种心态的作用下，孩子没有勇气面对挑战，从而更不能增长自己的技能，又反过来印证他对自己的消极看法，形成恶性循环，这种循环持续下去，会真的让孩子变成事事不如人的蠢笨之人。

对于第三种情况，虽然家长能够认识到方法的意义，但是缺乏对孩子学习策略的充分认识，所以也不能真正帮助到孩子。

那做家长的到底该怎么办呢？

家长首先要了解孩子面对学习是一种什么样的心理状态，对待学习的态度和动机是什么。

孩子在学习上的态度和动机如何,决定了孩子的努力程度。面对学习上的困难时,自己是采取积极还是消极的态度,以及在面对学习目标和具体困难时努力的程度和持续的时间,这些都直接影响到学习成绩的好坏。

人的焦虑是一把双刃剑,适当的压力可以提高人的重视和认真程度,适当的压力能够变成动力,但是过度的压力则容易使人抑郁和消极,降低敏感性甚至产生逃避心理。

孩子对自己的学习能力的自信和较高的自我期许,这对于学习成绩的提高和保持是首要的,那些能最终在艰苦激烈的学习竞争中保持优越地位的孩子,没有一个不具备这种心理。这种心理也是决定孩子未来人生成就大小的关键。

其次家长要了解孩子的自我控制和管理能力,清楚孩子的时间管理能力、计划能力和专心能力如何。

时间管理能力和专心能力是提高学习效率的前提。学习效果是学习效率和学习时间的乘积。缺乏计划能力和时间管理能力的孩子,每天只能把很少的时间用在有效的学习上;那些专注能力差的孩子,与别人付出同样的时间,却只能取得很小的学习成果。

最后家长要清楚孩子在掌握学习策略和学习技巧上有什么缺陷,了解孩子在信息加工、选择要点的能力。

对学习任务要点的选择和把握,以及对教材知识的整理、加工和吸收,这些具体的学习技巧直接决定了学习的效率。孩子对所学知识是否有整体上的认识,对自己的薄弱环节和优势部分是否了然于胸,决定了孩子对自己定的学习任务是否是自己需要的。那些只会跟着老师的要求走的孩子,实际上把大量时间花费在没有必要的事情上,而忽略了自己真正需要努力的地方。仅仅跟随老师的要求也很辛苦,且并不一定对提高自己的成绩有效,这就是许多孩子很努力可是成绩不见起色的原因所在。

总之,你输送给孩子的是什么?这是最值得家长思索的。

## 挖掘孩子天赋的方法

现实生活中有这样一个例子:有两个人到医院看病。一位真有病,很重的肺病,医生给他照了 X 光。另一位没病,但是老怀疑自己有病,非得让医生也照一下 X 光,医生拗不过他,只好给他也照了。没想到洗出来之后,两个人的胸透相片往病历档案里装时给弄错了。

到看片子的时候,有病的那位一看自己的病已经好了,顿感轻松、愉快,每天都觉得自己是个健康的人,高高兴兴地生活,过了一年,到医院复查,真的一点儿病都没有了。

那位原本没病的人呢?本来就疑神疑鬼,再看自己肺部的病灶片子,情绪更加低落、沮丧,心理压力极大,惶惶不可终日。这样每天提心吊胆地过日子,没到一年时间,真的因病去世了。

从这个经典案例中可以发现,当告诉病人自己没病时,潜意识便调动体内的潜能向病灶进攻,潜意识的力量很大,果然战胜了病灶,使病人逐渐康复。相反,当告诉病人自己正犯病,且非常严重时,潜意识便组织身体各部分器官撤退,把病灶引入体内,最终使健康的人变成名副其实的病人。

对于人的大脑潜能开发也一样,如果能不断地对自己输入积极的意识,让意识通过下意识对大脑提出要求,潜意识就会调动体内的潜能发挥作用。其实很多人都有这样的经验,比如,有一道题苦思冥想都没有做出来,在睡前将有关的条件、信息输入大脑,第二天早上起来,说不准答案就出来了。

人的潜能是可以开发的。举一个人在运动方面的简单例子,男子铅球世界纪录在 100 年内翻了一番,1886 年是 10.02 米,1986 年为 22.64 米;而

1864年世界跳高纪录是1.67米,到1985年,瑞典的舍贝里跳过了2.42米。

人类体育运动纪录的不断刷新,除了与人的身体素质的自然发展有一定关系以外,很大程度上与体育训练的改进,使人的运动潜能得以开发相关联。

就人的能力区别来说,起决定因素的不是智商,也不是学历,更不是社会地位,而在于是否有效地开发了自己的潜能。对于孩子来说,所谓竞争优势就是孩子身上的潜能得到充分有效的开发而已。

人们常说,我们只使用了我们全部智力潜能的10%,但实际上可能连1%都不到,或者是0.1%甚至更少,就人脑的复杂性和多用性而言,它远远超过地球上的任何计算机。

家长可以通过下列方法去激发孩子的学习潜能。

1. 情感法。

在孩子的情感世界里,家长需要为孩子的心灵灌注充满阳光般的爱心,为孩子提供丰富多彩的生活环境,才能将孩子自身潜能的屏蔽揭开。比如家长经常带孩子去贴近大自然。家长培养孩子丰富的感情世界,就要从导入良好的心情入手,孩子有了好的心情,就会自觉地输入积极因素,从而调动潜意识进行工作。

有人发现天才其实没有秘密,天才的突出表现就是自身潜能比一般人开发得多一些早一些而已。天才的诞生主要源于他们幼年时期丰富多彩的生活环境,他们父母无私的关爱使他们获得了较好的心灵阳光。如莫扎特出生在一个音乐世家,很小的时候就听他父亲演奏音乐,在他的周围有许多乐器。他五岁时就能演奏小提琴,并且还为小提琴作曲;在八岁时谱写了他人生中的第一部交响音乐。

在孩子的成长中,要让孩子的心灵洒满爱的阳光,让快乐健康的生活情趣充满孩子的情感世界,让孩子始终有个好心情,这对孩子的成长显得尤其重要。

2. 开窍法。

孩子身上的潜能可以用青藏高原上的高山湖来比喻。高山湖的水位比雅鲁藏布江高出几百米,如果从高山湖的周边打通一个山洞,把水引出来发电的话,将是取之不尽用之不竭的无污染能源。但实际上高山湖所具有的只是潜能,被开发利用还没有成为现实能,就现实能而言高山湖的湖水与海平面的水是完全一样的。实现能量的突破关键在"窍",就是让湖水有流出来的孔洞,就是在山上开窍,开了窍以后高山湖水的能量就能被充分地利用起来。而孩子大脑中潜能也是为各种所谓的"高山"所阻隔,被世俗的偏见、自卑、懈怠等消极因素制约着。

对于孩子的"开窍"就是开发孩子智力,孩子探索欲旺盛,对任何事情都充满了强烈的好奇心,他们就很容易接受一些新奇有趣的事物。孩子的心理主要是在活动中得到发展,在游戏活动中实现"开窍"。

孩子最喜欢的活动就是游戏,在游戏中每个人都要充当一定的角色,表演这样那样的动作。他要说要做,为了能说好做好,就得动脑筋好好想,这就促成语言和思维能力的相互发展。特别是一些带有竞赛性和受时间限制的游戏,更能培养孩子敏捷性和灵活性。训练孩子的口头语言的完整性和清晰性,也是使孩子开窍的极好方法,如即兴说唱法。所谓即兴说唱,就是让孩子在高兴时,随他的情趣所至,见什么说什么,说什么就顺口唱什么。孩子是爱说爱唱的,他对什么事情都会感到新鲜,受好奇心的驱使,对所遇到的新事物,都愿问问说说,说得高兴了就会哼唱起来。这种连说带唱的方式,能够训练他的观察力、思考力和想象力。孩子能说唱得顺口完整,就标志着他的思路清晰明确。所以,做父母的应在日常生活中,想办法启发和鼓励孩子的即兴说唱,训练孩子具有随机表达自己情趣的能力。

3. 遐想法。

牛顿的万有引力的发现就是牛顿坐在苹果树下遐想的结果,而爱因斯坦的相对论的诞生也是通过遐想诞生的。一个炎热夏天的午后,爱因斯坦出来散步休息,看到满山坡长满了葱绿的青草,禁不住找到一个树荫躺了下来,惬意地眯起了眼睛,透过微闭的眼睑,凝视着太阳,玩味着通过睫毛而来的光线。当时他开始想知道沿着光束行进会是什么样子,他就像进入了梦境一样,全身轻松地躺在那里,他的思绪任意地邀游在光线中,幻想着他自己正沿着光束行进。突然他意识到这正是他一直苦思冥想所探求的问题的答案,这个意识正是相对论的精髓。

4. 砥砺法。

一粒种子里所蕴含的生命力是非常巨大的,在它发芽生长的时候即使上面压着一块沉重的石头,种子也可以顽强地将石头顶起、掀翻。而且石头的重量越大，种子的力量也就越大。因此，开发孩子的潜能的时候也可以采用砥砺法，根据孩子的特点来设置合适的困难，让孩子通过努力不断克服困难，不断激发大脑中神经元之间的突触，产生征服困难的内在兴奋感。

## 孩子的天赋需要持久力的支持

激发孩子的潜能并不简单，这是一个使孩子顿悟的过程，就如同佛学里的"顿悟"一样，表面看上去没有可掌控的东西，实质上功到自然成。对于孩子潜能的开发，做家长的不要有侥幸心理，对孩子潜能的开发不要去做任何的时间限制，它是有一定步骤可循的，经多方面研究，以下四个步骤是有足够依据的：

1. 开发孩子潜能时，家长首先要为孩子设立一个目标。

对孩子潜能没有目标地去开发实际上没有任何价值，因为没有目标的指引，孩子的潜能根本无法释放出来，所以激发孩子的潜能应当从确定目标开始。例如费罗伦丝·查德威克几次横渡海峡的故事。

1952年7月4日清晨，加利福尼亚海岸笼罩在浓雾之中，在海岸以西21英里的卡塔林纳岛上，费罗伦丝·查德威克涉水下到太平洋中，开始向加州海岸游过去。要是成功了，她就是第一个游过这条海峡的女性，在此之前，她已是成功游过英吉利海峡的第一位女性。

渐渐地海面浓雾弥漫，海水冻得她身体发麻，她连跟在身旁的护送船都几乎看不到。时间一分一秒地过去，成千上万的观众在电视前看着。凶猛的鲨鱼有几次都快靠近她了，被人开枪吓跑，她仍然在游。在渡海游泳中她遇到的最大的问题就是冰冷刺骨的水温。

游了15个钟头后，她的身体被海水冻得发麻，疲惫至极。她再也游不动了，只好叫人拉她上船。船上的人都告诉她海岸很近了，叫她不要放弃。但她朝海岸望去，除了浓雾什么也看不到。

在船上过了一个小时，她才觉得身体暖和了些，有一种失败的打击涌上心头，她不假思索地说："说真的，我不是为了自己找借口，如果当时我看见陆地，也许我能坚持下来。"

她上船的地点离加州海岸还有半英里。她说："令我半途而废的不是疲劳，也不是寒冷，而是因为我在浓雾中看不到前面的目标。"

可见目标的作用就是确定奋斗的方向，在孩子的实际学习生活中，目标的作用也是如此，起到了自我评价的作用。

孩子通过一段时间的努力，使自己的能力迈上一个新的台阶，达到一个新的层次，这是每个正在成长的孩子都能做到的。

由小的量变质变积累到一定程度就会出现大的量变质变，这是客观规律，也是孩子潜能开发的一种螺旋式上升的形式。这就要求把孩子潜能开发的目标和"小、近、实"的阶段性目标结合起来，让孩子心中既有远大美好的愿望，又有适当高于自身水平的目标进行激励，求得远大目标的实现。

孩子有了目标，就有了动力、有了责任、有了勇气；如果孩子心中没有追求的目标，就会变得无聊、孤独彷徨，面对生活显得不知所措。要是孩子没有远期目标，他就会变得没有气势；要是孩子没有中期目标，他就会变得没有精神；要是孩子没有短期目标，他就会变得不勤奋。

2. 开发孩子的潜能时，家长要时刻控制好孩子的情绪。

人身上有各种情绪的变化，而人自身很多时候往往难以控制自己的情绪，可以说人是情绪化的动物。在开发孩子潜能的过程中，最大的敌人不是困难挫折而是孩子的不良情绪。情绪一坏，孩子就在心理的力量上解除了武装，别说是挖掘潜能，就是原来已有的能力和技巧也发挥不出来。

情绪既然可以影响行为，那么反过来，行为也会影响情绪。比如，给自己一个微笑，那么自己的心情就立即会感到有几分愉快。所以说人的情绪是可以控制的。家长要指导孩子学会控制情绪，这对孩子来说是一件很重要的事情，孩子一旦学会了控制情绪，他就一定能不断超越自己、创造自己，成为自己情绪的主人，并且在开发潜能时将其发挥到最大值。

3. 开发孩子的潜能时，家长要鼓励孩子在艰难困苦中磨砺意志。

这个世界上既有卓越非凡的人，也有众多平凡朴实的人，卓越的人受人尊敬，平凡的人一辈子过着平实而微不足道的生活，从生活意义上而言，两者都是无可厚非的。

探究卓越与平凡之间的区别，对孩子潜能的开发具有现实意义。卓越与平凡的区别之一，就是头脑里拥有的知识含量，这个区别就是意志力。意志力，不是爆发力而是一种韧性，无坚不摧的往往正是这种看似绵薄但后劲十足的持久力。

比如说，孩子在上体育课的时候，有一种双手悬挂运动。一般的孩子都能在单杠上坚持十几分钟，当觉得坚持不住了，就从单杠上安全地跳到地面。如果设想一下是身处险境，你的双手握住的是在高空飞翔的机翼，而不是离地面两米的单杠，面对死亡的危险，不知道什么时候才可以得救，于是只好耐心地坚持着，这时，也许你能超乎寻常地坚持一个小时，甚至更长，这就是意志的力量。

人在很多情况下被自己的思想所限制住了，认为有很多极限自己是无法超越的。为此很多人做事情，在遇到困难的时候就轻易放弃了，就像从单杠上跳到了地面一样，很多家长对孩子的潜能开发也是这样。

成功往往是在最艰难的时候，再坚持一下。孩子的潜能开发也是一样，孩子的学习是一个艰苦忍耐的过程，孩子的潜能能不能得到有效开发，就在于遇到困难的时候是否具备足够强的意志力。

开发潜能就像钉钉子，钉子要钉进木头里，一靠钻，二靠挤劲。钻就是刻苦钻研，遇到问题决不放弃，不彻底解决不罢休，这样对知识就会有更加深刻的理解；挤劲就是像挤海绵里的水一样，充分使用零角边料时间，这样才能将学习时间实质上延长。无论是"钻"还是"挤"，都需要孩子付出超乎寻常的意志。

要记住意志是和目标联系在一起的，如果没有目标，孩子的意志就很容易出现断节，意志需要目标来保证。人生非常重要的一项能力就是做事完成的能力，孩子特别需要这种能力。

4. 在开发孩子的潜能时，家长要培养孩子将精力专注于一点。

对于地球来说，太阳的光能是非常巨大的，普照大地，滋养万物，用一把放大镜将阳光聚焦于某一点，就会引燃一根火柴。太阳能能做饭烧水，其原理就是使用了聚焦,用一句话说就是专注。许多的事实告诉人们,专注是可以产生奇迹的。

有一位出色的钢琴调音师,几十年如一日地辛勤工作。在一次校音的时候,人们惊讶地发现,他调琴不像一般调琴师先用手拨动琴弦,然后用耳朵去辨认音阶和音色;他是拨动琴弦后,用他的鼻子去闻,闻上几十秒钟,便可以清晰地校音了。

面对他的绝技,有人好奇地问他这是怎么做到的,他说:"刚开始的时候,我也是用耳朵去听,静静地仔细去辨认,在几十年的日常生活里,每天都这样认真专注地去校音,渐渐发现,自己的嗅觉也具有了辨认音阶音色的能力,这些都是在不知不觉中形成的。"

奇迹发生在钢琴调音师身上,却连他自己都感到奇怪纳闷。可事实告诉我们,奇迹通常就是在专注中发生。说是奇迹倒不如说是人的自身潜能得到了开发,在专注的前提下得到了发挥。

孩子的专注是灵魂获取酬劳的唯一途径,专注本身也是激发孩子潜能的必要条件。专注的最高境界是痴迷,是孩子让大脑进入了较深层次的智力快感状态,这种兴趣让孩子进入一种痴迷的忘我境界。一旦孩子养成了专注的习惯和个性,那么他的智力活动便进入了一个质的提高期,而这种让孩子专注的事物也必将成为他日后生活中极其重要的部分。

培养孩子专注精神的方法,是将孩子的注意力集中到通过自己努力能实现的目标上来。

首先是培养孩子的定力,帮助孩子排除干扰,使孩子的心神坚定,不乱不散,集中力量突破一个问题。在这个过程中,家长要帮助孩子确定自己心中的信念,通过自律,做到坚定不移,做到充分调动所有的器官听从大脑的指挥,比如手、脚、眼、鼻等等,去完成自己已经确定了的事情。

其次是培养孩子的定向力,确定一个着眼点,一旦选定,轻易不转移。家长怎样帮助孩子选定明确的方向呢?第一是和孩子一起寻找准确的科学的参照标准;第二是如果很难确定是否值得或者应该做,那就立即决定,假定这个方向就是孩子努力的方向,在这个假定下立即去做。

# 第九章

## 如何诱发孩子的求知欲

"兴趣"是孩子探索的动力，只有动力充足，才能扬起生命的风帆。质疑是催生孩子潜能的沃土，家长的呵斥则是扼杀孩子潜能的刑场。

对于孩子来说，发自内心的梦想、兴趣等，这些就是求知欲的通道。

兴趣来自于孩子内在的好奇心，在好奇心的驱使下去探索是孩子的一种天性。好奇心是孩子发自内心去求知的愿望，即对知识的饥饿感，渴望将事情弄明白，渴望将事情做得更好，渴望能通过学习去解决和处理问题。但是在孩子的成长过程中却逐渐丧失了求知欲，造成这种现象的原因是家长不当的教育方法阻塞了孩子的兴趣。

质疑就是抓住了求知的真谛。鼓励孩子质疑，善待孩子的提问，是引导孩子爱学的捷径之一。那么，做家长的该怎样将质疑落实到孩子的身上呢？

## 如何挖掘孩子的兴趣

对于孩子来说，发自内心的梦想、兴趣等，这些就是求知欲的通道。兴趣来自于孩子内在的好奇心，在好奇心的驱使下去探索是孩子的一种天性。也可以说，好奇心是孩子发自内心去求知的愿望，即对知识的饥饿感，渴望将事情弄明白，渴望将事情做得更好，渴望能通过学习去解决和处理问题。但是在孩子的成长过程中却逐渐丧失了求知欲，造成这种现象的原因是家长不当的教育方法阻塞了孩子的兴趣。

有这样一个故事：

有个孩子把母亲刚刚买回来的一个闹钟当做新鲜玩具拆散了，孩子的母亲就狠狠地揍了他一顿，教育专家听说这件事情后，幽默地说："恐怕一个中国的爱迪生被枪毙了。"

教育专家又说："孩子这种行为是一种好奇心，他想知道里面是什么，也是孩子创造力的表现，此时作为家长不该打孩子，要解放孩子的双手，让他从小有动手机会。"

"那我现在应该怎么办？"这位母亲听了教育专家的话，觉得很有道理，再仔细想想自己的行为，感到有些后悔。

"补救的办法是有的。"教育专家接着说道，"你可以和孩子一起把闹钟送到钟表铺，让孩子站在一旁看修表匠如何修理。这样，修表铺就成为孩子学习的课堂，修表匠成了老师，你的孩子就学到了知识，修表费成了学费，孩子的好奇心就可以得到满足了。"

他就是著名的教育家陶行知先生。陶行知先生是创造教育的倡导人之一，他认为人的创造是根本之根本，而教育的一个宗旨就是激发孩子的创造力。

孩子的学习是一项具有探险性质的创造性劳动，孩子的探索好奇实际上就是一个不断创造的过程，不管是哪一门学科的学习，都需要创造。如何把孩子的好奇心转移到学习愿望上来？这个转移的过程实际上是孩子左右大脑结合使用的过程。或者说，左右大脑是否能够结合使用，是为什么人人都有好奇心，但不可能人人都成为爱因斯坦的主要原因。

兴趣是孩子探索的动力，只有动力充足，才能扬起生命的风帆。对孩子兴趣的培养挖掘一般有以下几个基本方法：

1. 在玩中掌握学习方法。

家长参与孩子的游玩，在游玩中去教会孩子一套掌握知识的本领。孩子主动去玩的原因都是因为好奇心，家长对此不要抱怨，少说那些"我的孩子只知道玩"，或者总和孩子说"只知道玩，玩是没有出息的"。不过，如果孩子总是重复一个结果非常明显的游戏时，家长就应该规定时间，在规定的时间内任由孩子去玩。

2. 家长向孩子请教，激发孩子的学习热情。

现在的孩子具有很多值得成人学习的地方，做家长的要放下身段，并虚心向孩子学习。

3. 拓宽孩子的生活，开阔孩子的视野。

孩子在亲近大自然的时候会接触很多事物，会去多读书、多联想，在这个过程中会激发兴趣爱好。孩子在接触山川、河流、海洋、植物、动物的过程中都会激发出热爱生活的激情，在面对艺术、科学、高科技等纷纭复杂又变幻莫测的大千世界，会随时唤起内心的好奇。赋予孩子以更加开阔的生活，在开阔的实践中，引导孩子积极思想，展开联想，感受愉快，强化体验。这样学习兴趣、爱好，包括一种说不清楚的强烈的学习要求，都会从内心里自然产生和发展。

4. 找到孩子的兴趣去进行突破。

家长培养孩子的兴趣，要确定重点，找准一个基点去突破，学会举一反三。简要地说，就是帮助孩子认清自己的特长，发扬自己的优势，使自己的优势部分充分发挥出来。

比如孩子在学习上比较偏爱某一门功课，那就让这门功课出类拔萃，获得老师和同学们的肯定、称赞，这样做是形成孩子中心兴趣最有效的办法了。

品质卓越的人个性特征之一就是生活中有主要的兴趣和非主要的兴趣。对于孩子来说要避免兴趣的随意性，不要今天对这个感兴趣，明天又对那个感兴趣，到最后哪个兴趣都不稳定，对哪个兴趣都不投入劳动，也没有成果，很随意。这种随意性对孩子的学习和发展是不利的。

5. 家长在对孩子兴趣的挖掘过程中，可以使用转移法。

把孩子对其他方面的兴趣转移到学习兴趣上来的方法，叫兴趣转移法或迁移法。如，有的孩子爱好唱歌，那么多唱一些英语歌曲就会增加外语学习的兴趣。

孩子对其他方面的兴趣里，都包含着学习的内容，都与学校设置的基本课程有内在的联系。把某一方面兴趣的体会和经验表达或书写出来，就会转移到语言、作文等兴趣上来。把某一方面兴趣提高起来，就很需要外语或数理化等科目做基础，从而引导外语或数理化等科目学习兴趣的发展。

家长要善于联系、因势利导，帮助孩子从自身具体情况出发，不断努力，把其他方面的兴趣转移为学习兴趣，而这也是容易成功的。

6. 家长和孩子针对问题可以开展讨论。

讨论学习是现代群体互动式的学习，讨论学习有利于孩子获取真知，增强能力，发展交往。进行探索研究性学习，也有利于形成和发展学习兴趣。孩子在讨论中，最能展示他们思维的深刻性、灵敏性、丰富性和批判性。讨论也最能调动人的情感，出现热情和激动，激烈的讨论和争论也最能激发学习的兴趣和探索研究的兴趣。所以，鼓励孩子与同学、老师和父母经常进行讨论是激发孩子兴趣的一种好方法。

7. 家长对孩子兴趣的培养中，更要保持理智。

孩子兴趣的培养，愈来愈多地需要他自己自觉地进行。兴趣还需要不断去巩固、保持、发展，这些都需要理智。

把兴趣和远大目标结合起来，形成志趣，这需要学习目的；树立远大理想，这需要理智。结合时代特征，对兴趣进行全面管理更需要理智。总之，要引导孩子充分利用兴趣，调控自己、更新自己、发展自己。

## 质疑是抓住了求知的真谛

当家长面对孩子时，往往习惯于强调孩子"听话"，而不习惯孩子提出的"质疑"或"批判"。其实孩子的质疑是他的重要思维方式之一，因为质疑，孩子在寻求正确的答案中才会变得聪明，这是孩子智能训练的最好方式。

孩子的思想，是处在一种极其活跃也极其混乱的状态之中的，他们的"胡言乱语"就是老天赋予的权利。

孩子向家长提出心中的疑问的时候，有些家长没等孩子说完，就大声呵斥孩子："闭嘴！你一张嘴我就知道你要说什么，不许乱说！"孩子从此不敢提出心中的疑问，孩子在家长的呵斥中不再相信自己的眼睛和大脑，更不相信自己的质疑，成为了家长的影子。

质疑是催生孩子潜能的沃土，家长的呵斥则是扼杀孩子潜能的刑场。

有一道测试孩子的智力考题，说："树上有5只鸟，猎人打死一只，树上还有几只鸟？"如果孩子回答"一只也没有了"，就被认为是智力正常。

一天，有个家长用这道题来问儿子，儿子想了想，才回答："树上还有3只鸟。"

家长一下愣住了，问："怎么会还有3只鸟呢？"

儿子天真地说："鸟妈妈被打死了，鸟爸爸吓飞了，鸟窝里的3个鸟娃娃不会飞，所以，树上还有3只鸟。"

儿子说完，家长感到震惊。孩子的心中充满爱心，说出这样的答案又怎

么能说不对呢！他的答案多么现实、多么深刻、多么富有感情！但是在现实所谓的标准考试中，这样的答案常常被认定为错误。在一个没有善意的环境中，孩子提出的质疑，遭到的却是嘲弄的耻笑。

四年级某班正在上语文课，学习课文《麻雀》。《麻雀》一文的大意是：一个猎人牵着猎狗走在森林里，突然，一只刚出生不久的小麻雀不小心从树上的窝里掉了下来。猎狗一见，立即扑了过去。在这危急关头，一只老麻雀"呼"地飞了下来，发出凄厉的叫声，并用身子挡住小麻雀，用尖嘴朝猎狗的眼睛啄去。那猎狗一见竟被吓退了。猎人见此情景，对老麻雀顿生敬意，把猎狗带走了。

读完课文，老师问同学们："请问，一只小小的麻雀，何以敢与凶悍的猎狗较量？这只老麻雀的行为表现了什么精神？"

显然，老麻雀的行为表现了伟大的母爱。

可是，一个女孩子举手了，她说："我不同意这个答案。"

老师愣住了，问她为什么。她回答："您怎么知道这只老麻雀是母的呢？这篇课文从头至尾没一个地方说明它是母麻雀，怎么就表现了母爱呢？为什么不是父爱？"

全班一阵哄堂大笑。老师却表扬这位女生说："你善于独立思考，提出了一个很好的见解。我们应当把答案改为：这只老麻雀的行为表现了伟大的亲子之爱。"

面对孩子的质疑，家长及时给予鼓励，有助于孩子养成勇于质疑的良好习惯。尤其是现在的孩子思想比较活跃，一旦心中有什么疑问就会大胆地提出来。譬如，学习《邱少云》一课，就有孩子问："烈火在邱少云叔叔身上熊熊燃烧了20多分钟，他手里握着压满子弹的冲锋枪和身上带的手榴弹，为什么没有炸响呢？"还有孩子在学习《聂耳》一课时问："课文说聂耳在雨中拉着小提琴，发出悠扬的琴声。可是，雨水打湿了琴弦，琴弦怎么还会发出悠扬的琴声呢？"

孩子能够发现问题，并敢于当众提出来，这是多么了不起的事情！这才是孩子在真正地学习，成了学习的主人，真正养成了科学学习的态度。家长应当给孩子以及时的表扬，努力使这些偶尔出现的质疑，成为一种稳定的质疑习惯。

质疑就是抓住了求知的真谛。鼓励孩子质疑，善待孩子的提问，是引导孩子爱学的捷径之一。做家长的该怎样将质疑落实到孩子的身上呢？

家长要营造氛围，让孩子敢问。家长在对孩子的学习辅导上，应由原来的单向辅导变为和孩子双向互动。孩子在学习上出错并不可怕，家长对此要采取宽容的态度。当孩子提出问题时，哪怕是非常幼稚的问题，家长也要对孩子采用语言上的激励、手势上的肯定、眼神里的默许等手段，给予孩子充分的肯定和赞赏。

尽量拓展孩子生活的渠道，让孩子在增长见识中会问。当孩子还未养成提问的习惯或者所学知识较难时，可以和孩子进行讨论，然后由孩子提问题。另外，父母也可以设计好问题，引导孩子模仿提问。提问内容由浅入深，由易到难。经过一段时间训练，孩子初步掌握了发现问题和解决问题的方法后，就可以在学习辅导中留有一定时间让孩子独立质疑，自我展示。

重视孩子提出的每一个问题，孩子提出问题，一般可以先反问，让孩子自己去寻找问题的答案。面对孩子质疑，家长的回答尽量用"是"和"不是"。鼓励孩子与其他人讨论，每当孩子们争得面红耳赤的时候，正是孩子好奇心得到提升的时候。家长可以给孩子一些没有标准答案的问题，让他深入思考，提示孩子从不同角度分析事物的优缺点。

## 让孩子放飞自己的梦想

对于孩子来说,有自己的梦想是件引以为豪的事情。家长对孩子的信任和尊重,是孩子保持好心情,进入快乐学习状态的要素,而孩子的梦想又是要素的核心。

孩子的心有多大,将来的舞台就有多大,每一个孩子都有自己的梦想。这个梦想也许不能实现,也许只是一个妄想,但是孩子不能没有梦想,因为梦想是照亮孩子心灵的太阳,是孩子心中最美丽的憧憬,它将引领孩子走向一个又一个的成功。

英国物理学家布拉格出生在一个非常贫穷的家庭,他凭借着自己对梦想的不懈追求,通过顽强的努力,终于取得了很大的成就。

后来他说:"那段贫穷的岁月,成为了日后激励我前进的动力。"

布拉格在学校读书时,因为家里经济条件太差,父母无法给他买漂亮的衣服,甚至连一双合脚的鞋子都买不起,他常常是破衣烂衫,拖着一双与他的脚很不相称的破旧皮鞋。但年幼的布拉格从不曾因为贫穷而感觉自己低人一等,他更没有埋怨过家里人不能给他提供优越的生活条件。那一双过大的皮鞋穿在他的脚上看起来十分可笑,但他却并不因此自卑。相反,他无比珍视这双鞋,因为它可以带给他无限的动力。

原来这双鞋是他父亲寄给他的。家里穷,不能给他添置一双舒服、结实的鞋子,即便这一双旧皮鞋,还是父亲的。尽管父亲对此也充满愧疚,但他仍给儿子以殷切的希望、无与伦比的鼓励和强大的情感支持。

他的父亲在给他的信中这样写道:"……儿呀,真抱歉,但愿再过一二年,我的那双皮鞋,你穿在脚上不再大……我抱着这样的希望,你一旦有了成就,我将引以为荣,因为我的儿子是穿着我的破皮鞋努力奋斗成功的……"这封寓意深刻、充满期望的信,一直像一股无形的力量,推着布拉格在科学的崎岖山路上,踏着荆棘前进。

梦想,无论是否可能实现,都是梦想,与理想是有一些区别的。孩子的梦想,是世界上最有价值的珍宝,它将带领孩子充满憧憬地去面对学习中的任何一个困难。家长对孩子的梦想的态度决定了孩子的发展方向,所以无论能否实现,都要珍视孩子的梦想。

诱发孩子的求知欲,第一个接口就是让孩子不断有梦想,并在梦想的自我熏陶中去做每一件事情。家长的明智之举,是在孩子的梦想面前,千万不要泼冷水,无论你觉得孩子的梦想多么可笑。面对孩子的梦想,勇敢地告诉孩子,世界上没有什么是不可能的。引导孩子把自己的每一个梦想都描述出来,也可以让孩子写一篇题为《我有一个梦想》的作文。经常与孩子一起重温他的梦想,感受美妙本身正是梦想的根本意义。

## 让孩子体验到成就感

比尔·盖茨说:"没有什么东西比成功更能激起进一步追求成功的努力。"人活着总要有一些追求:追求情、追求钱、追求权、追求名、追求心灵精神的完美等等。

西方心理学家马斯洛提出一个需求层次理论,该理论认为:人的需求不仅有不同的种类,并且有高低层次之分;满足了低层次需求之后,人自然而然地就会追求高层次需求的满足;在各类需求之中,吃穿等生理需求是低层次需求,爱和成就感是高层次需求。

依照这种理论来推断,如今孩子所追求的东西中最重要的应该是爱和成就感。就成就感而言,如果孩子执著地追求,终究会获得。现实的情况是很多孩子缺乏成就感。

学习兴趣开始变少,学习动机开始变弱,而且陷入了灰心、自卑、害怕、厌倦、退缩、逃避的心理怪圈中,孩子一旦厌学,就会容易陷入坏情绪的恶性循环之中。

孩子在学习上能够获得的成就感有限,而成就感是孩子学习动力的主要来源之一。有两个因素阻碍了孩子在这方面获得成就感。

第一个因素是家长常对孩子提出不切实际的要求,即使孩子拼命努力也难以达到家长要求的学习目标。在这个过程中孩子总是遭受挫折,自然就享受不到成功带来的喜悦。

第二个因素是学校把考试分数作为衡量孩子学业水平的唯一标准。在这种单一的学生分层里,真正居于最上层的只有少数学习精英,多数孩子能在学习方面得到的成就感比较有限,更不用说那些被称为"差生"的孩子了。

## 第九章  如何诱发孩子的求知欲

家长还剥夺了孩子在学习以外获得成就感的机会。现在的孩子都很受宠，很多事情家长都舍不得让孩子动手。除了宠爱孩子之外，父母也担心孩子们从事学习以外的事会占用宝贵的学习精力和时间。不做事情，成就感当然不会凭空产生。

孩子的成就感通常来源于对困难和逆境的不断克服，以及成功之后不断获得的认同与反馈，给予孩子积极的评价是帮助孩子获得成就感的唯一通道。

家长对孩子只需放手，在旁边做一个有心人，注意观察孩子在生活和学习过程中的每一个进步，小进步小激励，大进步大庆祝。优秀的家长总是能敏感地发现孩子的每一个变化，并及时作出表示，或者是一个眼神、一句赞扬的话、一张表扬性质的纸条等等。

如果没有这种习惯，那么应当努力去养成这个习惯。孩子在学习上出现问题，大部分原因是家长没有善于发现。

需要强调的是对孩子不能过多地使用物质奖励，因为它与成就感没有必然的关系，甚至容易转移并削弱孩子对成就感的积聚、感知。

家长要科学地灵活地用别人的孩子作比较。使用比较的方式来激励孩子也分正确与错误。错误的比较，比如，"你看谁谁得了100分，你才得80分，你真笨，没出息的东西"或者"人家就是聪明，智商一定高，而你呢？认命吧，天生就比人家笨"等等。

比较是很正常的，但错误的比较将会打击孩子的自尊心。自尊心是孩子最宝贵的东西，没有自尊心就不可能有成就感。所以比较一定要掌握分寸，这个分寸是鼓励，而不是诋毁或者发泄，比如可以这样比较："你看，他那样做倒不错，你也可以试试这样做，没准你做得更好。"

明智的家长会注重过程，淡化结果，努力为孩子减少消极压力。家长要是只注重一时的分数，而不考虑整个过程，容易将孩子逼进心理的死胡同。

孩子的兴趣和能力都是成就感成长的沃土。兴趣可以激发孩子的自主探索欲望，能力是孩子发展的现实条件。在学习之外，只要有可能，家长都可以为孩子创造可以获得成就感的机会，对于成就感少的孩子更要如此。

孩子心里有期望就有力量，有目标就有了努力的方向。所谓成就感，简单说就是当一个人朝着期望的方向努力，看到目标越来越近时，心理上产生的愉快感觉。家长为孩子设定合理期望的前提是了解孩子的特性和现有能力。

孩子取得成就感的过程应有一定难度，一般孩子若有同伴的竞争，学习或做事的效果会更好。不过，难度应控制在孩子经过努力可以达到的范围内，竞争也不能沦为恶性竞争。

同期望一样，评价也是一种重要力量。前者属于事前拉动，后者则是事后推动。评价的宗旨始终是从孩子角度出发促进孩子真正的成长。无论是指出不足或者给予欣赏，评价都应是建设性的，能让人看到希望的。

家长对孩子成就感的培养方法可以借鉴以下具体操作：

着手阶段主要是了解孩子，包括他的特性、现有的成就感状况、能力、成就需求等。了解的方法是多沟通。家长最好能够与孩子的生活世界建立起广泛的联系，除了与孩子本人之外，与孩子的朋友、学校老师等都可以多加接触。

不同的人会提供不同氛围的相处环境，孩子的表现也随之不同。从不同场合了解孩子的表现以及别人对他的评价，可以帮助父母更全面地认识孩子，甚至从新的角度发现孩子。

孩子们各有天性，感兴趣及擅长的事都各有特点，这些特色之处正是他们成就感的生长点。不同孩子对于成就的需求也有所不同。至于对孩子能力的了解，也需要经过很长时间的观察与积累。除积累自身观察经验与借鉴别人育儿经验之外，家长也需要补充相关知识，心灵之眼才能更加明亮。

培养成就感最好的保障就是关注过程。过程是孩子最有价值的体验，家长对此也需要关注。只要有可能，都请让孩子独立完成。

一旦结果出来之后，恰如其分的评价是必须的。不过请注意：同一桩事从不同的角度看可以有不同的解释，一定要选择能促进孩子成长的那一种。

在某一领域里建立的成就感可以带动孩子整个人的发展。当孩子取得一定成就感之后，他就获得了自尊与自信的一个生长点，只要善加引导，他同样会在其他方面令你喜出望外。比如说，对于成绩差的孩子，如果他已经在书画、体育等方面拥有比较好的成就感，家长就可以从他熟悉的领域入手，将其视线巧妙拉回到学习上。

孩子的自信是逐渐积累下来的。通过观察他人对自己的评价，以及自我反省，孩子会逐渐形成关于"我是怎样的人"的自我观念。孩子周围不同的人可能会给予他不同的评价，有些言论会伤害孩子，孩子们好不容易消除的自卑情绪也可能因此有所反复，必要时父母需澄清各种评价，强化对孩子的肯定。

## 让孩子常保持一颗感恩的心

有一个女孩从小就喜欢吃虾,她的母亲每天都从菜市场定量买来鲜虾给她做吃。每次炒好虾之后,孩子的母亲又仔细地将虾壳剥好,递给女儿,看着女儿将虾肉全部吃完。孩子的母亲从来不吃虾,虽然她尝不到鲜虾的滋味,但能看着女儿将虾吃完,既开心又满足。

小女孩的家境并不好,收入仅够维持生活。尽管物价上涨,收入微薄,但她的母亲仍节衣缩食,鲜虾照买不误。

有一天,母亲照旧给女儿做虾吃。也许是女儿吃腻了,盘子里剩下了一只虾。母亲以为女儿不吃了,怕浪费了可惜,就伸手去拿那只虾,想尝尝多年未尝到的虾味。

没有想到女儿这时却对她尖叫了起来:"这虾是我的,不准你吃!"

听到女儿这样说,这位母亲一下子呆住了,感到心寒难受,扭过头去擦拭溢出的眼泪。有滴眼泪刚好滴在手中的虾上。

女儿看到虾身上有水,觉得奇怪,问她是怎么回事。这位母亲不知道该怎么回答,就说那是一只流泪的虾。

故事中的这种场景,许多家长都不会陌生,因为类似这种现象和问题存在于太多的家庭中,孩子只知道一味地从家长这里索取,心里从不知道对父母感恩和回报,他们认为自己就是该天经地义地得到自己想要的东西,父母就应该理所应当地照顾自己。

不知感恩的孩子让父母心寒，家长无私地为孩子奉献，付出自己所有的心血，不去奢求孩子的回报，可孩子为什么连一颗感恩的心都没有呢?!

孩子不知道感恩，这一切其实都是家长自己造成的，是家长教会孩子这样"没良心"；正是在日常生活当中的点滴小事里，家长给了孩子错觉，让孩子错认为父母对他们好是天经地义的。

一个孩子心中不知感恩，不只会让他的父母寒心，也让他身边的朋友难过，更重要的是孩子在未来的生活中会很难感到幸福，而且遇到困难就想回避。有没有一颗感恩的心是事关孩子一生幸福的事，必须引起家长的重视。

感恩就是乐于把得到好处的感激呈现出来且回馈他人，不只是说句"谢谢"那么简单的事情。

家长该怎样教会孩子感恩，让孩子以感恩的心态面对生活中的人和事，让孩子一生都能体会到感恩带来的幸福感呢？

就感恩而言，它不是人类的天性，而是后天良好教育的结果。学会感恩，有一颗感恩的心，可以让我们珍惜自己所拥有的，可以让我们以一颗宽容的心为人处世；学会感恩，不仅是习得一种宽广的胸怀和高尚的德行，实际上也是一种深刻的能自我愉悦的智慧。只有懂得感恩的孩子才能发自心底地去好好学习。

让孩子懂得感恩，实质上就是培养孩子懂事，这样，孩子就能理解家长的苦心，并通过努力学习回报关心呵护自己的家长。

经对北京大学、清华大学、中国青年政治学院的100名优秀大学生进行的学习规律个案调查，其中有66名孩子在中学时期曾明确地把"回报父母的苦心"作为重要的学习动力之一。

这是现实的，而且从教育的原则出发，培养孩子健康的亲情体验，形成孩子丰富的内心世界，同样也可以将注意力全部集中到学习上来。

关于让孩子懂得感恩，教育专家为家长们提出了以下有效方法：

1. 不要包办。

不能让孩子习惯于被包办，这样，孩子就会认为你所做的一切都是理所当然的。

2. 不要太容易让孩子拥有想要的东西。

所有的父母都愿意为孩子提供最好的物质条件，尽管为此付出了很大的代价，但孩子往往感觉不到它的来之不易。所以，满足孩子的愿望应当学会量力而行，必要时可以设置步骤，一步一步地去满足他。

3. 让孩子受一些挫折。

特别是让孩子通过一定的努力去争取自己想要的东西，即使偶尔受挫也是没有关系的，只有这样孩子才能体会到父母的苦心。

4. 和孩子谈谈自己的艰辛与苦恼。

家长可以经常和孩子讲讲自己的工作艰辛和苦恼，这样，孩子才能在体谅和感恩中健康成长。

## 让孩子在挫折中激发求知欲

挫折，既可把人压得粉碎，也可让人百炼成钢。因为自身的缺陷或者受到了不公平的待遇或者评价，将会激发一个人产生自强不息的内在动力，而这种动力的着力点将很稳定地集中到一个方向上来，即通过改变并创造条件实现最佳效果。

我们都知道张海迪、海伦·凯勒以及保尔的故事，他们拥有不屈的精神和坚苦卓绝的意志，克服无数常人无法理解的困难，最终成为一个成功者。事实上所有的成功者，都须经历孤独、屈辱、失败，这一切在考验着他们的耐挫能力，这是一条亘古不变的真理。

那么所谓耐挫力是什么？耐挫力是指当个体遇到挫折时，能积极自主地摆脱困境并使其心理和行为免于失常的能力。

孩子心理耐挫力的高低关系到他将来的成就与发展，就此有人曾对诺贝尔文学奖的得主进行过调查，结果发现，他们中间有50%以上的人都有过坎坷不幸的童年。

爱迪生曾经说过："伟大人物最明显的标志就是他坚强的意志，不管环境变换到何种地步，他的初衷与希望仍不会有任何改变，而最终克服障碍以达到期望的目的。"

如今孩子耐挫能力不断下滑！究其原因是：家长对孩子的溺爱，因为是独生子女，所以家长把孩子视为"掌上明珠"，总想把世上的一切幸福都奉献给孩子，把一切不幸和痛苦都留给自己，为孩子铺设好了一条条鲜花盛开、绿树成荫的阳光大道，让他们看不到失败，不知道烦恼、苦难为何物，结果孩子在家长的精心保护下丧失了经历风雨的机会。在家里孩子是要风得风，

要雨得雨，一切以自我为中心，看不到世事艰难，也不会去照顾他人的感受。

家长对孩子百依百顺，每每遇到一点点的困难，孩子就会等待家长来帮助。孩子没有经历挫折的体验，就会出现人格缺陷，甚至成为知识的勇者，人格的懦夫。最后，经不起生活的检验和摔打而成为彻底的弱者，彻底的失败者。

巴西有一个小孩叫桑托斯，他和巴西的其他小孩一样，从小酷爱足球。不幸的是他得了小儿麻痹症，6次手术之后，虽然免于一死，但却留下了终身残疾，他的左膝盖骨变形，脚尖向外撇，肌肉发育不全，右腿也是严重的畸形，他不能站立，只能坐在轮椅上行动。

他看到街上的小伙伴们踢球，真是羡慕极了，有时候看得入迷，自己的脚步也不由自主地动了起来，可是当他的脚碰到轮椅上的挡板而疼痛难忍时，他又回到了残酷的现实。

正是依赖心中美好的愿望，他经常去顽强地锻炼，后来竟奇迹般地站了起来，丢开轮椅，能跑能跳，学会了踢球，而且成为国家队的主力，参加过第六届、第七届、第八届世界杯比赛，为巴西队连获两届冠军作出了卓越的贡献。

这个桑托斯，就是大家所熟悉的加查林。加查林是火箭鸟的意思，由于他比赛时满场飞快地奔跑，使人想起巴西最常见的飞得最快的火箭鸟。

加查林创造的奇迹，首先在于他克制了自己的痛苦，他没有坐在轮椅上向隅而泣，而是积极行动，积极地进行顽强的锻炼。其次，在于他看清楚了问题。他看出失败并未成为定局，只要努力，还有胜利的希望，身体的残缺都不算什么。

更让人想不到的是，他利用自己一只脚长一只脚短的特点，练出了在快速奔跑中灵活地突然转身变向的绝招，同时，利用左脚外撇的缺陷来做假动作，快速转身切入，成为世界足球史上的奇迹。

这是一件孩子在挫折中发奋的经典案例。当孩子受到挫折或者愤愤不平的时候，最重要的不是安慰，也不是等待着孩子自己去领会，然后去发奋，最好是与孩子共同分析，挫折的真正原因通常是准备不足，不是天赋或者人情世故。要孩子明白，努力去创造条件、改变条件；争取胜利要有理由，要有方法，更为重要的是如何改变条件达到最佳效果，这是发奋的核心。

告诉孩子要忍受孤独，因为上帝只帮助那些能帮助自己的人，人要有出息，必须忍受常人无法忍受的孤独与寂寞，在孤独与寂寞中才能卓尔不群。告诉孩子要忍受屈辱，因为暂时的屈辱与苦难是能磨砺一个人的意志的，只要心中有梦想，就可以坦然应对出现在面前的不幸，关键是我们做好自己手头上的事情。告诉孩子要忍受失败，因为机会的发生都存在于对失败的清醒认识之中，最重要的是我们立即去做。这些都是发奋的思想前提，简而言之，就是自强不息，艰苦奋斗。

"宝剑锋从磨砺出，梅花香自苦寒来。""不经霜寒的蔬果不甜。"生命只有在不断经受挫折训练，不断经历挫折打击，才能使失败成为进身之阶、成为无价之宝、成为成功之母。

## 给孩子一个榜样去模仿

孩子和家长在一起生活都会在无形中去学习父母身上不同的特质,家长的优良品行能让孩子成为一个拥有健全人格的人。

在日常生活的过程中,家长就是孩子最好的榜样!这一点却被很多家长忽略了,现在有的家长开始明白自身榜样的重要性,但还是停留在表面上,还没有真正想到去学习、去改变。在大多数家长的思想里还是觉得教育是学校的事情,作为家长在生活上照顾好孩子就行了,其实,生活才是最好的教育,家长要求孩子做到的,家长首先自己必须要做到。

现实生活中是什么现象呢?有的家长喜欢打麻将,一边在打麻将,一边呵斥孩子说:"你怎么还不去学习?"类似这样的情景时常层出不穷,作为家长别忘了你现在的模样就是一个榜样作用。

孩子具有很强的模仿能力,因为模仿学习是发展的主要途径之一,模仿的榜样塑造着成长中的孩子。比如:4岁的孩子会像模像样地学爷爷看牙,因为爷爷是牙医;一个寄养在外地的孩子,没多久就学会了本地方言;随着孩子长大,就会发现孩子走路越来越像爸爸,笑越来越像妈妈,讲起话来俨然一个"小大人"。在不经意间,家长会发现孩子竟然学会了很多很多,而大人好像并没有刻意地去教他,这就是常说的"潜移默化"。一般而言,家长是孩子最初的模仿榜样,除非孩子不同他们生活在一起。所以,家长更要注意自己的言行,为孩子树立良好的榜样,尤其要注意行动说话,如果言行不一,将是一种失败的榜样作用。

家长榜样的作用千万不能小看,榜样对孩子的心灵是一股非常温暖有益的阳光,而这种阳光是没有任何东西可以代替的。

在以往对孩子进行教育的时候，家长通常喜欢拿孩子感觉不到的英雄人物或者伟人来做材料，这种激励是必要的，但起不了根本的作用。

经过研究发现，所有优秀的孩子，在自己的学习过程中，总是存在着不同时期的模仿榜样。从成功学的原理上看，模仿成功者的态度是一条成功铁律。就是说，今天，你看什么书，跟什么人在一起，决定了你成为怎样的人。与成功者交朋友，系统模仿成功者的态度、信念、习惯、策略，就是快速成功的最佳策略。

因此，为孩子创造一个具有明确榜样的生活氛围是很重要的，这样，孩子不仅能潜移默化地形成发奋的基本动力，而且也可以逐渐在模仿中形成适合自己的有效学习方法。

家长为了给你自己的孩子树立一个好榜样，就要学会为了孩子的学习而去交朋友。家长经常说："孩子啊，不要总跟学习不好的人在一起，要多与学习好的孩子在一起。"看起来这句话是对的，但实际上是不科学的。最好的办法是节假日自己一家人和朋友一家人在一起，或者聚会，或者外出度假，或者旅游等。

这种朋友最好具备两个条件——朋友的孩子比自己的孩子大一些；朋友的孩子因为学习获得了周围人的赞赏和认可。当然也不必太多，有一两个就行，这样，由于父母有选择地为孩子提供了一个接受潜移默化的教育激励氛围，不用再去强调应向谁学习，孩子自己就会找到模仿的榜样。

# 第十章

## 帮助孩子养成一套适合自己的学习方法

家长应当根据孩子生理和心理发展特点，运用行之有效的学习能力体系进行训练。找出孩子学习过程中的优缺点，并将学习能力化成每一个细小的学习环节，对其实施针对性训练，帮助孩子突破学习瓶颈，找到适合自己个性的学习方法，达到开发学习潜能的目标。

## 你的孩子爱学会学吗

家庭教育失误的结果，往往加剧孩子能力发展不均衡，使孩子从爱学变为厌学，让孩子的学习能力发展失衡。

学习能力可以分为知觉能力、语言能力、社会交往能力、理解能力、注意力和行为问题、大运动、精细运动7个方面。由于家庭教育产生的误区，导致很多孩子在这7个方面的学习能力和同龄孩子相比存在着很明显的不平衡。这种失调导致孩子的学习出现困难，造成学业落后。

长期以来，家长对此一无所知，而是习惯于把这些孩子视为不争气、不上进且成心捣乱的坏孩子。其实，这些孩子的智商并不低，也不是态度或品质上的问题。相反，他们还很聪明，智力水平正常甚至超常，只是在动用听、说、读、写、算等能力上的一个或多个方面未能达到适当水平，从而导致能力发展不均衡。

学习能力失衡，既有孩子内在原因，又有环境原因。不良的教育环境、缺少适当的教育机会、富有刺激性的食物、过高的教材要求都是导致学生学习能力失衡的重要原因。而家长的过度溺爱则是孩子能力发展的一大障碍。此外，独生子女们缺少伙伴，单调的生活妨碍了孩子在语言、动作及动手能力方面的发展。

从孩子发展的角度来看，学前期正是锻炼孩子综合能力的大好时机。家长要经常观察自己的孩子在哪些方面表现得好，哪些方面显得比同龄孩子落后，以便在早期有意识地为孩子的弱项能力多提供机会，使他的能力能够比较均衡地发展。

如何改变孩子学习能力发展失衡现状,使孩子真正摆脱学习压力,学会学习,掌握爱学与会学的方法呢?

家长应当根据孩子生理和心理发展特点,运用行之有效的学习能力体系进行训练。找出孩子学习过程中的优缺点,并将学习能力量化成每一个细小的学习环节,对孩子实施极富针对性的训练,帮助孩子突破学习瓶颈,使孩子找到适合自己个性的学习方法,达到开发学习潜能的目标。

爱学是会学的前提,而会学是爱学的保证,会学才能学好。爱学与会学是学习成功的两个必备的条件,二者缺一不可。

有一位名人说过:"态度决定一切!"爱学是孩子对学习产生兴趣的具体体现,反映了孩子对学习的态度。不爱学习的孩子学习就会被动,就不可能在课堂上积极参与,课后也就不会认真复习巩固,学习当然不会有好的成绩。

爱学习也未必能取得好的成绩,有一些孩子也不可谓不爱学,但却没有好的学习方法,这些同学一靠死记硬背,二靠题海战术,结果成绩平平。所以学习要讲究方法,即"会学"。作为家长必须在这两方面下工夫,只要能使孩子具备以上两个条件离成功也就不远了。

有关专家曾就学习方法对许多优秀孩子进行了访谈研究,同时对广大父母学习辅导情况进行了调查问卷,总结了一个优秀的学习方法。这个有效的学习方法就是:按计划完成。

为什么强调要按计划完成的方法呢?

原因有三个,一是生活的秩序为学习提供有利条件,设定目标,按照计划,有条不紊,就可以将一个人的心态调整到最佳状态;二是不断"完成",逐渐形成方法后,最后证实并不断积累起孩子的自信心,有了扎扎实实的自信心,什么困难都不在话下;三是"完成"可以不断激发孩子的学习潜能,潜能只有在从容不迫的情况下才能被开发出来。

按计划完成的方法培养要求:保证睡眠,有了充足的睡眠,才能保证身体的正常发育,才能为学习提供充沛的精力和清醒的头脑。无论如何,要保证小孩子每天10个小时的睡觉时间,初中生9个小时的睡觉时间,高中生8个小时的睡眠时间。

订立计划,家长与孩子共同约定每天的"专门时间"和"自由时间"。

孩子的自控力相对较差，所以需要父母和孩子一起订立好周计划和日计划，规定"学习专门时间"和"游戏专门时间"，同时也要给予孩子一定的"自由支配时间"。所谓自由支配是指完全由孩子自主选择。家长帮助孩子培养每天睡前十分钟小结的习惯，小结内容包括："今天完成了什么？""今天最有趣的事情是什么？""今天获得的最大进步是什么？""今天在学习上帮助了谁？"

## 鼓励孩子追求完美的境界

如今是信息时代，虽然电脑已经普及，但硬笔书写仍是日常生活中不可缺少的传递信息和知识的技能，写一手好字仍是一个优秀人才应具备的素质之一，更何况字是人的第二外貌。

常言道"字如其人"，字写得好坏在一定程度上反映了一个人的个性特征。有的字写得刚强，有的字写得温柔，有的字写得潇洒，有的字写得飘逸。那么孩子在写字时，也展示和体现了自己的个性。同时，随着书写能力的不断提高，可以使孩子对事情认真，讲究清洁，从内心去追求一种比较完美的东西。

孩子在认真写字的过程中会有一种体验，当他感觉哪些字特别美，间架结构特别合理时，他就会有一种美感，从而陶冶了他的情操。认真写字还可以帮助孩子变得沉着。要是孩子写字很潦草，看不清，透过这种表面现象，反映出孩子内心是比较浮躁，不会用心去做每件事。

书写能力的不断提高，可以促使孩子从内心去追求一种比较完美的东西。写字对非智力因素也有很好的作用，它可以塑造孩子的性格，以及对事、对人、对生活采取一种积极认真的态度。

关于写字，可以从《铭记"戒骄"柳公权》的故事中得到启示：

唐代大书法家柳公权，十二岁即能读诗写文章，并写得一手好字，被称为神童，因此他渐渐骄傲起来。

一天，柳公权和小伙伴在树下写字玩，这时过来一位卖豆腐脑的老人，柳公权得意地拿着自己写的字，对老人说："老爷爷，你看我写得好不好?"老人说:"这字写得就像我的豆腐脑一样,软塌塌的,没有筋骨。"柳公权很不服气,硬要老人写个字看看。老人说:"我写不好字,可有人用脚都比你用手写得好,不信你明天进城去北街看看。"

第二天,柳公权来到县城,一进城门就见北街的大槐树上挂了一个幌子,上书"字画汤"三个大字,树下围了许多人。只见一个没有双臂的黑瘦老人,光着双脚,坐在地上,用左脚压住铺在地上的纸,右脚夹着笔写对联,写得非常好。

柳公权看了既惭愧,又敬佩,要拜他为师,并请教他写字有什么秘诀。这个老人用脚提笔写道:"写尽八缸水,砚染涝池黑;博取众家长,始得龙凤飞。"还说:"我生来没有手,用脚写了50多年,现在还差得远呢!"柳公权听了,很有感触,把老人的话牢记在心,从此发奋练字。手上磨起了厚厚的茧子,衣肘补了一层又一层。经过苦练,柳公权终于成为我国唐代一位著名书法家。

字写得好不好是水平问题,但是工整不工整就是态度问题。另外,写字还要追求"写正确","写快","写好"。孩子形成认真写字的习惯有这样几个步骤:

1. 明确目标,激发孩子的写字欲望。

给孩子讲写好字的作用,让他在心里有要写好字的需求。教育也好,培养也罢,首要任务就是激发孩子的上进心,再也没有比一个人保持强烈的上进心和求知欲更可贵了。在孩子执笔之初,首先给孩子展示一些书法家的作品,让孩子深深感受到中华民族书法文化的博大精深。在孩子备感羡慕之际,也要让孩子感到写好字并不是高不可攀的事情,只要刻苦、认真练习,一定会取得较好的收获。总之,要充分调动孩子写字的欲望。

2. 赏识孩子,鼓励与奖励并用,调动孩子的写字热情。

鼓励和奖励并用,能调动孩子的积极性,激发他的学习热情。对他现有的字写得好的地方给予肯定,即使字写得再差的孩子,也要看到他好的地方。

3. 协助。

协助一定要有科学性。字第一是结构,第二是笔画,第三是隔线。结构差一点儿，字就会非常难看。但现在很多的人，包括一些大人，普遍结构问题不大，主要是笔画。这是因为缺少美感，或是不够留心，对字的笔画的基本走向分析得不够，缺少认识。所以要写好字，平时就要在笔画上下工夫。

让初学者彻底改变过去写字的方式方法，坚持下去，从一两个字练好开始，慢慢写几个好字出来，将自己的方法坚持下来，就会看到成效。

对孩子写字要有耐心。教育是一个形成过程，写字绝不仅仅是一种工具，更是一种思维方式，写一手好字仍是一个优秀人才应具备的素质之一。

## 教孩子细心与静心

影片《阿甘正传》中讲的是一个低智商孩子的成长故事。影片主人公阿甘因为智商低,不能像正常孩子那样去学校接受正规的教育,他的母亲就坚定地教给他知识、技能。阿甘在孩童时期经常遭受别人的歧视,随着他的努力,长大后,他取得了成就,获得了人们的尊重。

在阿甘胜利时,他微笑着告诉人们,做人就是把人的最基本东西做好。阿甘做每一件事情的时候,总在重复这样的一句话:"还小的时候,妈妈对我这么说……"而小时候妈妈对孩子所说的正是"最基本的",就像"过马路要走人行横道"那样简单而重要的事情。

人最容易在基本的问题上吃亏和犯错误,摔跟头常常是在认为最平坦的道路上。比如看课本、研究基本概念,就比做大量的题重要得多。

孩子学习最基本的要求就是细心看课本,事实证明所有在学习上获得好成绩的孩子,都非常重视课本的价值。

我国著名数学家华罗庚就怎么来读书提出了读书是"由薄到厚"再有"由厚到薄"的过程。

第一是要把书概读一遍,也就是"薄"的过程。在学习开始的时候把学习内容概略地读一读,概读有利于统揽学习材料,有助于后续学习中的理解和概括。

不同的学习时期,概读的要求也不同。学期开始时浏览全部教材,要知道全书分成几个大的知识单元,每个大单元的主要内容是什么。在学习转入每个知识单元时,要略读一个大单元分成几章,每章主要解决什么问题。学习新的一章时则看它分几节,学习几个概念、几个规律,解决什么问题。

对书的目录概读时首先要注意对象,因为目录体现了书本的基本内容和脉络。掌握了目录,就掌握了知识的大概。此外,概读时还要注意书的前言、章节的导引段落、总结段落和知识间的转折语句,它们往往揭示了知识的主要内容和内在联系。了解了知识的概要,对书的初步感觉就是"薄"。

第二是把书读"厚"的过程,这是读书的主要阶段,又叫"细读"。主要指对每一节内容的阅读。初读每节内容教材时还是需要略读,大体知道内文说的是什么,列出简要提纲,课文可以分成几大段,每一段从什么侧面说明和解决了什么问题。在略读的基础上再进行细读。要静下心来,细细地一句一句地读,重要的语句,看不明白的段落要反反复复读,可以采用勾画的方法帮助阅读,也可以采用"复述"的方法。

细读的基本任务是搞懂书里讲的是什么,不能用自己的认识代替书里的想法,把书的原意读偏了。在细读时要勤于思考,在思考的基础上才能理解,才能深入地读下去,"俯而读,仰而思"就是这种思考过程的写照。站在书的立场上,想想作者是怎么想的,他为什么这样说,他要表达怎样的思想,这样就可以把握书的思路;培养了孩子的联想方法,起到了举一反三的作用;要特别注意联想中的反例,那往往是理解难点的关键,或者把孩子引向发现。可把类似内容加以比较,看清楚异同,把认识引向深入。有时候书的观点和思路会与自己的认识和思路有距离、有矛盾,想不通的地方,可以对书提出质疑,这会加深对知识的理解。

孩子的"疑"是活跃思维、发展创造力的有力手段;孩子的"问"是最宝贵的读书学习状态。在细读过程中,联系到的内容越来越多,书就渐渐变"厚"了。

第三是再把书读"薄"的过程——复读。孩子在复读时应注意以下几个方面:一是巩固记忆。复读一般是用浏览、略读的方式进行,快速概略地阅读课本,熟悉的知识浏览一下,生疏了的知识点要多花一点儿时间唤起记忆,疑难不懂的地方要下工夫弄明白。二是理清教材知识的脉络。细读是钻进去理解知识,复读就是从部分知识中跳出来,从高处回看知识的整体。在复读中要理清知识间的逻辑关系,提出知识的脉络,列出知识的结构提纲,使知识条理化。三是领悟课本里的基本点。基本点是系统知识的根据和出发点，是理解和运用知识过程中大量重复运用的东西，是知识结构的核心内容。经过反复的阅读后，孩子掌握了书本知识的结构，领悟了知识中的基本点，熟练了运用知识的技能，孩子对书的感觉将是：主要内容越来越少，书变得越来越薄。

培养与训练孩子的注意力。孩子的注意力能否集中是其意志的表现，同时注意力又是智力之门，如果没有注意力，所有的知识都无法真正进入孩子的头脑。

家长训练孩子的注意力，可以借助一些好的方法进行练习。比如专注性训练法：复述数字，家长给孩子出一组数字，如5473869，让孩子来重复它，从七位数字开始，当孩子感觉容易对付了，便升到八位，再升到九位，当升到十二位，便不要再升了，且每天只能升位一次。这个游戏每天"玩"10分钟左右，玩一个月左右。让孩子学播音，"新闻联播"的时候，电视说一句，孩子学一句，嘴上学上句时，耳朵要注意听下句，每天5分钟，连续一个月，到连续学10分钟不错5个字时，孩子的注意力的专注性就达到良好了。

让孩子抄书，将自己喜欢的好文章，抄到摘抄本上。刚抄时，一次看的字数不得少于六个，依次增加，当孩子平均每次能记住约十五个字时，孩子的注意力的专注性已经训练得很不错了。

在提高孩子注意力的专注性的基础上，还要对孩子进行注意力的持久性训练。比如让孩子准确朗读，要求孩子对一篇文章，在清楚、流利、中速、每分钟200字左右的基础上，保证一字不差。在读完第20篇时，注意力达到"足够用"。再比如让孩子记录新闻。听"新闻和报纸摘要"或看"新闻联播"，或别的新闻节目时，在刚听（看）完之后马上写出共有多少条新闻，其中国内多少条，国外多少条，男女播音员各播多少条，最主要的六条是什么，坚持20天就会有很大的提高。

还有一个对孩子注意力训练比较有效果的方法——眼球训练法。家长拿一个不大的物体如纽扣等，让孩子细心观察一分钟至一分半钟，然后收起物体，让孩子用笔将物体的特征描述出来，应尽可能加以详细描述。然后把物体拿出来再细看一遍，如果有错，再加以补充。反复几次以后，逐渐转到更复杂的物体如时钟、台灯、名画，必须把描述与原物加以对照，力争做到描述精微、细致。在用名画作练习时,应通过形象思维激发孩子的感情,由感受上升到兴致。

家长帮助孩子掌握好看书的速度,一般细心看书的速度基本上要求在每分钟100字以内,必要的时候还要在重要的信息分布区进行反复咀嚼。具体要求,在大脑中将知识与信息串起来,在大脑中成为一个平面的知识重点分布图。然后,再往下读,在读完计划内的任务时,逐渐在大脑中形成重点知识的一个立体分布图。

## 让孩子做个有心人

会学习的孩子，一般都是有心人，无论是在学习上还是在生活上都比较注意观察和留心。世界上有大成就的伟人也都是有心的人。

做一个有心人，其中最为显著的一个特点就是随时做一些笔记，只要稍微感动心扉的细节，无论观察到什么，还是读到什么，或者是想到什么，哪怕是一句话、一个字，都随手记载在一个精心准备的小本子上。

英国著名政治家、作家丘吉尔即使打仗的时候，也注意随手记载一些自己感兴趣的东西，正是这种出色的文献意识，使他不仅成为一个伟大的政治家，而且成为一个著名的作家，他的巨著《第二次世界大战史》就是这样写成的。

小说家史蒂文森外出时，总是携带两本册子：一本是他读的书，另一本是笔记簿。他带着笔记簿，为的是能随时记录自己想起的好词句以及观察到的事情。

美国著名作家、哲学家爱默生说："灵感就像天空的小鸟，不知何时，它会突然飞来停在树上。你稍不留意，它又飞走了。"因此不知道什么时候才有灵感，如果你想及时地抓住它，最好用笔记下来。孩子养成随手做笔记的良好习惯，会受益终生的。

脑子里冒出的灵感稍纵即逝，经常动脑思考的人常常会遇到下列现象：在散步或坐车时，突然想到了一个点子，因身边没有笔和纸而没有能及时记下来，结果回到家后，怎么想也想不起来。

有一个策划高手为了掌握随时可能出现的创意，就随身携带了一叠明信片，上面全部填写好自己的地址。无论何时何地，只要有好的构想或是听到有趣的事情，他就立刻写在明信片上，然后寄给自己。这些陆陆续续到来的明信片，为他积累了大量的素材，使他工作起来如虎添翼。

养成随手做笔记的好习惯，对孩子的好处不言而喻。不仅要记录生活中随时闪现的灵感，就是在平时阅读时，也要随手记笔记，这不但可以训练孩子的创造力，而且还为日后积累了可以随时查找的组合素材。

孩子要没有养成随手记笔记的习惯，只能让可贵的构想或优秀的素材白白消失。家长要想提高孩子的学习效率，就应该培养孩子随手记笔记的好习惯。我们的古人就有"推敲"和"三上"——鞍上、厕上、床上等经典的笔记佳话。

随手做笔记的方法基本要求如下：

一是在适当分类的情况下，不必界定应该记什么内容，只要记了就可以。适当分类应结合孩子的成才趋势和个人爱好进行，比如文学、艺术、数学、外语等，记录的内容不必限制，只要能让孩子若有所思的，都可以是记录的内容，如一个人的一句话、一幅画的标题、书上的一首诗、一个小故事。

二是记录的方式不必限制，可以是文字，也可以是自己按照想象画的草图，也可以是数字，还可以按照孩子自己的喜好随便涂画。特别是对于年龄小一些的孩子，更应当鼓励他选择自己喜欢的方式记录，父母不必担心他们会浪费本子。

三是为了让孩子主动、热情甚至酷爱去做这件事情，并形成习惯，建议父母与孩子共同设计本子的样式，比如每一本都可以有一个正规的"书名"，如《若有所思——心灵笔记》、《心灵的空间——感悟文集》、《爱的故事——笑语小故事集》等等。发挥孩子的想象力，编出一个好的名字来，这样可以让孩子爱上一件几乎是"创作"的事情。

不过，现在我们身处数字时代，做笔记也不必太传统。现在有很多产品，如手机、MP3、DDV、录音笔等都具有录音功能。孩子可以将自己的新思路、灵感用语音复制，然后边播放边进行整理。这样既方便快捷，又不会因传统的笔记方式边写边想而打乱思路，效率会更高。

## 写作能提高孩子的修养

孩子怎么来写好作文始终是家长们头疼的一件事情，许多家长不知道怎样帮助孩子提高写作能力，时常在书店里，买回大量的作文辅导书。实际上，仅依靠作文辅导书，根本解决不了孩子写作能力的问题。

"读书破万卷，下笔如有神"，"熟读唐诗三百首，不会吟诗也会吟"，只是告诉人们阅读的确能够在某种程度上帮助人提高写作能力。如果只是想通过阅读来解决孩子写作能力的问题，还是很不够的。不能让孩子去为作文而作文，需要从孩子的学习心理入手。

孩子是有思想、有感情、有兴趣的一个"人"。写作的目的就是用文字来表达自己想说的话，对于孩子来说，它的意义不仅仅是在语文学习上的作文了，在学习的任何一个环节上都具有重要的意义。写作对于许多孩子来说是一件痛苦不堪的事情，痛苦并不能说明孩子天生不善写作，孩子们能轻松愉快、一气呵成写就日记或书信，但他们在完成老师布置的作文时，情形却变了，内心的冥思苦想不是互相打架就是顾此失彼，曾经轻松的笔顿时无从下手。这时候，写作成为一种苦役。

出现这种反差的主要原因是当孩子写日记或书信时他的心灵处于自由的状态，就能想象丰富，有感而写；当孩子心灵上戴着枷锁来写作的时候，由于不是自由写作，不能在写作中得到内心的快乐，这样的写作训练都是没有实际意义的，只能导致孩子讨厌写作。

孩子在写作文的时候常常感到没有内容可写，那是因为孩子的生活被局限在每天从家到学校，从学校到家，且每天的上课、做作业已经占据了孩子大部分时间，即便是星期天，属于孩子自由支配的时间也很少。这对孩子通过生活搜集、积累素材有一定的影响，为此，家长必须投入一定的辅助力量。

家长通过日常生活，要有意识地帮助孩子积累作文素材。在平时的茶余饭后，根据孩子的接受能力，家长可介绍生活中一些有意义的新鲜事及社会见闻等，尽可能讲得情节完整、生动有趣，并加以分析，让孩子知道写哪一类作文时可以运用这些内容，必要时，还可以让孩子把事情简要地记下来。要做到这一点，家长就必须做有心人，首先自己要关心周围的生活。帮助孩子积累写作素材，要持之以恒、日积月累，切忌一曝十寒。

家长鼓励孩子积蓄写作素材，这是培养写作能力的基础。家长要帮助孩子去观察与区分。任何一件事物都有其自身的特点，引导孩子注重观察，在观察中分辨出事物细节上的差别。观察内容可以是自然万物，包括所有孩子感兴趣的树、虫、鸟、天空、宇宙、星辰等，也可以是人情世故，如人的表情、人的语言、人的性格、人的内心世界，更可以是阅读材料和电视电影作品。总而言之，要锻炼出孩子"能区分"、"明亮"的眼睛。

在平时要注重引导孩子在体验中成长。因为体验是一种最好的学习，只有在体验中，孩子才有自己的切实体会，才能为写作提供一种鲜活的基本生活感受材料，建议父母放手让孩子去尝试去亲身经历。

帮助孩子记录一些好句子。歌德说过，人起码应该每天听一首小歌，读一首好诗，看一幅好画，如有可能，说几句合情合理的话。孩子的写作要有品位，可能要记录背诵一些好句子，不要多，但要经常，比如"洁白的良心是一个温柔的枕头""一斧又一斧，终于砍倒大橡树""在朋友身上，我找到第二个自己""黑夜给了我黑色的眼睛，我却用它寻找光明""高尚是高尚者的墓志铭，卑鄙是卑鄙者的通行证""马比风跑得快，但，马在风里跑"等等，也包括大量脍炙人口的古诗、古词、古曲。如有条件可以准备一个精美的本子，把可以吟咏可以朗读的好句子分门别类地记载下来，随时记一点儿。

一些家长看到孩子写不出作文来，就包办代替。其实，这种做法最不可取。家长要根据题目要求帮助孩子寻找素材，引导、启发孩子回忆自己熟悉的人和事，让他们自己动笔练习。通过这样的训练，孩子会逐步掌握写作要领并在不断的练习中领悟写作的真谛，从而会对写作产生越来越浓厚的兴趣。有了兴趣，就意味着成功。

家长应当鼓励孩子"每天写一点儿"。写作最忌讳的就是，正儿八经地坐在桌子前面，准备好纸笔，告诉自己"我要写作了"。写作贵在"自由自在"，所以提高写作能力的关键一步是：每天写一点儿。

平时要引导孩子想起什么来就去写。至于孩子写什么就不要去做限制，让孩子自由发挥，想起来一件有趣的事情，或想起来值得思考的事情，就立即写下来，在身边永远都带一个小本本。当然对于孩子来说，可能开始的时候有些困难，那可以一步一步来，比如可以在床头、书桌、书包、厕所里等地方各放一支笔一个小本，这个小本应该精美一些。

家长日常和孩子保持用书信沟通。这将是一件很美妙的事情，这是一项很经典、很隽永的家庭活动。与孩子用书信沟通是维护良好亲子关系的"润滑剂"，对于培养孩子的写作能力也是一个以逸待劳的方法。

家长还可以和孩子一起写题目相同的作文，有条件有耐心的家长可以和孩子进行一场"同题写作"的游戏比赛，限定好字数，字数不能太多，比如400字。亲子共同商量一个有意思的题目，或者是游记，或者是读后感，然后各自完成进行比较和讨论。

家长在节假日的时候带领孩子参加一些社会活动，或是逛逛市场，以拓宽视野，增长见识，丰富生活。家长还要注意在活动中启发孩子关心生活、热爱生活、体察生活，学会从丰富多彩的生活中积累作文素材。有些家长总是喜欢把孩子整天关在家中看书、做作业，结果，孩子的生活面很窄，孤陋寡闻，这十分不利于丰富积累孩子的作文素材。

家长要时常检查孩子的作文本，因为孩子接到老师发下来的作文本，往往只看一下得分和评语就过去了，不关心老师对自己作文内容的批改和建议。家长要帮助孩子消化老师的评语，引导孩子琢磨老师的修改意义，让孩子真正理解老师提出的优缺点。同时使他懂得作文中的字、词、句、标点的运用，这样才能逐步提高孩子的写作水平。

家长要与孩子一起展示写作的成果，孩子的写作需要积极的反馈和评价，所以每当孩子创作了好文字，一定要想办法展示出来，使孩子得到鼓励。家长要评选出孩子作文里的好句子，对于孩子的习作，要客观地进行评估。每一篇习作都会有一些写得好、写得真实、甚至写得精彩的好句子，可以和孩子一道将好句子用彩笔划出来，然后和孩子讨论，为什么这些是好句子，当时是怎样想出来的。经常和孩子谈谈有关写作文的事，或就生活中双方都熟悉的事件命题，一起讨论文章的写作方法，拟出写作提纲，作为一种口头练习。

培养孩子看书、读报的良好习惯。要是发现书报上有对孩子写作有帮助的文章，及时推荐给孩子阅读。课外阅读，能丰富孩子的视野和知识积累，有利于激发孩子的写作兴趣，又能起到辅助课堂教学的作用。

孩子好的作文：一是发自内心的，并且用嘴能说出来、能打动人的文字；二是强调经验和感受的，谨防站着说话不腰疼的文字；三是简练而准确的，标点符号精当的文字；四是真诚的文字。

所谓文采和引经据典，所谓中心思想和道德意义等，是不能强求的，一旦强求，很有可能就会使孩子陷进两难境地，提高写作能力就将成为空话了。特别需要提醒的是，应当摒弃以小见大的思维模式，由于以前接受的传统写作教育习惯的问题，包括很多人在内都有这个思维误区，喜欢牵强地将一个小事情比喻成大意义。

## 孩子的无私帮助会提升自己

"帮助别人就是帮助自己",这句话用在孩子的学习上,具有更现实的意义。因为当孩子主动地帮助别的同学的时候,孩子的大脑处于学习的最佳状态,为此,孩子会努力像老师那样缜密地思考问题。通常不是说"要教给别人一杯,自己得先有一桶",为了能帮助同学,孩子在心理上就会为自己提出更高的要求,这样一努力,对于知识的掌握和理解就会有一种突飞猛进的效果,很容易就超出孩子自己原来的水平。

从孩子的心理层次上来说,当孩子无私地帮别人的时候,心中是愉悦的,自然而然地就萌生了自豪感,在帮助别人中学会了宽容。当孩子全身心投入的时候,无形之中坚定了自己的自信心,对于下一步的学习,就会更加充满热情和活力,因为孩子的学习价值在帮助别人的时候得到了充分的展现。

孩子在乐于帮助别的同学的时候,对于合作与竞争就会有更深的体会和理解,孩子会认为,竞争的实质就是一种合作。在这种认识下,对于学习来说,孩子会有更高层次上的主动性和积极性,学习起来,就更加从容、豁达、有效。

那么,家长鼓励孩子在哪些方面帮助同学呢?

孩子对别人的无私帮助也不是没有"无底线"和原则的,比如代替做作业就不是无私的,恰恰是自私的,孩子代替别人做作业,实质上就是代替同学应付老师,代替了同学思考,实质上就是不想让同学进步。所以,于人于己都是自私的。在下面这类情况下,家长应当鼓励孩子尽力帮助同学:同学因事或者因病不能来上课,需要进行补课;掌握和理解了基本概念以后,可以为同学讲解;考试后一起分析出现错误的具体原因;做作业时遇到难题,可以和同学积极进行讨论。

在鼓励孩子无私帮助同学的同时,家长也要做到如下几点:

首先,家长必须作出榜样。家长要在生活中热心帮助弱者,帮助需要帮助的人。在这个社会上,只有互相帮助,才能构成一个完美的世界。当然,帮助别人一定不是为了获取什么,而是一种无私的、坦荡的自觉。

其次,要想帮助别人,就应鼓励孩子从小做起。无论是生活上还是学习上,鼓励孩子帮助同学,事情不分大小,而在于用心、主动去帮助,从小事做起恰恰是培养帮助别人的关键。所谓用心,就是坚定地认为,别人的事情一定比自己的事情重要。

最后,帮助别人要有可实现性。家长需要对孩子强调的帮助别人的原则和道理,一定要有可实现性。结合自己学习的实际,用自己的长处去帮助同学,并逐渐形成方法。

## 认清网络，帮助孩子回归真实

孩子沉迷于网络让许多家长为之头疼，被这一问题困扰的家长，不妨试试用赏识教育让孩子戒掉网瘾，爱网络，更爱自己。

家长对孩子上网在认识上存在一些误区，错误地认为是网络带坏了自己的孩子。其实不然，孩子上网成瘾根本的原因是教育出了问题。

孩子上网成瘾的原因主要有两个：一是家长和孩子的沟通出了问题，许多被家长和老师一贯挑毛病的孩子感到很压抑，在尝试与父母、老师或是自己的小伙伴沟通失败后，只好到网上找陌生人聊天；二是孩子的厌学问题，现在的孩子大多是假学习，不是为自己学习，而是为父母、老师学习，成了被动学习者。孩子在玩网络游戏时，才有了主宰一切的感觉，才重新找回自信。解决了上述这两个问题，孩子戒掉网瘾就不成问题。

家长在教育孩子的时候，是不是经常犯这些毛病：

第一是唠叨起来没完。

做家长的可以反省一下自己，有没有唠叨个没完的时候，自己去对号入座。

很多孩子说，一听爸爸妈妈唠叨就烦。请你们想一想，夫妻之间老唠叨你还烦呢，做丈夫的唠叨妻子烦，做妻子的唠叨丈夫烦。

其实唠叨个没完是最愚蠢的家教方式之一。希望家长们下决心丢掉，不要再对孩子唠叨个没完。

第二是对孩子的毛病数落不停。

家长在唠叨的同时伴随的就是数落。孩子在家里总是不停地被数落："你怎么不用功啊？""你怎么不做作业啊？""你怎么只知道玩啊？"家长不停的数落就其性质而言比唠叨更具破坏性，因为数落常常带有谴责性质。

家长要将自身的数落别人的毛病彻底戒掉。因为就是这些错误方式在伤害孩子，破坏孩子的学习状态，打击孩子的积极性。

第三是家长对孩子不断训斥。

动不动就训孩子，这也不好，那也不对。

第四是家长对孩子经常打骂。

打骂式的家长为数不多，打骂对孩子的影响更不好，一定要杜绝。

第五是给孩子制定过高的目标，让孩子必须去达标。

家长规定出孩子考试的平均成绩必须达到多少分，名次要进入前几名，上哪所重点中学，考哪所名牌大学，这叫达标式。

达标式也是伤害孩子积极性的家教方式。一个积极上进的孩子会为自己制定目标，家长将脱离孩子实际的高目标强加在孩子身上，孩子会很累，加重了精神负担。

很多孩子考试前感觉情绪非常紧张，为什么？就是因为压力太大，如果考试前不对孩子施加压力，告诉孩子只要考出真实的成绩就行，孩子就不会那么紧张，结果可能会考得更好。面对好成绩，孩子自己倒可能还不满意，觉得某几处丢分太多，愿意继续努力，而家长主动过来安慰孩子，这才是好状态。

第六是家长对孩子学习实行疲劳战术，学校搞题海战术，家长再额外增加学习时间和学习内容。

第七是家长包办式陪读，没完没了地辅导，一天到晚陪着孩子学习。

第八是家长不断在孩子耳边催促，你该做作业了，你该复习……很多孩子说："我本来准备做作业了，父母一催我反而不想学了。"

请做家长的体会一下，本来你想干点事，想收拾一下屋子，想擦擦地，你爱人提醒一下，你快收拾收拾屋子吧，快擦擦地吧，你可能就不愿意干了。你本来主动要做的事情，本来还想得到别人欣赏的事情，别人一催，你反而不想做了，人之常情。在别人的催促下干，做起来也没有什么意思。小孩的心理其实和大人一样。

第九是家长愁眉苦脸地看着孩子，处处为孩子操心。

父母的面孔对孩子有最大的影响。请大家想一想，小时候父母对你的态度，父母要是对你不理解，呵斥你一下，苦着脸或高兴，对你有着怎样大的影响啊。

孩子回到家里，面对的是数落的脸、唠叨的脸、训斥的脸、打骂的脸、愁眉苦脸的脸、催促的脸，这让孩子在家中彻底失去了生活的乐趣。

家长的这张脸有时候决定了一切，一切尽布脸上。孩子能够读懂的东西首先在家长的脸上。所以孩子才会选择逃离现实的生活，躲避在网络的虚拟世界。

解决这个问题，家长不妨对自己的孩子竖起大拇指，用赏识教育走进孩子的心里。

与孩子实现良好沟通，首先要给孩子安全感。这并不简单地指孩子表现好了就表扬几句，而且要做到孩子表现不好了，家长也能够雪中送炭。孩子的人生就像跑道，家长是拉拉队，跑步的时候拉拉队都在喊"加油"、"不放弃"，但在现实生活中，许多对孩子失望的家长只会说"完蛋了"、"失败了"、"孩子废掉了"，一路给孩子不住地喝倒彩，家长的沮丧也只会给孩子带来沮丧。带给孩子安全感的是家长充满爱意的眼神和目光，如果家长始终以骄傲的目光看着孩子，他迟早会成为父母的骄傲。

# 第十一章

## 丰满孩子精神的羽翼

在家庭教育中暗示的对立面就是强制，它有别于明白昭示。家长要善于暗示，充分发挥暗示作用。言传身教，都可以发挥暗示作用。严格地讲，不知发挥教育暗示作用的家长，就不是一位称职的家长。家长的良好暗示可以鼓励孩子增强信心。

暗示通过鼓励而起作用，鼓励是暗示的灵魂。

给予孩子信心，气可鼓而不可泄，信心常决定成败。因此家长务必鼓励孩子树立信心。孩子的信心是志向，是力量，是追求，是高度。信心比黄金更重要。孩子获得任何成绩，都与家长给予爱戴、鼓励自己获得信心分不开。孩子受到鼓励，得以自重、自觉、自勉与自强，在不断增强信心中进步。

## 家庭教育中的"罗森塔尔效应"

1963年，罗森塔尔和福德告诉孩子实验者，用来进行迷宫实验的老鼠来自不同的种系：聪明鼠和笨拙鼠。实际上，老鼠来自同一种群。但是，实验结果却得出了聪明鼠比笨拙鼠犯的错误更少的结论，而且这种差异具有统计显著性。对孩子实验者测试老鼠时的行为进行观察，并没发现欺骗或做了其他使结果歪曲的事情。似乎可以推断，拿到聪明鼠的孩子比那些拿到笨拙鼠的不幸孩子更能鼓励老鼠去通过迷津。也许这影响了实验的结果，因为实验者对待两组老鼠的方式不同。

1968年，两位美国心理学家来到一所小学，他们从一至六年级中各选3个班，在孩子们中进行了一次煞有介事的"发展测验"。然后，他们以赞美的口吻将有优异发展可能的孩子名单通知有关老师。8个月后，他们又来到这所学校进行复试，结果名单上的孩子成绩有了显著进步，而且情感、性格更为开朗，求知欲望强，敢于发表意见，与教师关系也特别融洽。

实际上，这是心理学家进行的一次期望心理实验。他们提供的名单纯粹是随便抽取的。他们通过"权威性的谎言"暗示教师，坚定教师对名单上孩子的信心，虽然教师始终把这些名单藏在内心深处，但掩饰不住的热情仍然通过眼神、笑貌、音调滋润着这些孩子的心田，实际上他们扮演了皮格马利翁的角色。孩子潜移默化地受到影响，因此变得更加自信，奋发向上的激流在他们的血管中涌动，于是他们在行动上就不知不觉地更加努力学习，结果就有了飞速的进步。

这个令人赞叹不已的实验，后来被誉为"皮格马利翁效应"或"期待效应"或"罗森塔尔效应"。其实罗森塔尔效应本身就是暗示作用。

什么是暗示作用呢？

简单地说，含蓄的语言或示意所起的作用，就是暗示作用。广义地说，语言、手势、表情等使人不加考虑地接受某种意见或做某种事情的作用也叫暗示作用。

它与家长对孩子的启发式教育关系紧密。按家长的教育职责来讲，暗示的对立面就是强制，也有别于明白昭示。家长要善于暗示，充分发挥暗示作用。言传身教，都可以发挥暗示作用。严格地讲，不知发挥教育暗示作用的家长，就不是一位称职的家长。家长的良好暗示可以鼓励孩子增强信心。暗示通过鼓励而起作用，鼓励是暗示的灵魂。给予孩子信心，气可鼓而不可泄，信心常决定成败。因此家长务必鼓励孩子树立信心。孩子的信心是志向，是力量，是追求，是高度。信心比黄金更重要。孩子获得任何成绩，都与家长给予爱、鼓励分不开。无论"罗森塔尔效应"在家庭教育中起了怎样大的作用，孩子无论有了多么大的进步，最终都在于孩子受到鼓励，得以自重、自觉、自勉与自强，在不断增强信心中进步。

与此相反，孩子如果受到不良暗示的抑制，纵然是孩子有很多的聪明才智，也会很难发挥出来，从而束缚甚至影响了孩子一生的发展。鼓励你的孩子，培养他的自信，你的美好暗示将在很大程度上决定孩子的未来。

## 家长的魔鬼语言何时休

家长随口、无心、脱口而出的魔鬼语言，也许自己从来没想到过，自己随便说出来的一句话，会对孩子的心灵产生那么重大的影响。消极的语言的杀伤力是损人不利己、损人害己。它们有的像一把把飞刀，刀刀致命；有的是慢性毒药，让人心如刀绞；有的是投枪，是匕首！可是为什么还是有那么多的家长非要把这投枪、匕首扎向他们最爱的孩子呢？

如果你知道你的这些言语对孩子的伤害那么大，你还会再次去对自己心爱的孩子说吗？请家长们谨慎使用以下魔鬼语言：

你怎么这么笨？你怎么……/连我的话都不听？/你懂什么……/你看谁谁，你怎么就不行？/说话啊，你难道哑巴了？/你聋了？听不见我说的话？/我没有你这样的儿子！/是我没本事，不能……/妈妈求你了……/滚吧，想去哪里就去哪里！/再哭，让狼把你叼走！/看我不打死你！/这么大了还尿床？/算了吧，你不是那块料！/这个玩具应该这样玩。/不要逞能，你还小着呢！/别缠着我……/都怪椅子，我们打它！/等你爸爸回来，看他怎么收拾你！/雪糕吃多了，肚子里要生虫子。/我像你这么大的时候……/磨蹭什么呀，急死人了！/不要给我丢脸……/要是不生你出来就好了！/哟！真是太阳从西边出来了！/为什么为什么，哪有那么多为什么？/不准失败！/我让你赢一次……/你这个懒虫，从来都不帮我做点事。/你这个忘恩负义的东西！还敢顶嘴！/大人说话，小孩不许插嘴。/不准哭！/住嘴！像你这个样子，长大了只有捡垃圾。/光音乐学得好，有什么用？/如果考 100 分，我就奖励 10 块钱。/不错不错，很好很好！/你学习去吧，其他事不用你管……

再看看家长说出来的魔鬼语言，都有什么样的杀伤力。

家长的魔鬼语言:"我们是不行了,就看你了,孩子!""孩子,我们全靠你了,你可要争气呀!""你是我们全家人的希望。"

造成的杀伤力:孩子是父母人生的重要内容,但不是全部内容。把孩子的发展看作成自己的唯一指望,是一种丧失自我的表现。这样的家长往往对自己得过且过,对孩子却患得患失、不断催逼,最后只会落得吃力不讨好,在孩子心中也没有很好的地位的境地。

一个人的机遇有好有坏,起点有高有低。但是,人的自我完善、自我提升及人的气节和志趣却不是由具体的人生境遇而决定的。哪怕身处清贫,社会地位不高,你也照样可以堂堂正正地做一个有志气、有人格、有良知、有情趣的人。时运不济却心志过人的家长往往可以培养出非凡的子女。

家长的魔鬼语言:"你看人家谁谁!"

造成的杀伤力:家长的盲目攀比,这恰恰是孩子们最讨厌的。这将不利于孩子内心的自我悦纳,容易让孩子失去自信心。而对于家长来说,经常说这种话就证明他们的眼睛总盯在别人的孩子身上,人家进步了就着急,人家落后了就松一口气;人家学钢琴,也让自己的孩子学钢琴等等,丝毫不顾自家孩子是否有这方面的兴趣和潜力,不根据孩子的特点进行因材施教。这不仅造成了精力、时间的浪费,也造成了亲子之间的抵触情绪,简直是有百弊而无一利。

家长的魔鬼语言:"小祖宗,算妈妈求你还不行吗?"

造成的杀伤力:这句话会给一些孩子带来一定的心理压力,却不能给孩子以合理的是非标准,也不能培养孩子的自觉意识以及自制的能力。父母这种降低自己人格的言行还会让孩子看不起自己的父母,也不利于他良好的世界观的形成。

家长的魔鬼语言:"我们又不是老师,又不是大孩子。""人家的爹妈多厉害,哪像咱们。"

造成的杀伤力:这是家长的妄自菲薄。其实,文化水平并不是教育效果的决定因素,许多高知家庭也出现过问题子女,甚至教育悲剧;一般工人、农民的家庭出的英才并不少。关键是去想办法、动脑筋、长本事。

家长的魔鬼语言:"可我没时间管孩子呀,我不挣钱怎么过日子呀?""我不挣钱谁给孩子交学费呀?学费都交不了,还谈什么教育呀?""我也想管孩子，可实在抽不出时间啊！"

**造成的杀伤力**：持有这种观念是会因小失大的。事业、财富固然重要，然而，孩子关系到我们未来的幸福和希望，他们的成长和发展更重要。这也是一种"事业"和"财富"，而且是更大的"事业"和"财富"。孩子的悲剧比经济上的拮据更加可怕，孩子的成功比物质的富有更让人心醉。为了所谓的事业和财富而荒废对孩子的教育，显然是因小失大。

正如蒙台索利所说："没时间教育孩子就意味着没时间做人。"教育孩子并不一定要上课，打个电话可以教育，传递一个眼神也可以教育，和孩子相处更是教育。教育的效果不由时间的长短决定，关键要看家长用不用心教育、会不会教育。说自己没时间教育孩子的家长，就算是有了时间也教育不好孩子。

**家长的魔鬼语言**："进了前五名，妈妈给你买……""考了100分，爸爸带你去……"

**造成的杀伤力**：这是家长典型的有条件的爱。其实这不是爱，是和孩子在做交换！物质奖励看似能增强孩子进取的动力，其实有百害无一益。孩子学习不是为家长学的，如果他考糟了你惩罚他，考好了你奖励他，他就会误以为自己是在为父母而学，这样一来，父母的行为就破坏了孩子内在的动机和责任心。假如这些物质奖励在孩子眼里不算什么，那么孩子将一下子失去动力。此外，这种教育形式，也滋生了孩子的功利心，破坏了亲子间应有的相互支持的和谐关系。

**家长的魔鬼语言**："生下你真是造了八辈子孽，一点儿出息也不长！""废物……"

**造成的杀伤力**：这种抱怨会让任何一个还没麻木的孩子产生极大的怨恨情绪，这样做往往会让孩子对父母产生鄙视。更糟糕的是，这样做会打击孩子的自信心，让孩子在内心给自己贴上消极标签。

**家长的魔鬼语言**："孩子天生就这样，我有什么办法？""有的孩子天生就了不起，有的孩子生来就没出息，爱咋地咋地吧，咱着急也没用。"

**造成的杀伤力**：这样的父母不懂得家庭教育对孩子成长的重要意义，更看不到自己对孩子的影响。他们听天由命，坐失教育的良机，然后怨天尤人。

**家长的魔鬼语言**："学费是我的事，教育那是老师的事。"

造成的杀伤力：这是家长无知地推卸责任，这样的父母缺乏最基本的教育概念，在他们眼里，教育等同于教学。生在这样的家庭里，孩子固然也有成功的可能，但几率却太小了。

家长的魔鬼语言："看你爸爸回来不扒你的皮！""你爸爸就快回来了，看你还能折腾几天！"

造成的杀伤力：这是家长的"红白脸"。这样的父母看起来"严慈相济"，结果是父亲通过严厉建立起来的规则在母亲那里瓦解，母亲通过慈祥传递的母爱在父亲那里抵消，严慈两方面的教育效应都落空了。在这种情况下，孩子在父母面前会有截然不同的表现，极易形成"双重人格"，这极不利于孩子内部原则的建立。

家长的魔鬼语言："你怎么这么笨？"

造成的杀伤力：做家长的千万不能急躁，急躁只能让事情更糟，孩子自己也不愿意表现得糟糕，肯定是有什么地方孩子不能理解或者没想到，家长应该耐心地引导孩子；千万不能让孩子感到自己笨，父母气急败坏地骂孩子笨，孩子会紧张得不知所措，会无地自容、妄自菲薄，会对不确定的事务形成逃避心理，这种消极的自我意识会让孩子形成恶性循环。这种情况应该绝对避免。

家长的魔鬼语言："你滚！我不要你了！你去死好了！"

造成的杀伤力：由于父母期望值过高，在某些事情上，一旦孩子没有按照自己的要求来做，或没有达成自己的愿望，就有教育失败感，变得情绪低落，看不到一点儿希望，认为孩子没救了。于是更容易因一点儿小事而引发暴怒，把失望、不满，甚至是绝望情绪统统发泄在孩子身上。尤其是工作压力大、生活担子重的父母，容易失去理智，打骂孩子，事后又后悔不迭，这类父母人格不够健全，遭殃的还是孩子。他们会因父母的歇斯底里的叫喊而恐惧万分，这将给孩子的心灵造成伤害。

虽然父母的愿望可能是美好的，希望孩子成功、幸福，然而这些语言或暴力、或冷漠、或苛责、或嘲讽、或无奈、或抱怨、或怨天尤人，都是用刀在残忍地伤害孩子的心，是在往伤口上撒盐，是火烤，是冰冻……永远是痛苦、伤人，事与愿违。因为"这些都是魔鬼语言"，换得的是孩子的心寒和辛酸的泪水。

## 家长的陪学会抑制孩子的学习能力

文静是三年级的小学生,她的父母都是大学毕业,工作环境舒适,辅导孩子的时间充沛。

孩子的早期教育很成功,四五岁的时候,就能背上百首诗歌、跳舞、唱歌、画画、讲故事样样出众。真是人见人夸的好孩子。就连邻居和好朋友都愿意领着文静串门遛弯儿,孩子就像家庭中的一面旗帜,飘到哪儿就会红到哪儿。

文静读一年级时,成绩还不错,但在读二年级时,学习成绩下滑到了中等偏下,这下她妈妈慌了神,家庭辅导越来越不见效果,跳舞、唱歌、画画等兴趣班也全部终止,语文、数学补习班接连跟上,这个班儿不行另换一个,补习班换了一茬又一茬,不同的老师换了一拨又一拨。

文静上三年级时,学习成绩在班级里排在了倒数,学习成绩的落后,又导致了她行为习惯的逆转,撒谎越来越严重、平时做事丢东忘西、任性固执不听劝。家长对她的赏识、批评就像刮了一阵风,在她的心灵深处不起任何作用。她的父母欲哭无泪,不知道是自己的教育方式出了差错,还是孩子确实不争气……

究其原因,文静被动的学习行为其实是妈妈一手造成的,那就是家庭教育的误区——"陪学"。

文静从上一年级开始,就没有检查过自己的作业,全部是妈妈帮助她检查,出现错误时,妈妈讲解后,才让孩子纠正,交给老师的作业工整无错。

其实家长忘了，孩子完成作业的情况，往往能反映出他们学习中存在的问题，老师可以有针对性地进行查漏补缺。

家长对孩子作业内容的过多的辅导，本身就掩盖了孩子的真实情况，给老师造成了一个假象，影响了老师对学生真实水平的认知，总觉得孩子的成绩还不错，即便出现考试时的误差，老师也会认为是合理之中的波动。一年级的课程浅，再加上很多孩子的早期教育功底，在班里跟上课程，不成问题，这一切表面看似风平浪静，但却掩盖了孩子学习动机和畸形心理的形成。

从心理学角度讲，一个孩子的学习属于完整的个人行为，其大脑神经与身体的各个部位的神经是紧密相连的，包括注意力、观察力、记忆力、思维力、想象力等因素的协调运动，这样大脑就不会疲劳。打个比方：如果在高速公路上人为地设置许多弯道，错综复杂的路况刺激着开车者的脑神经，而乘车人一点也儿不会去关心路况，一路梦乡到达终点，这是乘客对司机产生的依赖心理所致。

文静的母亲为了监督孩子学习不走神、姿势端正，时时操心，还对孩子的作业进行及时的辅导。她的这种教育方法，让孩子在心里逐渐产生了依赖感，认为只要有妈妈在，有不会做的题也没有压力了，长此以往，就懒得动脑筋，根本就不想自己去解决作业中的问题，造成了做事缺乏主见和独立性。

升入二年级，随着知识的加深，文静已经变成了"能学习"而没有"学习能力"的孩子，一旦家长不陪伴在旁，作业质量就会大为降低，因为缺乏自觉性、主动性，被动状态下的作业常常丢三落四、错误百出。这样，就会更加惹恼家长，并加倍提高对孩子的警惕，写错了字、抄错了题，都立刻被指出来，有时还掺杂着唠叨，伴随着拳脚相加：

"我刚讲的内容，你怎么又做错了，认真听了吗？"

"这个字我昨天就教会你了，为什么还写不上来？"

"写作业，别东张西望，你就不能一心一意吗?！"

批评声和打骂声汇成了家庭教育"陪学"的"邪揍"曲。常言道："物极必反。"家长越是关注孩子的学习，越是提醒他的一点一滴的错误，孩子越是错误百出。

结果，孩子每次写作业都变得小心翼翼，戒备重重，但孩子的小心和戒备不是用在学习中的，而是如何防范陪学家长的恼怒。现在的孩子都是聪敏透顶的，不会做的题要问，会做的题又不敢保证则也要问，于是，孩子的"反暴力"手段就有了：

"爸爸，这道题我不会，你给我讲一下吧！"

"爸爸，我这个字忘了，能写拼音吗？"

"妈妈，我列的这个式子对吗？"

"妈妈，这个字念什么？"

"爸爸，我做的这道题对吗？"

孩子的小心和疑问把家长晾在了进退两难的尴尬境地，既打不了，又缺失了骂的理由，陪学效果不佳，不陪学孩子就更不学，在如此的恶性循环中，家长和孩子在怪圈里越陷越深。

文静母亲发觉家庭教育已经力不从心，极力想通过补习班挽回孩子的成绩，但是孩子已经养成了不爱动脑筋的习惯，对学习已经丧失兴趣，再加上大多补习班跟学校上课的方式雷同，老师在上面讲，学生在下面听，不能从孩子心理角度进行有效疏导，燃不起孩子自主学习的欲望和激情，依然处在被动的状态下，想进步当然就很难了。

对待文静这样的孩子，首先把她所学的知识领域范围缩小、降低，从培养她的学习兴趣插手，逐渐找到她的学习激情点。

刚开始可以从低层次的知识领域插手，从几道题、十几道题，逐渐到能够独立完成在规定时间内的试卷，会做的题迅速拿下，不会的暂不必去思考，暂时放过，由浅入深。在和孩子进行经验交流时，语言要平缓、肯定，对孩子的优异处大加赏识和表扬。从心理学的角度讲，这样最容易在孩子的大脑皮层形成强烈的兴奋点，这兴奋点是建立在自信、自立、自强的基础之上的，而且不容易受其他兴奋点的干扰。为了展示自己的荣誉和成就，孩子就像站在了表演的舞台上，每一个脚步，每一个动作，他都会发挥得细致入微，思维被知识吸引，自然就会淡化周围干扰自己的环境。

引导孩子进入对新鲜知识渴望的学习状态，这时孩子犹如一块海绵，他会如饥似渴地汲取知识，这种学习状态是主动的、自信的、循序渐进的，孩子会逐渐建立一个完整的知识体系，达到真正的融会贯通，从而形成孩子自己的综合学习能力。

陪读的现象非常普遍，尤其小学生的家长，常常在孩子写作业时，自己搬把椅子坐在孩子身边，不时督促孩子别走神、保持姿势，孩子遇到不会做的题，陪读的家长不是鼓励孩子自己去想办法解决，而是马上挺身而出或直接讲解，帮助孩子渡过"难关"。家长希望自己的付出能对孩子的学习有所帮助，但是，家长这种教育行为属于十足的"吃力不讨好"之举。家长在学习上对孩子进行督促本无可厚非，但过度地陪读容易导致孩子过分依赖，不利于能力的发展，造成分数高的假象。学习能力的发展要靠孩子独立思考来完成。家长应对孩子的作业"放手"，让他们独立完成。因为培养孩子的求知欲望比教会他一点儿知识更重要。

## 别剥夺了孩子的自主权利

唠叨是众多家长在教育孩子时的一种普遍现象,这种"唠叨"使孩子特别的讨厌。因为孩子从开始认字的那一天起,耳边就是家长年复一年的唠叨。他们躲藏过、哭闹过,可不知道怎样才能解脱。

家长对孩子的唠叨,首先恶化了亲子之间的感情,其次在潜移默化中向孩子展示了家长在教育上的无能和失败。

孩子年幼,缺乏自制和自觉性,会时常犯一些错误,家长想让孩子改正错误,就不可避免地唠叨,这仿佛是很自然的事。但实际上,这样做不仅无法收到预想的教育效果,还在孩子心中种下了叛逆的种子。

家长的唠叨首先是直接干涉孩子的正常生活,剥夺孩子对自己负责的自主权利。这是成长中的孩子最不能忍受的事情。随着孩子的成长,他们希望能够与成年人平等地相处,但家长的唠叨常常使孩子感到一种受制于人的烦躁和不被信任的愤怒。

家长不停唠叨的原因有下面几方面:

家长不放心孩子,总是把要注意的内容不断地重复几遍。还有,在自己情绪不佳的时候,看着孩子不顺眼,就把孩子以前犯过的错误翻过来倒过去过筛似的"揭短"。更有甚者,由于夫妻不和或工作不顺心,在生活上又遭受某种压力,在外又不好发作,回到家里就把矛头转向孩子,借题发挥揪住孩子当"撒气筒",将自己的垃圾情绪全部倾倒到孩子身上。

家长的唠叨本身就是一种心理疾病,这种情绪上的疾病会传染给被唠叨的人。如果孩子的行为长期遭受别人的指指点点,又没有能力摆脱,必然会破坏孩子的正常生理功能和行为机能。面对家长的长期唠叨,孩子会感到心理疲劳,这种疲劳,甚至超过饥饿对人体的摧残。

做家长的时常觉得教育孩子心太累,要是有一点儿嘱咐不周全,孩子就会出错;稍不留神,孩子的错误就会再犯。因此很多家长对孩子是勤嘱咐、多提醒,总希望孩子对自己的话印象深刻些,少犯错误。结果往往是事与愿违,因为,家长的提醒只是影响了孩子当时的心理行为,家长说的越多,给孩子的消极暗示就越多,只会造成孩子的免疫力低下;更有甚者,由于家长在日常生活中不停地唠叨,使孩子失去了责任心,产生了一种依赖思想,面对一些问题,不会用自己的大脑进行思考,总是在漫不经心的状态下去做,反正做得好坏都有家长去评断,这种懒惰的习惯不仅表现在日常行为上,也反映在思维的发展上。经常被唠叨的孩子,往往在学习和成长问题上都表现出强烈的依赖感。

家长的唠叨就是在播种一颗颗逆反的种子,会使孩子心里产生强烈的逆反。有一名小学五年级的学生曾经对老师说过这样的悄悄话:"老师,我最烦妈妈唠叨了,虽然很多时候她说的都对,我心里就是不愿意按照她说的做,故意气她!谁让她不信我了,有时我把事情做好了,她会认为是她经常唠叨的结果,那就更麻烦了!我也知道这样对待妈妈不好,可我没有别的办法。"

在孩子单纯的话语里面,却包含了深刻的逆反心理学理论。家长的唠叨,使孩子看到自己没有获得尊重,造成孩子自我认识不足和麻痹心理。在逆反心理的作用下,家长说的再有用,孩子也不会听进去的,因为孩子对什么事都不以为意了。

家长的"唠叨"表明的就是对孩子不放心或者是看不上孩子,老是想用自己的语言来控制孩子的思维和行为,家长的这种教育方式是一种完全错误的行为。其实人和动物一样,天生就具备某种生存的能力,小鹰之所以学会了飞翔,是因为它们的父母给了它们自由的天空,给了它们遭受"挫折"的机会;而很多家长,天天用唠叨这种特殊的"呵护"形式,扼杀了孩子的这种本能,使孩子无法领悟独自飞翔的甘苦与快乐。

## 让孩子学会在逆境中成长

随着人们生活水平的不断提高,生活感是越来越舒适、越来越安逸了,很多家长都希望自己的孩子生活得愉快、顺利,能健康成长,故宁愿自己吃苦,也不让孩子受累、受委屈。

不少家长只重视孩子在生理和智力上的开发,常常忽略对孩子非智力因素的培养,对孩子的人格教育也不重视。有的家长给予孩子的爱是无原则的爱,对孩子的事情处处越俎代庖,造成子女只知被动地接受"爱",而不知主动地去"爱"的心理缺陷。养成了孩子只讲吃穿、四肢不勤、唯我独尊、任性固执、意志脆弱、怕苦怕累的毛病。对于孩子来说,如果不能从小培养健全人格,即使掌握了知识将来在复杂社会中也难以有所作为,甚至会由于心理、精神上的不成熟而举步维艰。

孩子一般爱用哭闹的手段来要挟大人,为了防止这种尴尬的场面,家长在平时就要学会"委屈"孩子,让孩子学会在逆境中成长,从而学会节制自己的欲望和情绪,让别人来分享自己的爱心。

有个小孩子特别喜欢吃蛋糕,由于从小吃独食吃惯了,她从来不愿别人来分享自己的美味。发现孩子的缺点后,她的母亲每次给她蛋糕时,总要掰下一块吃,刚开始孩子要性子,她的母亲不理她,看她闹得很凶后,她的母亲干脆不再让她吃了。后来这个小孩子学乖了,不论妈妈掰下多么大一块,她都会赶紧伸手去接,和家人一起分享。

当家长的要学会拒绝孩子的一些欲望和要求，让孩子从小就感受到，无论想实现任何一种愿望，都会遇到挫折或者失败。

理论上讲，孩子在7岁以前所养成的习惯能决定他一生，如果孩子在童年时期没有科学地节制他的欲望，随着年龄的增长，他的欲望将越来越高，面对外面的花花世界，一旦不能节制自己的欲望，也就无法禁得住诱惑。

让孩子自己想办法克服困难，在经历挫折中体验战胜困难的乐趣，是孩子成长中重要的一课。孩子的成长就好比一棵幼小的树苗，只有在经历风雨后，根才能扎得深，枝叶才能长得壮。人和万物都是一样的，内在的潜能里具备生存的本能，幼鹰之所以能学会飞翔，是因为老鹰给它的呵护是短暂的，而我们这些做家长的因怕孩子碰到危险，就剥夺了孩子飞翔的自由，同时往往也扼杀了这种本能。

许多家长对孩子从小就过分保护，对孩子的唯一要求就是读好书，其他一切该由孩子去做的事情，家长统统代劳。

如今的孩子没有受过苦，更没有经历过生死的考验。一些孩子虽然学了不少书本知识，但是在困难和挫折面前常常不知所措，心理脆弱的孩子甚至一蹶不振。

在美国，家长往往会注重孩子勇敢精神的培养。很多孩子喜欢玩滑板游戏，在街道两旁，广场的水泥路面上，常常有孩子冲来撞去，在几尺高的台阶上跃上跳下，这些危险的动作，令人不禁为他们的安全捏了一把汗。

日本的家长尤其注重培养孩子的"吃苦"精神。从孩子进入幼儿园到中、小学，家长要求孩子赤身在寒冷的天气中跑步，培养他们吃苦耐劳的精神及克服困难的毅力。

在英国著名的伊顿中学教学经验里，其中经验之一就是让学生吃苦，该中学不设暖气，在异常寒冷的冬天，也只让学生盖一条毛毯睡觉，洗冷水澡，这就是刻意"苦其心志，劳其筋骨，饿其体肤"，使学生得到磨练。

在法国，做父母的绝不让孩子乱花钱，即使是兄弟姐妹之间也不轻易相互借钱。如果想用零用钱，只有去打工，他们的教育是自食其力不靠父母。

中国孩子的身心日趋脆弱，面对困难挫折的时候，常常表现出怯懦、逃避，孩子的行为往往是孤僻、任性、自私等，因为他们不知道何为饥饿、何为劳累、何为困难、何为贫穷……孩子中意志薄弱者甚多，这与孩子的生活总是一帆风顺有关。

　　家长对孩子越是保护越是替代，孩子的心里就是越依赖，进而孩子就会变得越无能。勤劳是幸福的种子，闲散是堕落的祸根，安逸是孩子们成长的最大敌人，是埋在孩子们心中的最大隐患。

　　在人的生命旅途上，总是沼泽遍布、荆棘丛生的。而人的追求又是山重水复，不见柳暗花明，跋涉的脚步沉重而蹒跚，只有在黑暗中摸索很长时间，才能找寻到光明。那颗虔诚的心灵会被世俗的尘雾缠绕，高贵的灵魂暂时在现实中找不到寄放的净土。所以，作为家长从小要用行动告诉孩子，世上没有事事如意这种事，想实现任何一种愿望，都要靠自己的无私、大度、真诚、勇敢去追求，从而培养孩子勇敢者的气魄，无论遇到何种不快和不如意，都要坚定而自信地对自己说一声"再试一次"！许多体育运动都具有培养孩子勇气、信心及冒险精神的特性，鼓励孩子积极参加有挑战性的运动，无疑会对孩子将来的人生发展带来很大的益处，令孩子在逆境中、在经历风雨后的人生显得更加灿烂。

## 你会丰满孩子精神的翅膀吗

中国的家长和孩子交流时，时常会说："我辛辛苦苦地工作为了谁，不就是为了你吗？孩子，我挣的钱临死一分都拿不走，都得花在你身上，你现在还不好好学习！不听父母的话，你怎么就不理解我的心呢?!"

家长说出这样的话，是要为这种教子方法付出代价的，因为，当孩子真正理解了父母的良苦用心时，他也许已经走过许多人生弯路或错路。

美国卡耐基基金会就曾做过这样一项调查，在继承10万美元以上财产的子女中，有20%~30%的人放弃了工作，整天沉溺于吃喝玩乐中，直到倾家荡产；有的则一生孤独，出现精神问题，或是做出犯罪的事情。曾是富翁的罗斯·柴德在临终前，他把所有的财产都留给了儿子拉斐尔，但儿子在继承财富的第二年，就被人发现死于纽约一处人行道上，死因是过度吸食毒品，年仅23岁。

受传统家庭教育思想的影响，有不可计数的孩子处在无欲无求、胸无大志的煎熬中，这些孩子生活条件富足，求胜、竞争、创新、忍耐苦难的意识脆弱。要什么就有什么，非但不是孩子的幸福，还是孩子成长过程中的牵绊！

要什么有什么的安乐生活，虽然可以让孩子获得感官上的舒适，却不会让孩子在能力、才华、品德等方面有任何收获。因为埋藏在孩子内心世界里的物欲满足感，已经无情扼杀了孩子的求知欲望，他们游手好闲、无所事事、遇困难就低头、遇挫折就灰心，他们性格单纯脆弱、对待理想和志向显得无欲无求。

多少财力富足的家庭给予了孩子不适宜的教育语言和环境！更令人悲哀的是，一些生活不富裕的家长也时常口不遮拦："孩子，他们穿名牌，我们也穿，爸爸能买得起！"本来一两元就能办成的事，很多家长一挥手就出奇的大方："给你十元够吗？"这些行为都是家长在家庭教育中的无知体现。

人生于天地间，自立自强才是人生最重要的课题。

教育家陶行知曾说："滴自己的血，流自己的汗，自己的事情自己干，靠天靠地靠老子，不算是好汉。"

孩子的人生最可依赖的是什么？是知识、是智慧、是汗水，父母不可能让孩子依靠一生一世，因此，这个世界上最可靠的不是别人，而是孩子自己。

清代名臣林则徐在对待儿孙的问题上就非常开明，他曾说："子孙若如我，留钱做什么？贤而多财，则损其志。"为子女留下财富，不如留下更多的知识，后代不一定能守得住财富，但可以用知识去创造财富。由此可见，财富是宝贵的，但比财富更宝贵的是知识。不要让孩子认为父母的钱就是自己的财富！只有自立的人，才会有拯救自己的方法。

从前有一个财主，家里有良田千亩，粮食堆积如山。财主临死的时候，就把这些家产留给了儿子。这位少爷从小就好吃懒做，游手好闲，经常领着管家到处吃喝。有一次来到一家饭馆，门口挂着的鸟笼里养着一只漂亮的画眉鸟，叫声悦耳动听。这位少爷用手指着那只画眉说："老板，我要吃这只画眉鸟的舌头。"经过讨价还价，少爷用50亩良田换来了一碗"画眉舌头汤"。就这样，这位少爷走到哪儿吃到哪儿，什么贵就吃什么，从不知节省。日复一日，他把家里的良田吃光了，家里的粮食也糟蹋没了，最后沦落成了一个叫花子。在一个下着大雪的冬天，他连饿带冻，最后惨死在了冰天雪地里。

故事的寓意是，在人的心中要深深埋下正确做人的种子。给孩子一种做人的理念：一个人来到这个世界上本是一无所有的，只有靠自己的勤奋、努力、不屈才能面对一切困难，用自己勤劳的双手和智慧创造属于自己的幸福。

对于家长来说，孩子是你们爱的结晶，生命的延续。且天下父母都希望自己的孩子变得聪明，在学校里学习优秀、积极主动、心志高远，长大后在社会上成为生活、事业的强者。

然而，很多孩子在情绪上低迷、在生活上没有目标、在学习上没有努力的方向、在做作业的时候拖拖拉拉，看不到身上有任何兴致和激情。

心急如焚的家长极力想补救孩子的成绩，请家教、找辅导班，其实，孩子缺乏的不仅仅是课本上的那些知识，而是心灵上的充实。

众多孩子在心灵上的表现是极度空虚的，孩子的精神世界贫穷到了一无所有。许多孩子有一个共同的心态：活着真没意思。

家庭教育对孩子的影响实质上是一种环境的影响。家庭教育随着时代的变迁，家长对孩子的教育理念也要随之改变，所以，家长对孩子的教育责任，比一个孩子的学习责任更大。

要想使孩子的精神充实，家长的教育思想就要改变。因为，孩子在精神上的贫穷，比他在物质上的贫穷更可怕；与其给孩子攒一笔财富，不如暂时让孩子在物质上贫穷，从而给孩子一个创造性的头脑，去不断丰满孩子的精神之翼。

## 正确的教育中充满爱的智慧

现在家长教育孩子，出现的问题是越来越多，有些问题还很严重。从家庭教育角度来看，家长教育孩子的目的走入了功利化的误区。家长是想爱而不会爱，在家长自己觉得是在播种所谓"爱"的种子的时候，实际上却是在播种"恨"的种子。其原因是家长没有能够真正地了解孩子们的需求，特别是心理和精神层面的需求，家长们对孩子的指责和抱怨远远多于赏识和鼓励。

每个家长都非常爱自己的孩子，但你真的会赏识你的孩子吗？知道什么是真正的赏识教育吗？

家长需要从什么是"真爱"的角度来剖析自己的爱，真爱需要学习，真爱需要智慧。

孩子们从自己的内心呼唤着家长的"真爱"，但家长对此更多表现的却是置若罔闻或毫无意识，孩子真的很失望，甚至有些孩子已经开始走向绝望。从爱的本质和规律上说，要使被爱者安心，这样才会使自己安心，而安心的逻辑结果就是安而生静，静而生慧。家长往往在现实教育中缺少智慧的爱，那么什么是智慧的爱呢？

用心去赏识孩子，就是智慧的爱。爱与会爱是两回事，赏识孩子的过程就是学会爱的过程，那么，当家长究竟要不要去学会爱呢？

有这么一个故事：古时有一户人家，生了五个儿子。一个质朴老实，一个聪明机敏，一个眼睛失明，一个天生驼背，一个天生跛脚。他们的父母让质朴老实的儿子务农，让聪明机敏的儿子经商，让眼睛失明的儿子学占卜，让天生驼背的儿子搓麻绳（因干此活要整天弯着腰），让天生跛脚的儿子在家纺线织布。后来五个儿子都过得很好，衣食不愁。

五个儿子有三个残疾，教育得不好有可能成为家庭沉重的负担。可作为父母，他们没有怨天尤人，没有埋怨命运的不公，更没有心生厌烦和鄙夷，而是怀着深厚的爱心，把残疾儿子当做有"特长的人"来看待，理智地培养五个儿子的特长，让他们各自干适合自己干的事情，从而使个个都能够扬长避短，自食其力。

这是多么富有爱的智慧！常言说："没有智慧的爱，是对孩子最大的伤害。"对孩子的赏识并不等于是对孩子的表扬。

表扬孩子的前提是孩子表现得好，家长对孩子的赏识是无条件的。赏识孩子不仅能在他的人生旅途上锦上添花，更是父母在孩子情感危难时的雪中送炭。

家长对孩子的赏识是哪怕天下所有人都看不起自己的孩子，当父母的也要眼含热泪地欣赏他、拥抱他、赞美他，为自己创造的生命而自豪。

法玉菊，河南省某县一位下岗女工，家里一贫如洗。儿子四岁时得了脑膜炎，动作特慢，学习成绩更不用提了，她对孩子怎么看怎么不顺眼，对孩子的打骂更是家常便饭。

有一天，法玉菊无意中看了《中国青年报》上一篇题为《赏识你的孩子》的文章，文章讲述的是一个父亲将双耳全聋的女儿培养成留美博士的故事，看了这篇文章后，她感动万分，对自己以往对待孩子的错误态度感到愧疚。然后她给儿子读这篇文章，儿子听了泪流满面。最后她跟孩子说："儿子啊，妈妈也要对你用赏识教育，会怎么样？"孩子当时就说："妈妈，你要真的对我搞赏识教育，我保证比故事中的小女孩强得多，我毕竟多了一对耳朵呀！"

在以后的日子里，这个孩子的学习兴趣空前高涨，小学二年级暑假竟然向妈妈提出来："妈妈，三年级我不上了。表姐每天做作业做到十二点，不是人过的日子，我们来个胜利大逃亡，从二年级跳到四年级怎么样？"孩子在得到表扬后，学习潜能像火山爆发，只用

一个多月就把三年级课程全部学完,以优异的成绩跳到四年级。

随着学习成绩的不断提高,法玉菊的儿子也变得开始在班上目中无人,与同学的关系变得很糟糕。有一次,语文考砸了,孩子就像世界末日来临般绝望,不想上学了。

法玉菊开始对自己的教育进行反思:"自己一心想让孩子做'人上人',原来做'人上人'的成功只是一个美丽的泡沫,轻轻一碰就会爆炸,在幻影中的失败更容易击垮孩子的心灵。"

法玉菊夫妇将对儿子的爱,上升到对周围所有孩子的爱。周围的差生都被送到他们家,在他们的教导下学习也全部提上去了,这成为当地的一个奇观。她的儿子也开始博览群书、成为人见人爱的孩子,学习劲头十足,从四年级连跳到初一。九岁的孩子成了初一学生,并且成绩优异。

家长真正的赏识教育,就是既要抓西瓜又要捡芝麻,要让孩子学会谦虚、做事低调,要做"人中人",在平平淡淡中热爱生活、热爱生命,只有这样孩子的学习劲头才可持续发展。

家长对孩子的赏识不等于就不批评孩子的错误了,孩子有错还是要批评的。赏识与批评一点儿都不矛盾。赏识就是家长从心里看得起自己的孩子,批评反过来说,也是一种最好的赏识!对于孩子好的一面,家长要发扬它;对于孩子坏的那一面,家长就要拿出来批评、打碎它。

做家长的还要记住,适当地给孩子制造点困难,让他们受一些委屈,不经受委屈的孩子在心理上永远长不大。孩子在成长过程中,如果从来就没有受过一点儿委屈,那么就是对他人生的最大委屈!

委屈在人的一生中是迟早都要受的,就像老天给了你多少白天,就会给你多少黑夜一样。不同的是,越早受委屈,就能越早学会应对委屈的能力;越晚受委屈,就越晚学会应对委屈的能力。

人们遇到困难,碰到难题,往往都是因为看不清问题背后的真相。而要看清这个真相,你就需要有智慧!什么是智慧呢?爱就是一切的答案!

想想前面的故事,如果法玉菊没有爱心,嫌弃残疾儿子,把他看成是家门的不幸,破罐子破摔,那得脑膜炎的儿子也许会真的变成废人,无法自食其力,必将成为真正的家门不幸;如果光有爱心,而不理智,缺少赏识的智慧,凡事从自己出发,甚至把自己年轻时没有实现的理想都一股脑儿加在儿子身上,拼命地赶鸭子上架,也实在难能如愿。

家长过高的期望值或许连最聪明机敏的孩子也感到力不胜任、前途被毁,酿成更大的不幸。难能可贵的是,故事中的母亲法玉菊既有爱心又富有爱的智慧,尽管她年轻时或许也有过梦想,有过期待,甚至有过辉煌,但她却不以己度人,而是非常理智地针对孩子的实际,采取赏识教育,指导孩子做自己能够做好的事情。从而人尽其才,变不幸为幸运。

这种智慧的爱,是很值得今天的家长们学习的。家长施教的爱,只有充满理智,才能使受教育的孩子发挥潜能,甚至能使天生有缺陷的孩子克服缺陷而显其才。

对子女光有爱是不够的,重要的是要有理智。即,要有爱的智慧。

中国式 家庭教育的误区

## 你会在接纳欣赏中施教吗

"孩子不优秀，怎么夸呀？光夸孩子好，孩子骄傲了怎么办？"这是家长们普遍焦虑的事情。其实，每个孩子一定都有优秀的地方。当家长的要细心观察，适当放低期望值，只要不总拿孩子的弱项和别的孩子的强项对比，就一定可以找到孩子身上很多的优点。

家长在夸孩子的时候不能胡乱盲目地乱夸，那样孩子会觉得要得到夸奖实在太容易了。夸奖不只是语言的夸奖，更多的是家长对孩子的认同态度，比如信任，对他充满着兴趣，而且对孩子的存在感到幸福。

要是家长对孩子高兴地说"不管你怎么样，只要你健康快乐地活着，我们就觉得很满足"，孩子就会在潜意识里想让家长感到满足，平常会高高兴兴的，让自己变得阳光，凡事都愿意往好的方面想。

家长要是经常严肃地对孩子说："孩子，你必须好好学习……"，虽然是在表达家长的关心和督促，但是家长的态度却让孩子读到"如果我不好好学习，父母就会讨厌我，不喜欢我"了。那么，对于孩子来说学习除了本身的意义之外，有了更多的无形压力，孩子早晚会对学习感到厌烦。

聪明的家长往往都会充满爱心，孩子再不聪明，哪怕是天生愚钝，也都会去无条件接纳他们。这样孩子就会按照天赋的能力顺利发展，甚至会比别的孩子更有创造力和自豪感。

一个天资聪明、伶俐能干的孩子，如果家长在生活中一直是有条件、有选择地来接纳他，孩子会因要满足家长的要求，无形中需要把自己割裂，分出什么是好的、父母喜欢的，什么是坏的、父母不喜欢的，孩子要花费精力来处理，就不可能全身心地投入学习中去。

家长也不可以去无条件地夸孩子，夸得不好也会夸出毛病来。夸孩子的某一方面也意味着在否定孩子的另一面。所以在心中接纳、欣赏孩子比口头的夸奖要好，口头上的夸奖是寻求孩子与父母价值观念的一致，父母的接纳、欣赏包容了存在双方的价值差异。语言上的表达会给孩子误解与错觉，而家长接纳他、信任他的态度是不容易被曲解的。

无论什么人都乐意受激励而去改过，很少有人因遭受责骂而改过，孩子更是喜欢听好话，不喜欢听恶言。因此，家长在教育孩子的时候，不要总是用严厉的语言、严肃的面孔、冷漠的态度去刺伤孩子的心灵。家长不妨巧用心理效应，让教育变得平和亲切，容易接受。

家长可以对孩子采取"放大效应"：让批评变成欣赏。

> 娇娇见妈妈在厨房里忙着做饭，便跑过去帮妈妈择菜。一不小心，她把洗好的菜盆碰翻，弄得满地都是菜。妈妈见孩子这样笨手笨脚的，生气地对她说："娇娇你可真能干，把我们家变成了菜市场……"就因为妈妈这句冷嘲热讽的话，打击了孩子"尝试"的积极性，娇娇从此不再帮妈妈择菜了。
>
> 莹莹非常淘气，有次她的母亲洗完衣服出去了一会儿，回来却发现莹莹淘气地将刚洗好的衣服又放回水池里，但她的母亲并没有大声责怪，只是惊喜地对莹莹说："宝贝，你真得长大了，能帮妈妈干活了。来让妈妈教你洗衣服，好吗？"结果，莹莹兴致勃勃地学会了洗手帕，后来又学会了洗衣服。

家长在批评孩子时，应善于发现孩子身上微小的优点，及时给予认可、肯定，往往会收到很好的教育效果，这种效应就是"放大效应"。假如孩子习惯撒谎，不妨在孩子说实话时表扬他，用表扬强化诚实，使孩子克服撒谎的缺点；假如孩子学习不够认真，也不必劈头一顿数落，等孩子认真学习时，用表扬去巩固孩子的认真精神。只要家长擦亮善于发现孩子优点的眼睛，孩子就会因为家长的发现而很快进入健康成长的轨道。

家长可以对孩子采取"爱抚效应"：激发孩子的情感。

素素已经7岁了,有一次生病去医院打针。第一次打针时,是妈妈带她去的。在准备打针时,素素哭了。她怕痛。妈妈说:"孩子,不要怕,你只要趴在妈妈的怀里,紧紧地抱着妈妈就不痛了。"妈妈边说边温柔地抚摸着女儿的头部和背部。果然,素素觉得那一针比想象中的痛感减轻了许多。打完针后,她问妈妈:"是不是那痛转到您身上了?"妈妈笑着点了点头。素素第二次去打针,是爸爸带她去。进了注射室,素素说:"爸爸,我想让您抱着我。"爸爸不耐烦地挥挥手说:"就你麻烦,这么大的人了,打个针还用大人抱?去!自己趴到椅子上去!"

结果,还没打针,素素就"痛"得流出了眼泪。最后,当针尖打进素素身体时,她痛得大哭起来。同样是打针,素素趴在妈妈的怀里,享受着温情的语言和爱抚,就觉得不怎么痛,而独自趴到椅子上接受打针,素素就痛得受不了。

心理学家研究证明,爱抚产生的感觉,可以使孩子神经系统中的化学物质发生变化,从而缓解紧张,改善情绪,增加自信。绝大多数父母都深爱着自己的孩子,所以,不要吝啬自己的爱抚,不妨微笑着摸摸孩子的头发,搂搂孩子的肩头,拍拍孩子身上的土,正正孩子的衣领,整整孩子的衣襟……特别在孩子遇到困难和挫折时,紧紧拉着他的手、注视着他的眼睛,对他说:"不管发生什么,你对我们都是最重要的,我们永远爱你,支持你!"这些细微的举止,会在孩子的脑海里泛起爱的波涛,既能减轻孩子的心理压力,又使孩子容易接受父母的建议。

最后送给家长一些忠告:

1. 孩子的儿童时代是一个胡说八道的时代,这不是缺点,而是他们成长的一个特点。家长要尊重儿童的未成熟状态,童言无忌才能健康成长。

2. 作为家长,从来没有一个时代像今天这样需要以孩子为师,去反省自身,保持童心,两代人相互学习,共同成长。

3. 孩子进入青春期的时候,家长提前就要备一本性教育的书。但是,更重要的是父母要以身示范,让孩子看到什么是真正的男人和女人,什么是真正的爱情和婚姻。

4. 全部孩子教育的使命可以概括为 8 个字——"发现孩子"和"解放孩子"。"发现孩子"就是发现孩子的潜能特点和成长规律;"解放孩子"则是解除捆住孩子的各种束缚,捍卫孩子的权利。

5. 家长教育孩子的前提是要了解孩子,了解孩子的前提是要尊重孩子,家长是否了解和尊重孩子关乎孩子一生的发展。

6. 别看孩子弱小,强大的力量正孕育在弱小之中。真正的教育就是唤醒孩子心中沉睡的巨人。

7. 没有爱就没有教育,问题在于爱有真假之别,犹如真假种子之别。假种子坑人害人,假教育坑孩子害孩子一生。

8. 孩子是在各种体验中长大的,家长不能代替孩子成长,就不能代替孩子体验。

9. 家长对孩子的溺爱根本就不是爱,而是一种软暴力,是对孩子权利的剥夺,其实质是不把孩子当成一个真正的具有独立人格的人。

10. 每一个来到这个世界上的人都是成功的,教育的任务就是使他们继续成功。成功并不完全是排他的,因为人人能成功的新理念是:成功就是发展、成功就是选择、成功就是和谐。

11. 心理健康的 12 字秘诀是:认识自己、接纳自己、控制自己。无论是父母还是孩子,如果能做到这 12 字,一生的幸福就有了保障。

12. 所有那些鼓吹可以成批制造"神童"的方案,都是以赚钱为目标的骗人方案。孩子是千差万别的,成长的道路是各种各样的。凡是忽视孩子个性差异的认识和行为,都是违背科学规律的。

13. 教育孩子要避免那种一做什么就要当状元的想法。状元意识某种程度上就是悲剧意识,"不要让孩子输在起跑线上"的口号是制造孩子恐慌的宣言。

14. 如果家长对"好孩子"身上存在的问题宽容过多,会使他们的弱点变成隐患,甚至是"定时炸弹"。无批评教育是伪教育。

# 第十二章

## 称职的家长是怎样炼成的

家长的心理健康对子女的身心健康影响很大，家长心理的不健康因素直接影响着家庭教育的质量，甚至给家庭教育带来负面影响。

家长的情绪不仅关系到自身的心理健康，而且也会影响到教育子女的态度和行为方式。家长心情舒畅，情绪愉快，可以给家庭创造一个祥和欢乐的心理氛围。在这种情况下，孩子会感到亲切愉快，乐于完成家长所交给的任务，学习也会更加专注。相反，如果家长情绪波动较大，甚至将自己在工作中不顺心的事和不满的情绪带回到家中，把孩子当做发泄对象，就会使孩子经常处于一种紧张、恐惧和戒备状态，不仅会影响孩子的身心健康，也会影响孩子的学习情绪，导致学习成绩不佳。

一个好家长做任何有益的事情，都应该有决心、有恒心、有毅力，不怕困难，勇于战胜困难，这才能为孩子树立一个好榜样，使孩子知道，做任何事情都要付出巨大的努力，没有辛勤的付出，就没有成功后的喜悦。同样，这种坚强的意志，也应该表现在对子女的教育上。教好孩子不是一朝一夕的事。因此，家长提高心理素质，在家庭日常生活与子女的频繁接触中，在家庭教育中保持健康的心理，至关重要。

马克思说："家长的行业是教养子女。"作为一名合格的家长应具备哪些条件呢？第一，要增强教育子女的责任感；第二，要提高自身素质，做孩子的好榜样；第三，要时常学习育人的知识，提高自身的家教水平。

## 做榜样并不容易

教育家马卡连柯在《父母必读》一书中,曾诚恳地对家长们说:"你们应该常常记得,你们生养和教育子女,不仅仅是为了做父母的愉快。在你们的家庭里,在你们的领导下,成长着未来的公民、未来的事业家、未来的战士。如果你们处理无方,教育出不好的人来,那么,由此所得到的苦痛,不仅是你们的,而且是许多人的,是整个国家的。不要忽视这个问题,不要认为这是使人厌烦的老生常谈。要知道,在你们的工厂里,在你们的生产机关里,如果没有生产很好的产品,而生产了粗劣的产品,你们会感到羞愧;而给社会造就出不好的或有害的分子,尤其是你们更大的耻辱。"

家长是子女教育的主要责任者和执行者,是最直接、最经常、最重要的教育者。因此,家庭教育的成功关键在于家长的素质和家长自我教育的力度。这个结论,已为无数家长的经验所证实。

民间流传的谚语说,"龙生龙,凤生凤,老鼠生崽会打洞","孩子是父母的影子,父母是孩子的镜子"等等,这些谚语一方面反映了家长作为"第一任教师",对孩子通过教导、说理、暗示、训斥、奖惩等教育方式施以影响;另一方面反映了在长期共同的生活中,父母的生活习惯、品德、性格、行为、兴趣、特长,往往有意无意地、潜移默化地为孩子所模仿和吸收,使孩子的言谈举止带上父母人格的印迹,产生惊人的相似性。

20世纪80年代初,在美国著名教育家布卢姆的主持下,一个科研组对120位世界杰出人才的家庭进行了长达4年的调查研究。研究成果表明,尽管许多杰出人才的父母是普通劳动者,没有惊人的成就或财富,但这些家庭却具有一些共同的特征:

1. 真挚地热爱、关心自己的孩子，为了孩子的每一点进步、发展，父母都无私地奉献出时间、精力和全部爱心。

2. 父母起了很好的表率作用，父母作风正派、工作勤奋，激发了子女的事业感、上进心。

3. 从小培养子女的坚强性格、责任意识，在实践中锻炼子女的意志、性格和能力。

杰出人才的成才因素可能是很复杂的。在培养孩子的时候，这三点对家长来说则是缺一不可的。家长的"榜样"和教育对子女成长的影响过程可以分为三种：

一是无意识的正面教育。家长本人品德良好、勤劳朴实、敬业爱业，孩子看在眼里，记在心里，家长平时说教并不多，子女却印象深刻。

二是有意识的正面教育。家长在特定环境中有计划地为孩子创设情景，进行教育，如为培养子女行动迅速敏捷的习惯，家长每天早晨卡着时间与孩子比起床速度、比打扫房间的质量等；为扩大知识面，家长带子女去博物馆、动物园、水族馆，或者听音乐会、参观展览会或出门旅游等。

三是无意识的反面教育。家长不自觉的言行如不良嗜好、不良习惯和不良品德，也会使孩子耳濡目染地学会，如说谎、抽烟、喝酒、说脏话、粗暴好斗、爱占便宜等，恶习一旦形成则根深蒂固，很难消除。如父母嗜赌如命，孩子4岁会看牌，9岁就成老手。

当老诺贝尔因试验炸药引起大火，不仅自己倾家荡产，而且祸及邻居，最后被迫离国迁徙时，他的儿子艾尔弗雷德·诺贝尔还不满8岁，他瞪着一双大眼睛问道："爸爸，炸药伤人，是危险而可怕的东西，你为什么要制造它呢？"父亲说："炸药的用途可大啦，它可以用来开山、修路、造矿、平地，发展工业非常需要。""爸爸，可是太危险了啊。"孩子的眼睛紧盯着父亲的脸，父亲庄重地说："是啊，太危险了。但是，大家都怕危险，都不想干，那就永远不会有人类的进步。要知道事业比生命还重要！"儿子点点头，说："对，我长大了，也要来发明炸药。"这就是举世闻名的"炸药大王"小诺贝尔第一次表白决心。

可见，父母的言传身教对孩子的影响往往是无形而深刻的。

有一位优秀高中生回忆道："我之所以能出自内心地关心、帮助别人，热爱集体，主要有母亲做我的榜样。我母亲是远近闻名的'热心肠'，谁家发生困难、邻里间有什么需要合作的事，她总是热情张罗，我从小就跟着她做一些力所能及的事情，体验着人间那种最宝贵的真情。"

一位学习刻苦、成绩优异的三好生说："当我眼看着40多岁的父亲还在灯下伏案刻苦学习，参加成人自学考试时，自己怎么能不刻苦学习呢？"

当然也有家庭教育失败的典型例子。一个三年级小孩子沾沾自喜地说："我不要读书。我爸说过'读书没用'，他小学没毕业，还不照样发财。我将来学爸爸，做生意去。"还有个初中毕业生说："哪一天，我能退休就好了。像我妈那样提前退休了，工资照拿，整天打麻将、跳舞、看电视，根本不用写作业、上课，多舒服呀。我要混到退休。"

面对自己的孩子，家长该如何做一个好家长，为孩子树立一个好榜样？

把握家庭教育的特点。取得家教成功的关键，是由家庭教育的本质特点决定的。家庭教育和其他教育不同，它有5个特点：

1. 终身性：孩子从出生到成人，甚至终生，与父母有着天然的连续性，家长对孩子的教育时间特别"长"。

2. 情感性：父母和孩子是心连着心，骨肉情深，相互之间有着强烈的感染性，情意特别"真"。

3. 渗透性：家长对孩子的教育，可以做到随时随地耳提面命，如春雨润物，无微不至地贯穿在日常生活中，教育过程特别"细"。

4. 权威性：父母对子女的言行指导，情理交融，有温馨的强制性，教育影响特别"深"。

5. 针对性：每个孩子都不一样，家庭教育是一种生命的教育，要因人而异，因材施教，真正做到人格对人格的感染熏陶，全方位潜移默化地塑造。所以，家长对于自己的心理素质、品德素质、智能素质和教育素质等各个方面都要不断自省与改进、提高，要配得上做子女的好榜样。

作为孩子的榜样，家长本身要不断提高自己的素质，包括心理素质、品德素质、文化素质、教育素质。

家长首先是一个自我形象健康的人，做到自爱、自尊和自信。对家庭负责、夫妻和睦、热爱工作，同时邻里人际关系良好。给孩子一份安全感，家长在面对失败或困难时，沉稳冷静，有应变的勇气。在情绪激动时有很好的自控力，不狂怒、不焦虑、不畏难、不绝望，能以乐观坚韧的精神给孩子以鼓励、支持。

作为家长，要有正派的作风，关心社会、热爱集体，能认真遵守社会公德、家庭美德和职业道德，具有基本的法制观念和文明的行为习惯。

作为家长，要不断学习，起码应具有初中以上的文化水平和职业与之相应的知识技能，在日常生活中能不断学习，以提高自己的科学文化知识和审美情趣。

作为家长，应有做个好父母的强烈责任感和正确的教育观念，注意了解孩子的精神需要并经常和子女谈心。随时观察孩子身心的变化，根据其年龄和个性特点灵活施教。善于利用生活小事，触及根本的人生大问题，善于运用孩子、少年喜闻乐见的方式，解决子女的苦闷烦恼，做子女的参谋、良师和知心朋友。面对教育子女中出现的各种难题，要有耐心、决心和教育机智，能创造性地采取恰当的措施，坚持不懈地去寻求较好的教育效果。

要想做好孩子的榜样，最主要的不是依靠外力，而是靠家长自觉地不断学习科学文化知识、不断地自我反省、分析教育子女的成功与失误原因、积累丰富的教育经验。

## 从内心去听听孩子的声音

在孩子的眼里，一切都是美好的，现在的孩子只是个性更突出而已，更需要父母的尊重。家长要了解孩子的心理特点，并正确地对待。社会在进步，孩子同样在进步，客观地讲，现在的孩子肯定比上一代、上几代都要优秀，关键是父母一定要看到并且承认这一点。

下面讲讲芭芭拉·麦克林托克还是一个女孩时候的故事。

那天，妈妈带3岁的芭芭拉去看电影、逛商场。出商场以后，芭芭拉提出要走另一条路回家。妈妈不同意，她可不认为芭芭拉会比自己更清楚该走哪条路，可芭芭拉很坚持，最后索性使上了孩子惯用的招数——赖在地上不走了。路人开始围观，妈妈有些不好意思了，"那就让事实来教育她吧"。她想着，最终依了芭芭拉。小家伙"噌"的一下爬了起来，迈开小脚丫就在前面带起了路。妈妈则半信半疑地在后边跟随着，时刻准备纠正她的路线。谁知，没用多久，就听芭芭拉一声喊："妈咪，到了！"她定睛辨认：可不是，真到了自家的屋后！女儿走的确实是一条回家的好通道，只是妈妈自己不知道而已。

许多母亲可能会觉得挺没面子的，可这个母亲自从发现了芭芭拉特立独行和不肯从众的个性后，她觉得应当改变的是自己，不是芭芭拉。此后，无论是学习还是嬉戏，只要是芭芭拉认真决定了的，她都不再干预，不再要她依从，而代之以支持和鼓励，让芭芭拉倔强坚持和喜欢另辟蹊径的个性得到了进一步的巩固和发展。

芭芭拉·麦克林托克，正是她这种与众不同的个性让她发现了"可移动的遗传基因学说"，也正是这个另辟蹊径的发现，让她获得了1983年诺贝尔生理学和医学奖。

心理学研究发现，孩子在10岁以前是崇拜父母的年龄，很好教育，孩子会觉得爸爸妈妈都是很了不起的。但是10岁到20岁进入了一个心理上对父母轻视的年龄阶段，慢慢瞧不起自己的父母了，他们开始崇拜明星之类的人。在孩子的心中，觉得父母唠唠叨叨、胸无大志，只会整天发牢骚，自己本身就不是龙不是凤，还让我成龙成凤。

用心听，是家长教育孩子的一种好方法。家长要引导孩子多说话，自己要少说多听。很多家长跟孩子说话，一开口就说很长时间，非得把孩子说哭了不可。孩子没有A错还没有B错吗？没有B错还没有C错吗？总之非要给孩子找出个错来。孩子跟父母辩解是没有用的，后来好多孩子就干脆不说话，不理父母了。

对话就是两方要说话，如果孩子什么也不说了，家长是什么问题也解决不了的。所以家长最好尽量少说，让孩子多说，听孩子诉说。

"不可以！""不许！""不能！"……在孩子面前，"不"这个字家长用得太多了，稍不留神就会从嘴边溜出来。而孩子呢，要不就是被一连串的"不"压得缩手缩脚，要不就是奋起反抗把这些"不"给你一个个打回去。

家长的心中存在这样一种定势：和孩子说话总想着控制他，居高临下，并没有把孩子当成一个受尊重的独立个体。家长有了这样的心态，和孩子说话的时候就是下达自己的指令，一点儿也没有给孩子提供明确的指导，就好像孩子注定是做错事的一方，家长注定是来惩罚他的。

其实家长说"不"的时候，往往是出于自身考虑，想维护自己的权威，却没有从孩子的角度去想想。比如，看见孩子咬铅笔，就该知道他正处在长牙阶段，可以会用磨牙物轻松地代替铅笔放进他嘴里，而不是嚷嚷："我最后一次警告你，不许再咬笔了！"

孩子身上存在的问题，其责任往往不在于孩子，而是孩子的家长造成的。正所谓"每一个有问题的孩子后面肯定有一对有问题的家长"。对于这个结论，我们做家长的需要好好反思。

先看看一个孩子不愿意理家长的十大理由，这些语言代表了孩子的心声，值得我们每一位家长深思。

1. 我不明白父母为什么不了解我在想什么？为什么他们要干涉我的思维，总要我按他们的意志走下去？我不是躯壳，我有灵魂我会感觉，我有大脑我会思考。

2. 父母对我的心事总是不以为意，好像只有他们的事才是重要的，小孩子的事都是不值一提的小事。所以，当我有烦恼的时候一般都不对父母说，反正说了也没用，他们不会重视我的感受，不会来安慰我，有时甚至还会笑话我。

3. 为什么父母要求我们做的他们却做不到，"只许州官放火，不许百姓点灯"。我们指出父母的错误叫顶嘴，而父母严声厉气地教训我们叫循循善诱。听父母话的孩子是好孩子，不听父母话的孩子就是坏孩子。

4. 妈妈总认为我们之间有巨大的代沟，总认为小孩子什么也不懂。时间长了，我也认为我们之间的确有不可逾越的屏障，按照现在最流行的观点，3年一个代沟，你30岁时生的我，瞧，我们之间有10个代沟呢！我们现在的叛逆，在他们眼中叫混；我们现在的标新立异，在他们眼中叫胡来。年龄的差距所产生的代沟越来越深、越来越大，好似东非裂谷带，无法逾越。

5. 我根本无法与爸妈说话，对我的话，他们总认为是狡辩、找借口，许多事情他们根本不征求我的意见，不愿听我的解释。

6. 父母除了塞给我好吃的，就是没完没了地问学习怎么样了。我和爸妈话不投机，很少在一起聊天，我篮球打得挺好，喜欢和他们聊聊NBA、CBA，可他们不懂，也不感兴趣，在家里爸妈也只会说要把学习搞好，他们问我最多的就是学习，什么成绩了、作业了、考试了，可我特烦这些话题。

7. 父母总是板着个脸，给我讲大道理。大道理，不用他们讲我也懂。如果我做家长，我就不会每天都对孩子板着脸，装出一副很一本正经的样子来面对他，我会做孩子的好朋友，我会和孩子聊天、谈心，让他把心中的不满、委屈讲出来。一个能够理解我们、能和我们平等交流的父母，是我们多么渴望需要的啊！

8. 爸爸总是忙，经常出差，已经有好久没有和我在一起了，我根本就不知道他整天到底在忙些什么，唉！其实我也不想知道，我们之间已经很陌生了，仿佛他不是我的父亲，我也不是他的儿子，不见面才好呢，省得又挨一顿臭骂。我知道，这个世界上没有一个人真正在关心我，没有属于我的东西。

9. 父母就像古代的一些皇帝，很霸道，总是欺压百姓，弄得民怨沸腾。前些天刚开完家长会，我爸回家就给我一个耳光，怎么不问下我的感受呢？平常我说两句话，父母就说我是在顶嘴，要是我不快点闭嘴，说不定就又会来一场暴风骤雨，我真的受不了他们的火气。爸爸妈妈，你们就不能与我好好沟通一下吗？

10. 每次我想说心里话的时候，老爸总是先对我说一通大道理，摆出一副"我是大人"的架子，老妈总说她只是把她的思想介绍给我，实际上是只有我赞同了，她才停下来，只要我不赞同，她就会不停地说。知道为什么我喜欢跟同学谈心，不喜欢跟你们谈心么？因为跟同学谈话很轻松，可以各抒己见；而跟你们呢，是被强行灌输，而且你们还经常大眼瞪小眼的。

家长们要明白一个道理：孩子的不同，其实是隐含着他自身的特长；孩子的不同，意味着比别的孩子在这方面出色。

要知道千顷稻海里，正是那株不结稻谷的雄性水稻，隐含着杂交优势；鸭群中正是那只灰灰的丑小鸭，最后成了天鹅！可叹的是家长始终害怕孩子与众不同；害怕解题不同，丢失高分；害怕说出不同意见，遭人非议；害怕路径不同，会误入歧途……可悲的是这种思维渗入到每一个家长的脑海中，然后他们又将它灌输到孩子的脑海中。

## 做一个好家长的必备条件

马克思说:"家长的行业是教养子女。"这句话告诉我们:不论我们是从事何种职业的,只要有了孩子,当上父母,教养子女就成为一桩神圣的职业,一种义不容辞的责任。它关系到孩子的前途、家庭的幸福。

家长对孩子的教育既十分重要,又有一定的难度。作为家长,谁不盼望自己的孩子成才。孩子的成长有赖于家长的抚养与教育,人们常说"父母是孩子的第一任老师",就是说家庭教育对孩子的成长非常重要。家庭教育质量的好坏直接取决于家长自身的素质,好的素质才能培养出好孩子。有些文化水平不太高、缺乏教育理论的年轻父母,他们教育子女就会有很大的困难。

面对孩子怎样做才是一位合格的家长呢?作为一名好家长应具备哪些条件呢?

第一,作为家长要增强教育子女的责任感。

某工厂的女工卞丽训,她生下儿子后不久得知孩子因视网膜先天发育异常将终生失明,这个消息让她痛苦异常。后来,她带着孩子到北京、上海,找名医会诊,当确知儿子的眼睛已无一线复明的希望时,一夜间她满头的黑发全部变白。面对这残酷而又无法逃避的现实,这位母亲下定决心,要把她的儿子——令元辉教育好。

卞丽训怀着一个母亲的高度责任心说:"元辉虽然有残疾,但在心灵上他是健全的,我们必须注意对他品质的培养,不能让他做心灵上的瞎子。"

在她的精心教育下，令元辉各方面发展都好，曾被评为"百名中国好少年"、"中国好儿童"，并获得多种奖励。

有些家长认为，家长只管孩子的生活，教育是学校的事。他们没有意识到：教育孩子首先是父母的责任。有些家长对孩子百般宠爱，放松了教育，这也是没有很好地履行自己的职责；还有的家长只顾赚钱，根本不抓孩子的教育，完全放弃了家长应尽的天职。

法国作家福楼拜说过："国家的命运与其说是握在掌权者的手中，倒不如说是握在父母的手里。"所以，家长要增强教育子女的责任感，履行教育孩子的职责。

第二，做家长的要提高自身素质，做孩子的榜样。

家庭教育可以"不教而教"，即家庭教育主要不是靠言教，而是靠身教。家庭教育的最大特点便是潜移默化。

家长在日常生活中往往不知不觉地在影响着孩子。孩子的模仿性极强，模仿是他们学习做人的主要途径。而在家庭中，家长就成为孩子模仿的主要目标。

家长的行为习惯、是非标准、待人处事的态度、道德观念等许多方面都时刻在影响着孩子。所以，孩子是父母的镜子，要想孩子成为怎样的人，父母首先应是那样的人。

诚实的家长定能培养出诚实的孩子；出口就说脏话的家长，不可能培养出文明的孩子；自私自利的家长培养不出大公无私的孩子。

一位教子有方的母亲很注意培养孩子诚实的品质，她说："为了培养孩子诚实，我在孩子面前从来是说话算数的。"这位母亲就是用言传身教的方法来培养孩子的优良品质，取得了很好的效果。

一位母亲向专家诉说她女儿脾气暴躁，对她经常发脾气。当专家进一步了解孩子的家庭教育状况时发现，孩子的父亲性格就很粗暴，常以打骂和其他体罚方式对待女儿。显然，孩子的不良性格是从她父亲那里习得的。因此，要成为好家长，必须加强修养，提高自身的素质，做孩子的榜样。

第三，家长要时常学习科学育人的知识，提高自身的家教水平。

很多家长由于缺乏家庭教育的正确观念，使用的方法又不当，以致在

教育子女上效果不好，甚至造成了令人痛心的悲剧。家长不懂得孩子的心理特点，不掌握教育子女的科学原则、方法，犹如庸医开药，其后果可想而知。

家庭教育是一门综合性学科，需要家长不断学习。为了教育好孩子，家长要学一点儿生理、心理及教育方面的知识，掌握科学育人的原则与方法，不断提高家教水平。

很多家长误解了孩子成才的概念，自身的教育观念狭隘落后，重智育轻德育，轻劳动教育，生怕孩子累了、苦了，这种思想实在要不得。家长必须树立正确的教育观念，促进孩子德、智、体、美、劳各方面和谐的发展，注重提高整体素质，为培养孩子成才打下初步基础。

教育好孩子，必须掌握科学育人的一系列重要原则与方法，着重有以下几点：

家长首先要有一个正面的教育观，对孩子进行正面教育是一种积极的教育思想和原则。有的家长平时很注意教育孩子，在教育上也没有少花精力，但效果不好，甚至出现"越管越糟"的现象。如其中一些家长，平时眼睛老盯着孩子的缺点，整天唠唠叨叨批评个没完，或者总爱当着孩子的面数落孩子的缺点。这种做法不仅无助于克服孩子的缺点，反会强化缺点，很容易伤害孩子的自尊和自信心。孩子有了缺点，家长应通过讲故事、讲道理等方式耐心教育并引导孩子学习别人的优点，当孩子在家长的教育下有了进步时，要多采用肯定、鼓励、表扬的正面教育方法促进孩子的行为朝着家长所期望的、良好的目标前进。一个经常得到家长正面教育的孩子，才能充满信心地、愉快地成长。

其次，家长对待孩子要严爱结合。每位家长都深爱自己的孩子，但有一些家长对孩子爱得过度，出现了娇纵、溺爱的现象，这就不利于孩子身心健康发展了。

所谓严，并不是指板起面孔严厉对待孩子，而是指在教育孩子时要坚持原则。要做到严爱结合并不是件容易的事，不少家长道理上也知道应将爱与严格结合起来，但遇到问题，特别是当孩子屡教不改时，就往往会动摇管教的决心，常常以感情代替理智，不能坚持原则。因此，要做到严爱结合，还需家长有坚强的教育意志。

有一位优秀的家长以《藏起一半的爱》为题,写了一篇短文,说了她对亲子之爱的看法,其中有这样一段:

"我说对孩子要藏起一半的爱,不是说只给孩子一半的爱,不是说要减少对孩子的爱,而是说家长应理智地爱孩子,赋予爱以更广博、更深刻的内涵。我觉得,这才是家长对孩子真正的爱,真正的负责。"

这段话说的含义就是只有严爱结合才能教育出好孩子,才是对孩子真正的负责。

第三,在教育孩子上,家长要保持教育的一致性。一致这是家教取得成功的重要原则。教育的一致性是指施教者对孩子在教育方向、要求上要取得一致,包括父母双方、祖辈父辈以及家庭和学校,在教育上的一致性。教育取得一致就能促使孩子的行为向着同一个方向发展;如果施教者对孩子的教育不一致,势必互相干扰,使孩子是非不清、无所适从,甚至形成孩子两面性等不良后果。

有的家长看了不少有关教育子女的书,但仍然教育不好孩子。学习科学育人知识是必要的,但光有书本知识还不够,还需要了解自己孩子的特点。从一定意义上讲,每个孩子都是一本书,是一本家长必读的书。作为家长,要教育好孩子,必须在掌握一定科学育人知识的同时,读懂孩子这本书,即了解孩子的个性特点与发展水平,了解孩子所思所想及他的兴趣与潜能,在此基础上进行教育。比如:有的孩子自信心强,有的孩子比较自卑,对这两类孩子,家长在教育上就要有所不同。对前者,家长应在保护孩子自信心的同时,注意让孩子看到自己的不足之处;对后者,则要帮助孩子看到自己的优势与潜力,注意为孩子创造成功的机会,并给予适当的鼓励,以增强自信心、克服自卑感。这样根据孩子实际情况进行有针对性的教育,就会取得较好的效果。所以,家长要细心地观察孩子、了解孩子、研究孩子,在此基础上科学施教才能有效地促进孩子的发展。

第四,家长为孩子创设有利于其健康成长的家庭环境。

家庭环境是影响孩子身心健康最重要的因素,因此,家长要重视为孩子健康成长创设良好的家庭环境。家庭环境包括物质环境和精神环境,在这里主要是强调精神环境的创设。

家长要给孩子一个温馨的家,家庭成员之间,特别是夫妻双方要互敬互爱，和睦相处，孩子生活在这样的家庭中，自然会感到温馨和幸福。如果夫妻不和，家中经常吵吵闹闹，孩子的心理就会感到很不安全、压抑和焦虑。

家长要设法营造一个和谐的家庭氛围，使家中经常充满笑语和健康、美好的情趣，如利用假日开展家庭娱乐活动，利用双休日全家人到大自然中去游玩等。孩子生活在充满欢乐的和谐家庭中，身心就能健康成长。一般来说，在这种环境中生活的孩子，情绪就会平和、愉快，有话愿意和父母说，会更懂道理，管教起来也更容易。

## 对于孩子永远敞开自己的心扉

在孩子的成长过程中,孩子慢慢开始将自己的心事封闭在心中,不再愿意向父母说起,而家长也常常说:"这孩子,真不听话!""越来越不知道怎么跟孩子说话了。"伴着孩子的成长,家长与孩子之间沟通遇到了难题。怎样让孩子打开心扉,家长如何做好孩子成长路上贴心的引路人?

家长要做孩子的知心好友。孩子正在经历的事,家长很多过去都经历过,但家长经历过的事孩子们却没有经历过,因此,作为家长应该在孩子面前不摆家长"高高在上"的架子,在情感上主动走近孩子。家长要积极学习,要"适应"社会环境的变化,主动到孩子的世界中去学习、去接触。比如说经常上上网,和孩子探讨网络知识,尽可能带孩子看看电视、电影、逛逛街,和孩子寻找共同语言。孩子只有感觉你是朋友了,才会和你有感情,才会和你亲近。

很多家长把对人生的梦想和对未来的希望都寄托在了孩子身上,自己的全部精力也都放在了孩子身上,家长以自己"年龄大"、"照顾孩子"、"没时间"为由,不爱学习,在工作上没有突出表现,在生活中没有个人兴趣爱好。平庸的家长却要求孩子出类拔萃,这一切也是令孩子难以接受的。

作为家长,只有自己不断上进,才能让孩子感觉自己是值得尊重的长辈与朋友。作为家长,要做的就是为孩子指导人生,不强迫孩子完全按家长的意愿去做事。做家长的不能总是满足孩子的所有要求,要鼓励孩子,用自己的努力去实现心中的愿望,这样会使孩子正确对待受到的挫折。

爱你的孩子就和他一起玩游戏。那些忽视对孩子呵护的家长,不要再找种种的理由借口,为了你的孩子,请暂时放下手中的工作,多陪孩子,和他

尽量在一起玩耍；给孩子买个礼物，收回工作中的怨气，带一份温馨和耐心回家来陪伴孩子，孩子也会敞开心扉，向你诉说烦闷和喜悦之事。这时你会发现，这才是生活里最大的乐趣——天伦之乐！

在孩子犯错的时候，家长要注意倾听孩子的心声。很多家长习惯在孩子犯错之后大发雷霆，以此来警示孩子："以后这样的事情，你不能再做了，如果再做，将……"

孩子毕竟还小，犯错是他的天性。从不犯错的孩子，至少不是一个快乐的、充满探索欲的孩子。在孩子犯了错或所做的事情让家长烦闷之后，家长所要做的第一件事，就是对孩子要宽容。心中有宽容，就不会对孩子发怒，没了怒火，说出来的话就不会过激。拿孩子当朋友，倾听孩子心底的声音，在一种毫无隔阂的状态中，慢慢教育孩子。这样一来，孩子也会少些叛逆，做什么便不会遮着盖着了，对你敞开了心扉，你也好做他的贴心参谋。

学会和孩子一起成长。家长把自己也当成孩子，和孩子一起看电视、吃饭、聊天、踢球。每天睡觉之前，家长和孩子聊天，说说各自身上都发生了什么事。无论是快乐的，还是不快乐的，这个时候孩子说什么，不要马上指出孩子做得对还是错，只是倾听。从孩子讲的事情里分析他小小的变化，第二天有针对性地鼓励或是纠正他的做法。

家长对孩子的尊重是让孩子敞开心扉的基础。一位专门从事教育、感化、挽救失足青年的工作者发现，失足青年之所以会走上违法犯罪的道路，与家长的教育失误有密切关系，尤其是家长对孩子的不尊重起了关键的作用。因家长不尊重孩子，这样孩子就和家长有了隔膜，孩子在成长过程中有什么问题也不愿和家长讲，家长不能有效地给孩子以正确的指导，久而久之孩子就会走上邪路，最终走上违法犯罪的道路。所以家长想要孩子敞开心扉，就要学会尊重孩子，这样才能跟孩子进行无障碍的沟通。

## 🍁 不要对你的孩子失望

很多家长都存在这样一个困惑：为什么在孩子的培养问题上如此之难，费尽了心力也未能达到自己的期望值？从而面对孩子时总是自责、总是叹气，甚至对孩子感到失望。其实这种想法是错误的。

孩子永远是家长的希望。请家长们想想，是谁教会了你们的孩子世界上最难学的语言——汉语？是谁教会他们最高级的动作——直立行走的？

家长别以为孩子说话和学走路不用教他，他也会的，你真的没有教过孩子吗？一个孩子离开了父母的教育，能学会汉语，学会直立行走吗？

"狼孩"的故事已经是人们再熟悉不过的了，一个在狼群中长大的孩子就和狼差不多了，很难再将他培养成拥有人类正常习性的正常人。人之所以能把一个孩子培养成能说话、能走路的孩子，是因为家长本身具备了教育家的三大法宝：无条件的信任、耐心的等待、毫无吝啬的奖赏。

那些很熟悉的画面印在家长的脑海：你的孩子刚出生时，你会不会因为他不会说话而责骂他笨？当你的孩子十个月了还不会叫妈妈，别人的孩子九个月就会叫时，你有没有冲着你的孩子骂："你怎么这么笨？你看别人都会说了，你还不会说？"你会不会因此讨厌自己的孩子，认定他会是个哑巴？你肯定不会，因为你知道，孩子说话有早有迟，你的孩子总有一天会说话的。

清朝的乾隆皇帝直到五岁才会开口说话，但并没有阻碍他成为一个有作为的帝王。你也不会为自己的孩子不会说话而去找各种理由，而是会无条件地信任他，相信他能行。你抱着孩子时，你会对他说："孩子啊，快长大，将来我们好好读书，一定也能当个科学家。"你的孩子能听明白吗？不能，但你并不会因为他听不懂就不说，你对孩子会表现出极大的耐心，一遍一遍地重复说话,你会天天不厌其烦地对着孩子说:"来,叫妈妈!叫啊,妈妈、妈妈、妈妈……"不厌其烦,耐心地等待,等待孩子喊"妈妈"的那一天。你的孩子天天看着你同样的口型,天天重复,终于有一天他模仿你的口型含糊不清地说了声"妈妈"。这时候,你会欣喜若狂,一把举起孩子,兴奋地亲他,忍不住向所有的人宣布:"我的孩子会叫'妈妈'了。听听,听听。"那分喜悦,那份骄傲,什么也比不了,你会毫不吝啬你的奖赏,亲他、夸他。让孩子充分享受你的母(父)爱。

在教孩子学走路时,同样不会因为他起步迟而不相信他不能学会走路,同样无条件地信任自己的孩子一定能学会。在他刚开始走时你会站在离他一两步远的地方,耐心等待着他走过来,而不会站在二十步以外让他走过来,你懂得掌握分寸。当孩子走过来时你会及时给他奖赏,开心的笑容和满口的称赞,让你的孩子更有信心学走路。孩子在这时候最幸福了,他们在父母无条件的信任下、耐心的期待中、毫不吝啬的奖赏里快活地成长。

可惜的是,在孩子的成长过程中,家长没能坚持对孩子无条件的信任、耐心的期待以及毫不吝啬的奖赏,家长们在生活能力上低估了孩子的"长大",在思想认识上却高估了孩子的"长大"。孩子一天一天长大了,生活上的自理能力应该一天一天培养起来,但孩子们依然过着饭来张口、衣来伸手的日子,劳动只是学校劳动课的内容,在家就是小皇帝、小公主。

在思想认识上,家长们却认为孩子该懂事了,该理解家长们所要求的一切了。随着孩子的逐渐长大,很多家长开始觉得自己的孩子不尽人意,开始了对孩子的呵斥。家长不再信任自己的孩子了,别人家的孩子为什么那么听话,自己家的孩子怎么会有那么多缺点。其实对于孩子来说,他哪有那么多缺点啊。

孩子来到这世界本来是一张白纸,所有的缺点都是大人给画上去的。作为家长,当你指着他骂"你这个笨蛋"的时候,孩子也学会了这句骂人的话。

日本著名教育家小林正一,在孩子提出疑问时,他都耐心解答。这样,他的孩子的质疑习惯被培养出来了,当孩子五岁的时候,他告诉孩子:"孩子,你的问题爸爸也难以回答了。不过爸爸会送你去一个叫学校的地方,那里面有许多叫老师的人,他们会回答你的所有问题,快快长大吧,孩子。"这样一来,他的孩子就对学校充满了向往,巴不得早一点儿上学。

## 第十二章 称职的家长是怎样炼成的

我们的家长很少意识到培养孩子质疑的重要性,当孩子缠着他们问各种各样的问题时,高兴的时候回答一下,不高兴的时候就呵斥:"去去去。烦不烦呢你?再缠就把你送学校去,让老师教训你!"这么一来,孩子没上学就知道学校是座监狱,老师是那里的头儿,那他对上学还能有兴趣吗?

小林正一的孩子,有次考了76分,回到家他说:"爸爸,不好意思,我考了76分。"小林正一翘起大拇指说:"好。真棒!已经超出了我的预望值。"孩子就问:"我的同桌考了86还被他爸爸打得半死呢,你对我的预望值是多少分呢?"小林正一伸出手说:"60。"孩子奇怪了。小林正一说:"60分已经是合格了,工厂里要是合格的产品就可以出卖了,再多花时间是成本的浪费。"他的孩子就高兴地说:"60分太简单了,那我剩下的时间做什么呢?"小林正一对他说:"爸爸送你四个字——博览群书。"他的孩子真的这样做了。虽然他的成绩不是最好,但是成了学校里最有学问的人,同学们有什么疑难问题,都会找他帮忙。

很多的家长,动不动就态度恶劣地指着孩子大骂:"你这个不争气的东西!你怎么这么笨啊?!滚到一边去!再这样你去讨饭算了……"

在惊吓中长大的孩子,从来就不知道自信心是什么。没自信的孩子还怎么去做好事情呢?当家长在怒骂孩子的时候,孩子的精神十分紧张,就会进入一种自然的自我保护状态,这时候他很难听进家长的说教。

流行过这样一句笑话:"说你行你就行,不行也行;说你不行你就不行,行也不行。"虽说这是一句笑话,但对教育孩子来说却是一句确确实实的真理,你常夸孩子这个好那个不错,你会发现他真的变好了;你要是天天责骂孩子这不行那不行,在孩子的内化过程中,真的会越来越差的。

家长也不要盲目地去夸孩子,更不要因为孩子犯错就拼命地指责孩子。孩子对什么都充满好奇,他们会趴在地上看一两个小时的蚂蚁,会把毛毛虫抓来放在瓶子里,睡觉的时候放在枕头边。

那么,家长看见了孩子的这些行为会怎么样呢?

恐怕很多家长,会一把把孩子从地上拖起,忙拍掉尘土,破口就骂:"弄

得这么脏！你以为我那么闲，天天给你洗衣服！"看到恶心的昆虫，会把装虫子的玻璃瓶扔出老远，说不定一抬手"啪啪"就是几巴掌。要知道你这一巴掌打下去，很可能就打掉一个生物学家啊。孩子对生物有兴趣，家长为什么不换种方式，带领孩子去大自然中受启发，从观察中培养孩子的学习兴趣，将来也许真能培养出一个杰出的生物学家。

有句话说得好："没有不会学习的孩子，只有不愿上学的孩子。"

做家长的千万别挫伤孩子的积极性，要让孩子对学习充满信心，在学习中享受乐趣。

很多家长觉得取得成功的人都是天才，就希望自己的孩子也成为一个天才。而所谓天才就是做了他喜欢做而且适合做的事，所谓蠢才就是做了他不喜欢做而且不适合做的事。所以，家长要鼓励孩子培养自己的兴趣，而不是去扼杀他的兴趣，逼他做不喜欢做的事。记住：心急不是办法，粗暴只会伤了孩子的心。千万别吝啬你的奖赏，哪怕只是一句话、一个眼神；别对你的孩子失望，要让你的孩子在你的希望中长大。

## 孩子是自己情绪的一面镜子

有一个心理咨询医生记录下了这样一个案例:

站在我面前的男孩有着清秀的脸庞,虽然只有14岁,但他紧锁着眉头,看上去好似历经沧桑一般。难以想象的是,他患上了"抽动—秽语综合征"。

抽动—秽语综合征又称多发性抽动症,是临床较为常见的孩子行为障碍综合征,以面部、四肢、躯干部肌肉不自主抽动伴喉部异常发音及猥秽语言为特征的症候群。特征是患儿频繁挤眼、皱眉、皱鼻子、撇嘴等,继之耸肩、摇头、扭颈、喉中不自主发出异常声音,似清嗓子或干咳声。少数患儿有控制不住地骂人说脏话的症状。

他的母亲说,最近他抽动的症状发作频繁,几乎间隔5~6分钟就发作一次。那么,是什么原因让这个14岁的孩子遭受这样的痛苦呢?

两年前,男孩在一家医院测试过智商,分数值高达145,属于高智商。男孩的语言表达能力很强,比起同龄的孩子,他更善于思考问题。他的父亲是一位工程师,常年奔波在外,男孩从小和妈妈一起生活。从刚会走路时起,他的母亲就开始对他进行全面培养,而且要求极其严格,不完成母亲布置的作业就不准出门。男孩很听话,书法、画画、英语、写作、下棋等,样样做得不错,是个聪明又懂事的孩子。

自从男孩升入小学二年级以后,他像变了一个人似的,上课违反纪律,不认真听讲,课堂上随意说话、做小动作,他的母亲三番五次地被"请"到学校。母亲认为儿子是在故意捣乱,让自己丢面子,回到家多次打骂孩子。男孩在家长的眼里逐渐成了个"坏"孩子。

一次,孩子的期末考试成绩单发下来了,母亲看到孩子的成绩感到很意外:成绩单上除了语文是98分以外,数学、英语都是满分。母亲怀疑孩子的成绩有假,就问他是不是抄同学的。听到母亲这么问,男孩吃惊地看着她,然后将自己关在卧室里,任凭母亲怎么叫也不肯出来。他的母亲急得哭了,男孩终于打开了门,只见他的表情僵硬,眼神发直,小手一抽一抽的。他的母亲一把抱住他,心疼地哭道:"儿子,都是妈妈不好,不该这么不相信你,不要生我的气,妈妈给你道歉。"这件事给男孩的伤害很深,这也是他第一次发病。

男孩说:"其实我当时非常希望得到妈妈的笑容,没想到妈妈一脸狐疑,竟然不相信我,我感到非常失望。还有就是妈妈的心态一直都很消极,不管我做得好与不好,她很少开心,总是皱着眉头,有时我多希望她能像别人的妈妈那样对我笑着说话。小时候我最害怕看到妈妈严厉的表情,尽管我知道妈妈也很疼我,还是担心如果有一天妈妈不高兴会不要我,所以我每天都非常恐惧,不敢像其他伙伴那样无忧无虑地玩耍。父母经常因为小事争吵,那次我在一旁不知该如何是好,就关上房间的门,躲了起来。但是他们争吵得越来越激烈,听到他们在外面摔东西的声音,我走出房间,当时我的情绪也很激动,手脚开始不由自主地发抖、抽动,我急了,大喊一声:'你们都别吵了,我实在受不了了!'这时,爸爸妈妈看到我的样子,吓得什么都顾不上了,我被扶到床上休息。看到妈妈在一旁哭泣,我心里非常难过。从此,只要看到妈妈不高兴或者父母争吵,我就会发病。今年我该上中学了,却一直在家补课,我多想和同学们一起玩,多想去上学呀!"

咨询结束时,孩子的妈妈说:"只要儿子的病情好转,我的心情就会马上好起来。"疼爱儿子的母亲哪里知道,正是因为她不乐观的心态深深影响了聪明而又敏感的儿子。

由于孩子的父亲常年在外工作,男孩长期与母亲在一起生活,孩子的情绪很容易受母亲情绪的影响。男孩在很小的时候,不具备独立的认知能力,完全服从母亲的安排,但随着孩子年龄的增长,家长的心理素质、教养方式就会在很大程度上决定孩子的发展方向。因此,男孩出现的各种情绪障碍与家庭环境特别是母亲的消极情绪密切相关。

首先,母亲在要强和虚荣心的驱使下,对儿子提出了过高的要求。孩子几乎所有的时间都在各种各样的训练课程中度过,不能像同龄的孩子那样无忧无虑地生活,让他的身心长期承受着超负荷的压力,最终导致心理障碍与身体疾患的发生。

其次,母亲凡事追求完美,甚至有点过分挑剔,造成孩子在许多方面对自己的要求也非常严格。母亲的这种性格影响了夫妻之间的交流沟通,他们经常发生激烈的争吵,使孩子的内心充满恐惧和焦虑,孩子甚至想用"自残"的方式来制止父母的战争,结果更加重了自己的病情。

再次,妈妈的消极、紧张、焦虑的情绪在不经意间传给孩子,加上对孩子的过分关注,孩子表现出敏感多疑、自卑、退缩、神经质的性格。妈妈对孩子总是一味地否定,稍有一点儿不满意就横加指责,不问清缘由,把打骂孩子当成家常便饭,让孩子的焦虑情绪长期无法释放,开始自我否定,失去了自信心。

孩子在成长过程中总要出现这样那样的问题,家长要允许孩子有观点,耐心地等待孩子成长。当发现孩子的问题时,先反省自己有无过失,自己的问题解决了,孩子的问题也会迎刃而解。

一个孩子的成长受遗传、环境、家庭、教育等因素的制约,其中家庭环境更为重要。家长的角色处理更应引起我们的关注,尤其是主要照顾孩子生活、培养孩子能力的母亲。除了遗传因素我们没有办法改变外,母亲的心态和教养方式也会影响孩子的一生。孩子是家长情绪的一面镜子,他之所以不是大人想象中的那样,很大程度上源于家长自身没有达到那样的高度。

## 尊重孩子不去侵犯他的隐私

很多家长都会不自觉地去窥视孩子的隐私,他们在孩子不知情或没有经过孩子许可的情况下,私自翻看孩子的抽屉、书包、口袋、日记、信件等,那么,孩子们对家长的这些做法有什么样的感想呢?

孩子A:我们心中都有不愿意告诉他人的秘密,大人的心中不也藏着秘密吗?为什么大人可以有秘密,而我却不可以,这世道真不公平啊!在家里,我有一个上锁的抽屉,可妈妈却私下里自己也配了一把钥匙,好像我不知道似的,她这样做我很反感,跟她没有什么好说的,放学一回家我就把自己反锁在房间里,做什么偏偏不让她知道。

孩子B:在我的日记里并没有什么见不得人的内容,都是一些平时生活的感受,可是父母总认为那里面有天大的秘密,只要一有机会,他们就会偷看,我觉得这严重侵犯了我的私人生活空间,是对我的不尊重,我曾经试着在日记本的第一页写到:偷看别人的日记是不道德的行为!可这一招根本不起作用,没办法,我现在只好不写了。

孩子C:如果说孩子没有隐私,那就大错特错了!可是在家长眼中,我们永远是长不大的孩子,更不能有自己的隐私,我妈妈的口头禅就是:你的一切都是我给的,我天天辛辛苦苦地照顾你,供你吃供你喝,难道你肚子里有几条毛毛虫不该让我知道吗?其实,有些时候我也能理解妈妈的良苦用心,但是她经常侵犯我的隐私让我很讨厌,我觉得妈妈最好的关心应该是相信我、尊重我、理解我。

孩子D:爸爸妈妈对我们看管得太严了,书包、口袋、日记、信件、QQ留言、手机短信、E-mail信箱等样样都不放过,我们同学之间流行着这样一句话：防火防盗防父母。现在不是都讲隐私权吗？难道我们小孩的隐私权就不受保护吗？我们在学校里学过《未成年人保护法》，记得那里面有保护孩子隐私权的规定，爸爸妈妈们，你们真该好好去学学，不然说不准哪天我们就会把你们告上法庭。

孩子 E：我妈妈老是担心我会学坏，对我的一举一动都要窥视，就像看贼一样看着我，她这样做很伤我的自尊心，也让我感到心理压力非常大。我觉得妈妈整天就像影子一样在跟着我，说不准什么时候就会在我的面前出现，我们之间的关系也越来越差，隔阂也越来越大，许多话我宁愿憋在肚子里也不愿同她说。其实，我现在已经长大了，许多事情我知道自己该怎么做，不需要妈妈天天再看着我，就算是想了解我，也用不着采取这种方式啊！

现实生活中，家长由于对孩子不太放心，当感觉孩子有什么不对劲或有什么秘密不愿意透露时，就会千方百计地去窥视。

孩子们对家长的这些窥视行为异常厌恶，但常常也只能是无奈的感叹，为了保住自己的秘密不被发现，孩子与家长之间就玩起了"猫和老鼠"的游戏：日记本上加锁、看完留言赶紧删除、信件由别的同学代收、书包和口袋在回家之前先仔细翻看几遍……

可怜天下父母心，家长认为自己翻看孩子的日记、监听孩子的电话都是为了孩子好，这样便于掌握孩子的思想动态，发现孩子的问题，防止孩子少走弯路、少犯错。认为孩子毕竟还小，监护孩子是自己在义不容辞地行使义务。有的家长错误地认为：孩子是自己家的，是隶属于父母的，连他生命都是父母给的，他的一个小小的日记、短信和电话等，根本就不应该在父母面前有什么隐私。

孩子在成长阶段，家长对孩子的日常活动和心理变化多一份关心是必须的，也是正常的，家长只有全面地了解孩子，才能更好地教育孩子，但要注意方式方法，要采取合理合法的手段，否则对孩子的教育会带来许多不利的影响。比如：会引发亲子矛盾，孩子心里非常看重自己独处的小天地，讨厌别人去干涉他的私生活，家长要是想方设法去翻看孩子日记、偷听孩子谈话，被孩子发现后会引起他强烈的反感，使孩子对父母产生更多的敌意和反抗，最终导致父母与孩子关系的恶化；甚至和孩子之间会产生新的沟通障碍。孩子给抽屉上锁，目的就是用来珍藏他不想让人知道的秘密，若是家长不考虑孩子的感受，任意地私下打开，孩子就会对家长产生不信任感，原本想向家长说的话也不会再说了，原本想向家长敞开的心灵大门也会从此紧闭。

曾经发生过这样一件事：一个女孩在日记中写下了性幻想。她的母亲偷看日记内容以后，对她是一顿责骂，随后还把日记交给了她的老师。这个女孩羞愧万分，觉得自己没脸见人，最后选择跳楼自杀，结束了自己花季般的生命。还有个女孩收到了一位男同学的情书，信中写了一句"I love you"，后来这封信不慎被她的家长发现了，就添油加醋地训斥女儿道德败坏，竟然与小流氓来往，女孩在被禁闭之后感到再也无法忍受家长的精神虐待，也选择了不归路。

家长们应该清醒地看到，孩子在慢慢长大，他在情感上开始拥有自己的世界，有了一些不愿意、也不能和父母分享的隐私，这是十分正常的事情，这是孩子发育成长中的必然结果。如果家长真的关心孩子，真的希望孩子健康地成长，就应该让孩子拥有自己独立的世界，接受孩子对家长的一些封闭，尊重孩子不愿公开的个人隐私，若是一心只想通过偷窥孩子的隐私来了解孩子内心世界，这种做法对孩子的教育只是伤害，不尊重孩子的教育只能是适得其反的教育。

法律赋予孩子的隐私权不容侵犯，这是孩子的一项权利，家长在未经许可的情况下翻看孩子的日记和信件等，是对孩子正当权益的侵犯，是触犯法律的行为，弄不好是要吃官司的。对此，家长在思想上必须有高度的重视和警惕，不要自以为是孩子的监护人就可以对他为所欲为，不要觉得自己是为了孩子好就可以肆意践踏他的隐私权，多学点多懂点法律常识，要明白孩子的隐私权必须受到保护是他与生俱来的权利，决不能因为孩子年龄尚小而任由家长随意打折。

## 将欢乐的种子播种在孩子的心田

孩子最烦家长的就是唠叨，唠叨不但让孩子觉得"很烦"，而且也让家长感到不知所措。家长能给予孩子的最重要的礼物是"快乐的本领"，这个本领不是奶油蛋糕、名牌衣服和耐克鞋就能带来的，你需要培养他们具备一些专家认为快乐必备的特殊品质，比如自尊、乐观、自我控制能力等等。

孩子在成长的过程中会有许多事情需要大人操心的，但有些事情是无关紧要的，有些事情是可以睁一只眼、闭一只眼就可以过去的，有些事情也许并没有成人想象得那么严重。

家长在教育孩子时，不要把自己搞得很紧张，让自己放松一点儿，对于孩子生活中的一些琐碎小事，应当学会放下。在孩子一天天长大中，有许多事情他已经有能力去做好了，不需要大人再千叮咛万嘱咐了，这个时候，家长若是一而再、再而三地去提醒，孩子当然会嫌你唠叨。

家长应把最主要的精力放在那些重要的事情上，应当学会照顾孩子的核心需求，比如孩子的人生观、价值观、好的日常生活习惯、学习习惯、学习方法等等，这样一来，不但家长自己轻松了许多，孩子也会自然与你更亲近，也会自然更听你的话。

家长在孩子的成长过程中要学会等待。有些家长在心里总是这样想：自己说一句话，希望孩子马上就言听计从；自己提出一个目标，希望孩子一下子就能达到。可是这些家长忘了孩子就是孩子，孩子的心智和能力并没有发展到成人那样成熟的地步，有些事情他可能还没有理解，有些事情他可能还不知道怎么去做，有些事情他可能还暂时无法做好，有些事情他可能还会常常出错。因此，做家长的一定要学会等待，要克制住自己的急躁情绪，给孩子一定的时间去转变，允许孩子有所反复。

孩子不可能在一夜之间就长大了，这个成长的过程是一个不断接受挫折、失败的过程。不管是生活自理能力的提高、良好习惯的养成，还是文化知识的积累，都需要时间的磨砺，更主要的是这个过程，不会因为有家长的唠叨就可以缩短。

有些事情，家长对孩子只说一遍就可以了。家长若是想让孩子做什么事，应当先选择好恰当的时机，然后和孩子面对面坐下来，严肃认真地与孩子谈。为了引起孩子的注意，家长可以明白地告诉孩子："你听好了，这话我只说一遍……"在对孩子说的时候，一定要突出重点，挑选有分量的话讲一两遍就可以了，不要对孩子反反复复地唠叨个没完，如果你对孩子没有把握，可以再给他解释一下其中的要点。尤其是在纠正孩子的错误时，家长不能喋喋不休，不停地数落和教训孩子，批评孩子点到为止即可，让孩子知道自己错在哪里并愿意改正就可以了。要知道，唠叨不是动听的音乐，唠叨是制造心烦的噪音，说多了反而起不到好的效果。

孩子在成长的时候都会犯错，在孩子犯错误时，家长错误教育的方法是喜欢翻孩子旧账，把以前的陈芝麻烂谷子都搬出来旧事重提，开始对孩子口诛笔伐，什么时候孩子这件事情没有做好，什么时候孩子那件事情没有完成，大有把孩子的种种"犯错行为"全部数落一遍的气势，而且是越说越激动，越激动越来气，越来气就会说得越多，说得越多也就越唠叨。其实，孩子在生活中犯一些错是正常的事，犯错误是孩子的权利，孩子就是在不断地改正错误的过程中成长起来的。对于孩子犯的错误，家长应当就事论事，犯什么错就说什么错，哪次犯的错就说哪次的错，联想太丰富了只能让孩子觉得你太烦人、太唠叨。

不做唠叨的家长，家长可以通过下列9种方式给孩子带来快乐。

1. 作为家长，让孩子有时间享受一下"不受限制"的快乐。

为了帮助孩子应付生活中的各种挑战，家长常常用各种各样的活动控制他们的时间。但孩子毕竟是孩子，他需要带着童真的想象力尽情地玩耍，需要有时间去花丛追逐美丽的蝴蝶、看蜘蛛做网和蚂蚁搬家，在冰天雪地里打雪仗、堆雪人……这些按照孩子自己的步伐去探索世界的活动，更能给他们带来真正的快乐。

2. 作为家长，让孩子感受关心他人带来的快乐。

孩子需要认同，他把自己当成家庭里有价值的一员，家长应尽量给孩子提供接触社会、关心和帮助他人的机会。如让他把家里的旧玩具收集起来，送给需要的小朋友；帮助照看比自己年纪小的小朋友；在家里做力所能及的家务等等。心理学家指出，孩子在很小的年纪就可以享受帮助别人的快乐。

3. 作为家长，让孩子享受到通过体育活动带来的欢乐。

尽量和孩子在冬天里一起滑雪、在春天里一起骑车春游、在闲暇时光一起打球……这些活动不但能增强孩子的健康，更能让孩子笑口常开。好的身体状况有利于让孩子树立正确的自我形象观。

4. 作为家长，看到有趣的事情的时候和孩子一起笑出声来。

有些父母喜欢在孩子面前保持严肃的形象，以为这样才有尊严。其实不是么么回事。笑出来，对家长和孩子的健康都有好处，而且家长也不失尊严。所以，做家长的最好让家中充满欢乐的笑声，并经常给孩子一个拥抱，它们是最好的爱的表达。记住：一个人一天需要4次拥抱，才能更好存活；8次拥抱，才能维持；16次拥抱，才能更好成长。

5. 作为家长，对于孩子的进步要给予更具体的表扬。

当孩子做好一件事或掌握了一种技能的时候，不要总是简单地说："做得不错。"而是要指出他们具体细节的成功。比如："你今天把那个摔倒的小妹妹扶起来，真让我高兴。""我喜欢你画的这些树。"对孩子的具体表扬，会让他内心产生更大的满足。家长所要注意的是：不要过度表扬，要让孩子从小认识到，真正的表扬来自于他战胜了挑战之后。

6. 通过艺术的魅力提高孩子的修养。

学习音乐、练习舞蹈、阅读文学名著等，都会极大地丰富孩子的思想修养，培养孩子的艺术情操。这些艺术形式将成为孩子感情的一个释放口，帮助他表达对自己和世界的情感，并从中获得生活的快乐。

7. 对孩子不要苛求完美。

孩子的自信，总是在家长的不满和批评中失去。提醒家长，当你即将抱怨孩子的时候，先冷静地想一下，孩子所犯的这个过错是不是跟他们的年龄有关？10年后他们还会这样做吗？如果你的答案是否定的，就别再唠叨个没完。记住：你和孩子之间的感情，总比他把臭袜子乱丢重要得多。

8. 作为家长，必须要教会孩子解决问题的技巧。

在孩子自己解决了遇到的一些问题后，孩子的内心就会产生良好的自我感觉。所以，当孩子遇到难题时，家长可以按下面的步骤教会孩子解决问题的技巧：首先是让孩子去发现问题；其次让孩子说出他想要的结果，家长帮他设计出要达到这个结果的步骤；再次让他自己想，哪一步他能够自己完成，哪一步需要别人的帮助；最后在孩子确实需要帮助的步骤上提供帮助。

9. 作为家长，要有机会让孩子展示自己的技能。

每一个孩子，都拥有自己独特的天才和技能，展示这些，会给孩子带来极大的喜悦。"妈妈，我给你讲一个故事好不好？"这时即使你忙得焦头烂额，也要满足孩子的这个愿望，在听孩子讲的过程中，适时地给予肯定："你讲得真生动。"要知道，孩子能和你分享他喜欢的这个故事，对他是来说是种非常快乐的体验。孩子的热情，能通过家长的分享和肯定，转化成良好的自尊、自信，而这些品质对孩子们一生的成长都是最宝贵的。